城市国学讲坛

张连绪 宋婕 主编

第八辑

社会科学文献出版社
SOCIAL SCIENCES ACADEMIC PRESS (CHINA)

序

张岂之

　　广州城市职业学院建立时间不长，就成立了国学研究所（现已更名为国学院——编者注），并且开办了国学讲座。如今国学系列讲座又要结集出版，名曰《城市国学讲坛》。这是一件值得祝贺的事。我也很愿意为这部文集写几句话。

　　2007年秋天，我访问过这所院校。通过了解，我觉得她的办学理念非常好，这就是：质量立校、人才强校、文化塑校、特色兴校。

　　在上述理念中，我特别关注"文化塑校"的提法。按照我的理解，"文化塑校"，就是强调人的全面发展。我国的学校教育，从小学、中学到大学，都是以知识教育为主，这一点无疑是正确的。但是，若以知识教育为理由，忽略人文教育，就会使我们的教育"产品"带有"瑕疵"。"文化塑校"的意义在于：不仅强调科学教育、技术教育，也强调人文教育、思想教育、道德教育、身心健康教育。综合起来说，我们也称之为"综合素质教育"。

　　关于人文或文化素质教育，教育部从20世纪90年代初期就开始提倡，并有一系列举措，我自己一直参与其中，因而有一些切身的体会。人文素质教育，并不是若干种知识的简单叠加，而是将科技与人文辩证有机地联系起来。这里有几层意思需要分梳：第一，就科学教育和技术教育而言，不能只重科学知识教育而忽视技术知识教育。在科学知识学习过程中，职业技能、动手能力，都需要加强培养，否则素质就不全面。就当前情况来看，专门职业技能人才，显得更加需要。广州城市职业学院的建立，在一定意义上可以说体现了这种理念。第二，思想道德教育不能替代人文教育，二者相互促进、相互渗透，要结合起来。第三，科学技术知识的教育与文学、史学、哲学与艺术的教育需要兼顾融合。第四，在人文素质教育的过程中，对于"中华文化"的丰富资源需要有正确的认识，并努力地加以弘扬。

什么是人文教育呢？从理论上说，文学、历史、哲学、艺术等，可以称为人文学科；人文学科所积淀的文化，可以称为人文文化。这些都是人类的精神结晶。表现在一个人身上，就是人文修养或素养。就一个大学生而言，不管你是学习物理、化学还是计算机技术，都要懂得生活的艺术、做人的艺术，懂得什么是美。就广义而言，对整个人类的精神文化遗产，从古希腊哲学家到欧洲近代大文豪，都要有一些了解。这就需要提高人文素质。

在当今，我更想强调的，是对中华民族优良文化传统的修养和认识。"中华文化"和我们所说的"国学"在内涵上是相容的。它不仅包括以孔子为代表的儒家，也包括以老庄为代表的道家，还包括中国的佛学和中国的道教。这些民族文化中的丰厚资源，是古代哲人智慧的结晶，在今天还有现实意义。

我在广州城市职业学院亲眼看到，他们重视人文或文化素质教育，不仅为学生们开办了人文讲座，请学者讲授我国古代人文经典，还引导学生参加艺术实践，如茶艺、弹琴、书法等活动，受到学生们的热烈欢迎。我参加了学生的茶艺活动，感受到这些艺术实践对提高学生的审美能力和涵养性情，具有潜移默化的作用。

为什么我们要把祖国传统文化作为当今人文素质教育的重点呢？这是因为，改革开放30年来，全国人民在发展经济奔向小康社会的道路上，还面临着"弘扬中华文化，建设中华民族共有精神家园"的任务。这是党的十七大所明确提出的。胡锦涛同志在党的十七大政治报告中说："中华文化是中华民族生生不息、团结奋进的不竭动力。"这里将中华文化的价值和意义提到一个新的高度，值得我们深思。

要全面认识祖国传统文化，有一条原则，这就是"取其精华，去其糟粕，使之与当代社会相适应、与现代文明相协调，保持民族性，体现时代性"。贯彻好这个原则，我们还有许多艰巨的工作要做。

广州城市职业学院国学所的成立、《城市国学讲坛》的出版，对广州城市职业学院来说，是一个良好的开端。我希望国学系列讲座今后能持久地办下去，将国学所对中华文化的研究成果贡献于社会。

是以为序。

目　录

　　张丰乾，兰州大学哲学学士，北京师范大学哲学硕士，中国社会科学院研究生院哲学博士。博士论文《竹简〈文子〉探微》获得全国优秀博士论文，提名中国社会科学院研究生院优秀学位论文二等奖。2002年7月至今，在中山大学哲学系任教，现为副教授。曾在中国道教学院、香港道教学院授课；曾兼任香港中文大学哲学系中国哲学与文化研究中心副研究员；曾为香港中文大学新亚书院2005年明裕双周访问学人；哈佛—燕京学社2006～2007年度访问学者。研究兴趣为中国古代思想经典，已出版专著两部：《出土文献与文子公案》（社会科学文献出版社，2007）、《诗经与先秦哲学》（北京大学出版社，2009）；编有《哲学觉解》（中山大学出版社，2009）、《庄子天下篇注疏四种》（华夏出版社，2009）；另发表学术论文30余篇、杂文50余篇。

壹 《周易》及其文化意义

张丰乾

一、由"八卦"说起

今天我们一起来了解一下源远流长的《周易》及其文化意义。

介绍《周易》，要从"八卦"说起。"八卦"这个词大家一定不陌生。今天有不少人说某某"好八卦"，是指那个人好打听和传播他人的隐私，或无端猜测，搬弄是非，格调庸俗。

但"八卦"本身是一个非常重要的文化术语，出自《周易》。《周易》作为"群经之首"，是古代科举取士的必考经典，内容非常严肃，为何在现代社会的一些地方，"八卦"会演变成那样的意思？我查了一下，大概有两种说法。

有一种说法是，"八卦"这种庸俗的含义是从香港来的。香港有些杂志是八开大本，专登影艺明星的逸闻趣事，甚至以窥探他人隐私为宗旨，因为"八卦"与"八开"发音比较相似，最后慢慢演变成这意思。另一种说法是，香港某些不良杂志经常刊登一些不雅照片，敏感地方就会拿八卦图来遮挡。这样，"八卦"有了新的所指。这也从一个侧面说明《周易》的影响无处不在，而社会上又有很多的误解和滥用。我们首先就来正本清源，了解一下《周易》的来源、构成、义理、功用等内容。

二、卜筮与古代的决策机制

"《易》本卜筮之书"（朱熹语），但"卜筮"是不是因为古代生产力低下而产生的，并且意味着"迷信"呢？首先我们需要了解，古代的卜筮活动是有专门制度的。《尚书·周书·洪范》讲：

> 稽疑：择建立卜筮人，乃命卜筮，曰雨，曰霁，曰蒙，曰驿，曰克，曰贞，曰悔。凡七，卜五，占用二，衍忒。立时人作卜筮，三人占则从二人之言。汝则有大疑，谋及乃心，谋及卿士，谋及庶人，谋及卜筮。汝则从，龟从，筮从，卿士从，庶民从，是之谓大同；身其康强，子孙其逢吉。汝则从，龟从，筮从，卿士逆，庶民逆，吉。卿士从，龟从，筮从，汝则逆，庶民逆，吉。庶民从，龟从，筮从，汝则逆，卿士逆，吉。汝则从，龟从，筮逆，卿士逆，庶民逆，作内吉，作外凶。龟筮共违于人，用静，吉，用作凶。

卜筮活动起源于人们想解决心中的疑问，当你有大疑问的时候，一般是你面临众多选择的时候。要追溯疑惑，推测未来，就需要借助于特定的形式和方法，而这样的形式和方法可能不止一种。依据《尚书·周书·洪范》的记载，卜筮的时候，有龟甲（用于卜），有蓍草（用于筮），还有讨论的对象：你自己、卜师、筮师、卿士、老百姓。如果卜筮时所有的要素都是统一的，有同样的指向，那么所问所求之事是吉利如意的。卜筮是决策重要的一个方面，但不是全部的方面。给大家引述这么一段材料，就是想告诉大家，古人并不是今人所想象的那样迷信武断，卜筮只是古人解决疑惑、推测决策的一种手段和方式。

古代有专门的官吏，来执掌不同的占卜方式。大家可以看一下上古卜筮制度下的各种官职，《周礼·春官》记载：

大卜，下大夫二人。卜师，上士四人。卜人，中士八人，下士十有六人。府二人，史二人，胥四人，徒四十人。

龟人：中士二人；府二人，史二人，工四人，胥四人，徒四十人。

菙氏：下士二人；史一人，徒八人。

占人：下士八人；府一人，史二人，徒八人。

筮人：中士二人；府一人，史二人，徒四人。

占梦：中士二人；史二人，徒四人。

视祲：中士二人；史二人，徒四人。

其中，菙氏是看龟甲被烧之后裂纹走向等象的术士，视祲是指看天象的术士。从中可见每一种卜筮官职的上下级关系及人员配置等，制度明晰。

龟甲占卜法通过甲骨文这种文物为后世所了解。19世纪末期，清朝光绪年间的金石学家王懿荣，是当时最高学府国子监的祭酒（相当于校长）。有一次他生病时，所服的一味中药叫龙骨，他看见上面居然有一种近似文字的图案，很讶异，后来大批收购这些东西，经过长时间的研究，他确信这是一种文字，应该是殷商时期的，这就是甲骨文。后来陆续从古墓中出土了记载着古代问卜之事的龟甲，古人把卜辞刻在龟甲上流传了下来。

再看关于卜筮之官职的两段材料：

> 大卜：掌三兆之法，一曰《玉兆》，二曰《瓦兆》，三曰《原兆》。其经兆之体，皆百有二十，其颂皆千有二百。掌三易之法，一曰《连山》，二曰《归藏》，三曰《周易》。其经卦皆八，其别皆六十有四。掌三梦之法：一曰《致梦》，二曰《觭梦》，三曰《咸陟》。其经运十，其别九十。以邦事作龟之八命，一曰征，二曰象，三曰与，四曰谋，五曰果，六曰至，七曰雨，八曰瘳。以八命者赞三兆、三易、三梦之占，以观国家之吉凶，以诏救政。凡国大贞，卜立君，卜大封，则视高作龟。大祭祀，则视高命龟。凡小事，莅卜。国大迁、大师，则贞龟。凡旅，陈龟。凡丧事，命龟。

> 筮人：掌三易以辨九筮之名，一曰《连山》，二曰《归藏》，三曰《周易》。九筮之名，一曰巫更，二曰巫咸，三曰巫式，四曰巫目，五曰巫易，六曰巫比，七曰巫祠，八曰巫参，九曰巫环。以辨吉凶。凡国之大事，先筮而后卜。上春，相筮。凡国事，共筮。

什么叫"三易"？根据后人的注解，就是古代三种成文的卜筮法，分别为《连山》《归藏》和《周易》，对应夏、商、周三个王朝。其中，文王作《周易》。《周易》这本书后人又称为《易经》，指它具有经典的地位，它原先称《周易》，是因为相传它是周代创建和流行起来的占卜推演系统，跟周文王有密切的关系。

前面讲到，《周易》与古代的决策机制有非常紧密的关系，实际上《周易》的产生及其发展，与当时上古社会的方方面面有着密切的联系。具体来说，《周易》是怎么发展形成的呢？

三、《周易》创作的依据和过程

《周易》是形式特别、内容精深的人文经典，关于它的创作依据和过程，《周易·系辞下》中说：

> 古者包牺氏之王天下也，仰则观象于天，俯则观法于地。观鸟兽之文，与地之宜。近取诸身，远取诸物，于是始作八卦，以通神明之德，以类万物之情。作结绳而为网罟，以佃以渔，盖取诸离。

包牺氏也就是伏羲氏，意思是伏羲氏作为天下之王的时候仰头观看，俯身省察，通过概括和模拟身边及大自然中的各种现象及事物，创制出八卦，目的是想通达神明的德性，类比万物的性质。为什么后人会把伏羲氏称为远古时代的圣人？现代进化论认为，人从原始猿猴进化而来，进化的动力是劳动，但其实人区别于动物的关键之处，或者说人之为人的关键之处，是因为人是一种具有文化性的生物族群，能够对天地间的万事万物进行观察、反思和总结。伏羲在天地之间，不只是简单机械地顺应天地自然规律日出而作，日落而息，而是进行了一系列的"观"和"察"，并且试图掌握神灵的德性。面对芸芸万物纷繁芜杂的现象，人是可以借助于自己创制的符号系统和思想体系进行归类总结的，这是一种意义空前的突破。所以创制了八卦的伏羲氏被称为古代圣王之一，八卦以及由八卦衍生出来的六十四卦在人们的生产生活中发挥了巨大作用。

> 包牺氏没，神农氏作。斫木为耜，揉木为耒，耒耨之利，以教天下，盖取诸《益》。日中为市，致天下之民，聚天下之货，交易而退，各得其所，盖取诸《噬嗑》。神

农氏没，黄帝、尧、舜氏作，通其变，使民不倦；神而化
之，使民宜之。易，穷则变，变则通，通则久。是以"自
天佑之，吉，无不利"。① （《周易·系辞下》）

伏羲氏去世后，神农氏作为天下之王，开始制作各种木质生产
工具来教化世人。他的根据是什么呢？取象于《益》卦。而兴起市
集买卖活动，满足各人所需，其道理是取象于《噬嗑》卦。意思是，
神农氏作为远古时期的天下之王，制耒耜、兴贸易，开创农耕文
明，对中华民族的生存繁衍和发展贡献很大，而其思想来源也被认
为是《周易》。值得注意的是，这两个卦并不是八卦中的卦象，而
是六十四卦里的。在神农氏之后的黄帝、尧、舜，也是如此。这可
能是出于后人的追溯，不一定是历史事实，但也说明《周易》对古
人的生活有非常重要的影响。

所谓"自天佑之，吉，无不利"，其中的"佑"是帮助的意思，
但这里的"天"并不是人格化的主宰者，而是天文天象可以给人们
思想上的启发和行动上的便利，六十四卦就是帮助人们发现和运用
这些法则的重要媒介。我们继续看以下相关的内容：

黄帝、尧、舜垂衣裳而天下治，盖取诸《乾》《坤》。
刳木为舟，剡木为楫，舟楫之利，以济不通，致远以利天
下，盖取诸《涣》。服牛乘马，引重致远，以利天下，盖
取诸《随》。重门击柝，以待暴客，盖取诸《豫》。断木为杵，
掘地为臼，杵臼之利，万民以济，盖取诸《小过》。弦木
为弧，剡木为矢，弧矢之利，以威天下，盖取诸《睽》。
上古穴居而野处，后世圣人易之以宫室，上栋下宇，以待
风雨，盖取诸《大壮》。古之葬者，厚衣之以薪，葬之中

——————

① "自天佑之，吉，无不利"为《大有》卦上九爻辞。

野，不封不树，丧期无数。后世圣人易之以棺椁，盖取诸
《大过》。上古结绳而治，后世圣人易之以书契，百官以治，
万民以察，盖取诸《夬》。①（《周易·系辞下》）

"垂衣裳"是指衣服不杂乱，譬喻黄帝、尧、舜在治理天下时
采用清静无为的方式，不去打搅老百姓，让老百姓各得其所。随后
讲到工具发明、制度建立、统治策略和生活方式等方方面面的情
况，都与易卦相通，取象于易卦。可见《周易》源远流长，并且不
是一次性就编写完成的。东汉时的班固则对《周易》的产生过程做
了"人更三圣，世历三古"的界定。

《易》曰："宓戏氏仰观象于天，俯观法于地，观鸟兽
之文，与地之宜，近取诸身，远取诸物，于是始作八卦，
以通神明之德，以类万物之情。"至于殷、周之际，纣在
上位，逆天暴物，文王以诸侯顺命而行道，天人之占可
得而效，于是重《易》六爻，作上下篇。孔氏为之《彖》、
《象》、《系辞》、《文言》、《序卦》之属十篇。故曰《易》
道深矣，人更三圣，世历三古。及秦燔书，而《易》为筮
卜之事，传者不绝。汉兴，田何传之。讫于宣、元，有施、
孟、梁丘、京氏列于学官，而民间有费、高二家之说。刘
向以中《古文易经》校施、孟、梁丘经，或脱去"无咎"、
"悔亡"，唯费氏经与古文同。（《汉书·艺文志》）

秦始皇统一天下以后，采用李斯的建议，焚书坑儒，但李斯的
原意是把民间的藏书集合起来烧掉，而官方有独立的藏书系统。同

---

① 关于人类的重要活动和《周易》相关卦象的关系，可参看黄
寿祺、张善文著《周易译注》，上海古籍出版社，2007，第
402~403页。

时，因为"《易》为筮卜之事，传者不绝"，就是说《周易》不属禁书，未被焚毁。很多学者就讨论过为什么它作为筮卜之书不在禁毁之列。我们需要注意《周易》这本书"经"和"传"的区别，以及"经"和"传"的分别流传。狭义的《易经》就是指六十四卦及其卦爻辞，的确是工具性的筮卜之书，与其他讲农事、医药的书一样不直接涉及意识形态的问题。到汉代的时候，《易》学兴起，很多人关注并注释《周易》，形成许多流派。但在《周易》从筮卜之书演变为哲理之书的过程中，孔子的作用是关键性的。

孔子说："加我数年，五十以学易，可以无大过矣。"（《论语·述而》）孔子对《周易》有多喜爱呢？据《史记·孔子世家》记载，他读《周易》曾"韦编三绝"。古人的书是竹简本，孔子读《周易》的次数太多，反复翻看，绑竹简的皮带都断了好多次。这说明孔子曾经非常勤奋地钻研《周易》，并且深得其中意味。现在学界一般认为，对《周易》当中所蕴含的哲学思想、文化价值发掘得最深最广的人就是孔子和他的学生。

四、"算卦"的过程和原理

当我们要占卜时，先得算出一个卦，这个卦是怎么算出来的呢？《周易·系辞传》里记载了一种严格完整的算卦系统，原理是把 1～10 这十个数字分为天数和地数，天数是奇数，地数是偶数，根据相应的做法，每算三次就能算出一个爻，算十八次就能算出六个爻，也就是得出一个卦，随后再对此卦象进行解读推测。[①] 在此不展开讨论，引以下两段文献材料给大家参考：

天一地二，天三地四，天五地六，天七地八，天九地

---

① 具体的算卦仪式和过程，可参见朱熹《周易本义·筮仪》。

十。天数五，地数五，五位相得，而各有合。天数二十有五，地数三十，凡天地之数五十有五。此所以成变化而行鬼神也。（《周易·系辞传》）

天一生水于北，地二生火于南，天三生木于东，地四生金于西，天五生土于中。阳无偶，阴无配，未得相成。地六成水于北，与天一并；天七成火于南，与地二并；地八成木于东，与天三并；天九成金于西，与地四并；地十成土于中，与天五并也。大衍之数五十有五，五行各气并，气并而减五，惟有五十。以五十之数不可以为七八、九六卜筮之占以用之，故更减少其一，故四十有九也。（郑玄：《周易注》）

顺便提一下，关于天地之数的排列，有河图和洛书的区别。历史上有些人喜欢把河图洛书说得神乎其神，但其实河图洛书是数理排列，是一种严密精妙的数理关系，如洛书中 1～9 这九个数字所排列的矩阵，不管哪条直线、斜线上的三个数字相加，都得到 15，这样一种数字排列的法则、系统，后来演化成《周易》的象数系统。

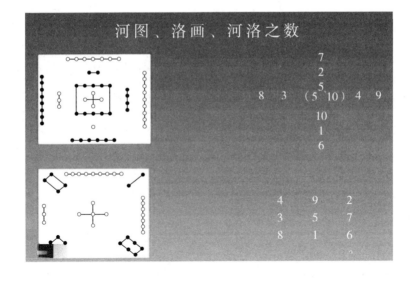

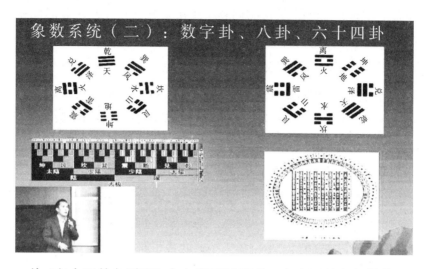

从《六十四卦方圆图》中大家可以看到，六十四卦之间的数理、逻辑关系非常精妙，只要其中一爻发生变化，此卦就变成了另一卦，这一变化是连续的、规律性的。近年来学界有过讨论，现代计算机技术与《周易》有什么联系？17世纪德国数学家莱布尼茨发明了二进制，这个发明为现代计算机科技之产生奠定了基础。莱布尼茨当时从一些曾经前往中国的传教士那里接触到中国文化，法国汉学大师若阿基姆·布韦（中文名白晋）在通信中向莱布尼茨介绍了《周易》。莱布尼茨看到《六十四卦方圆图》后非常惊讶、兴奋，然后回信给当时在中国的欧洲传教士，让他们转告中国当时的清朝康熙皇帝，他说，像《周易》这样的八卦图不可能是人类创造出来的，只能是上帝创造出来的。莱布尼茨是想通过对《周易》文化的这样一种赞叹，找到两国文化的共同点，阐述上帝的全知全能，当然这一观点在当时是不可能被朝野上下接受的。但是，这能够说明为什么《周易》在中华文明中具有代表性意义，被奉为群经之首。直至今天，《周易》的思想和内涵还可以在一些现代学科中找到对应的关系。

英国著名科学史家李约瑟所撰写的《中国科学技术史》，以丰富的史料为基础，具体、系统地论述了中国古代科学技术的成就和特征。他提出了一个尖锐的问题：中国古代的科技技术长时期以来领先于欧洲乃至全世界，但到了 17、18 世纪之后，为什么现代科技的发展和变革，只发生在欧洲没发生在中国？这就是学术界反复讨论的"李约瑟难题"。杨振宁先生有一次在演讲中提到，《周易》作为古代群经之首，科举取士的必读必考经典，对中国人的思维方式影响十分深远，而《周易》的思维方式是类比式的方法，现代数学科学则是用演绎式的方法，因为缺乏严谨的演绎推理思维，所以在中国不能产生现代意义上的科学发展。我自己曾经写过一篇文章，题目叫作《周易应该负什么责》，参与了"《易经》思维阻碍了中国近代科学的发展吗"这个讨论[1]，大概意思是《周易》在古代所做出的巨大贡献，包括在政治、经济、历史、医学、建筑等方面都产生了深广的影响，其所起的作用及与社会发展的密切联系是无可争议的事实。我们现在所谓发展的先进与落后，不能归责或归罪于祖先，关键在于我们如何去发挥、挖掘古代经典思想，没有一种思想能够提供永恒的现成模式。

五、《周易》的哲理与"断卦"原则

《周易》的内容固然以卜筮为基础，但它的真正意义，在于其中蕴含的哲理。《周易·系辞上传》有以下阐发：

> 《易》有圣人之道四焉，以言者尚其辞，以动者尚其变，以制器者尚其象，以卜筮者尚其占。是以君子将有为也，将有行也。问焉而以言，其受命也如响。无有远近幽深，遂知来物。非天下之至精，其孰能与于此？参伍以变，错综其数。通其变，遂成天地之文；极其数，遂定天

---

① 见于《中国青年报》2004年10月26日。

下之象。非天下之至变，其孰能与于此？

《易》无思也，无为也，寂然不动，感而遂通天下之故。非天下之至神，其孰能与于此？夫《易》，圣人之所以极深而研几也。唯深也，故能通天下之志；唯几也，故能成天下之务；唯神也，故不疾而速，不行而至。子曰："《易》有圣人之道四焉"者，此之谓也。

如果我们要提高说话的能力和水平，可学习《周易》的文辞之高雅优美及寓意之丰富深刻。古代一些帝王统治的年号、人物及地方取名，都喜欢取《周易》中的文辞，如唐太宗的年号"贞观"、元代的国号"元"、著名园林"颐和园"等，现当代人物名字中的"润之""介石""养正""文明""文蔚"等等。

如果我们要在实际行动中通达时势、适应变化，可学习《周易》中的随机应变。如果我们要制作器皿，可学习《周易》中的卦象。如果我们要占卜问吉凶，可学习《周易》中的卜筮。君子要做什么事的时候，可以向《周易》咨询求索，那么将来君子之言行将清清楚楚，不会有何歪曲，会如同《周易》所给你的回答。如果《周易》不是一套精密的思想体系，怎么能做到这样？天下的其他文化成果，无不是从易学中演化而来。但是要通达易学，必须要摒弃个人的主观思虑和随意妄为，寂静安定而不会贸然行动。所以只有圣人能够深刻而精微地研究易学，感通天下万物，成就天下一切事情。

俗语说："算卦容易，断卦难。"在推算出一个卦后对卦象和卦爻辞做出解释和判断，还要遵守一定的原则。最重要的是，筮卜之问吉凶，与所问所求之人的德和事情性质有密切关系。历史上有几个著名的案例：

其一，"元亨利贞"，必死于此。

"元亨利贞"的占卜结果，应该是最吉利的了，历史记载却是未必。

> 穆姜薨于东宫。始往而筮之，遇《艮》之八。史曰："是谓《艮》之《随》。《随》其出也，君必速也。"姜曰："亡。是于《周易》曰：'《随》，元、亨、利、贞，无咎。''元，体之长也；亨，嘉之会也；利，义之和也；贞，事之干也。体仁足以长人；嘉德足以合礼；利物足以和义；贞固，足以干事'然。① 故不可诬也。是以虽《随》无咎。今我妇人而与于乱，固在下位而有不仁，不可谓元；不靖国家，不可谓亨；作而害身，不可谓利；弃位而姣，不可谓贞。有四德者，《随》而无咎。我皆无之，岂《随》也哉？我则取恶，能无咎乎？必死于此，弗得出矣。"（《左传·襄公九年》）

鲁襄公的祖母穆姜死在东宫里。她被软禁的时候，占筮得到的本卦《艮》卦，爻变为八三，太史说："这叫做《艮》变为《随》卦。《随》，是出行的意思。您一定能很快出去。"穆姜说："不对！《周易》里说：'《随》，元、亨、利、贞，没有过错。'元，是各种形态的主导者；亨，是各种美好事物的汇聚；利，是对于道义的应和；贞，是事情的骨干。体现了仁就足以领导别人，美好的德行合乎礼制，有利于万物就是合乎道义，骨干坚贞足以办好事情，这些道理不是随便说说的。"因此，穆姜结合自己的情况判断说，虽然卜筮得到的结果是《随》卦，表面喻示没有灾祸；但她作为女人参与了动乱，对于君王来说，特别是先君死了以后，她没有什么地位了而又行不仁之事，不能说是"元"。她的作为使国家不安定，不能说

---

① 穆姜引用了《周易·文言传·乾》对于"元、亨、利、贞"的解释。

是"亨"。做了坏事害了自己，不能说是"利"。忘记了自己应该持守的地位而行不道德之事，不能说是"贞"。只有真正具有元、亨、利、贞四种德行的人，卜筮得到《随》卦才能没有灾祸；而她这四德都没有，难道能根据《随》卦的卦辞来判断马上被放出去吗？穆姜认定自己自取邪恶，怎么能够没有灾祸呢？一定是死在这里，不能出去了。穆姜临死前的这段话可谓出自肺腑的检讨，因为有这样的检讨，她被看作是"朝闻道，夕死可矣"的典范。在这个意义上，她终究还是"出来了"。这说明，用《周易》来筮卜，来推测吉凶，算卦者的言行必须要符合美德的标准，结果才能吉利。

其二，《易》不可以占险。

想做坏事的人，也想占卜吉凶。但早有一个著名的案例，说明《易》不可以占险。

　　南蒯之将叛也，其乡人或知之，过之而叹，且言曰："恤恤乎，湫乎攸乎！深思而浅谋，迩身而远志，家臣而君图，有人矣哉！"南蒯枚筮之，遇《坤》之《比》，曰："黄裳元吉。"以为大吉也。示子服惠伯，曰："即欲有事，何如？"惠伯曰："吾尝学此矣，忠信之事则可，不然，必败。外强内温，忠也。和以率贞，信也。故曰：'黄裳元吉。'黄，中之色也。裳，下之饰也。元，善之长也。中不忠，不得其色。下不共，不得其饰。事不善，不得其极。外内倡和为忠，率事以信为共，供养三德为善，非此三者，弗当。且夫《易》不可以占险，将何事也？且可饰乎？中美能黄，上美为元，下美则裳，参成可筮，犹有阙也。筮虽吉，未也。"（《左传·昭公十二年》）

南蒯将要叛变的时候，他的家乡有人知道情况，走过他门口，叹了口气说："忧愁啊，愁啊，忧啊！思虑深沉而智谋浅陋，只顾自己而志向高大，作为家臣而有做国君的图谋。有人就是这样子的！"实际上已经看穿了他的图谋而进行劝诫。南蒯大概是因此而有些心虚，就去占筮，得到《坤》卦变为《比》卦的结果，相应的卦辞是"黄裳元吉"，他大概有了"理直气壮"的感觉，就把这个结果拿给子服惠伯看，说："我想制造一个事端，怎么样？"惠伯回答说，他自己曾经学习过《易》，如果是忠信的事情，就能够符合卦爻辞的预测；如果不是这样，就必定失败。外表强盛而内心温顺，这是"忠"；用和顺来统领坚贞，这是"信"；所以说"黄裳元吉"。"黄"，是上衣的颜色；"裳"，是下身的服装。"元"，是善行的主导者。内心不忠诚，就和黄色的寓意不相符合；在下位而不恭敬，就和服装的性质不相符合；事情不是善意进行的，就和原则不相符合。内在品质和外在表现和谐一致就是"忠"，根据诚信办事就是"恭"；崇尚上述三种德行，就是"善"。没有这三种德行，就无法承当卦爻辞所预测的结果。而且，《易》不能用来预测险恶的事情，将打算制造什么事端呢？另外，有没有什么东西可作为配合呢？中间之美就是"黄"，上部之美就是"元"，下部之美就是"裳"，这三者都具备了，才可以合于卦爻辞的预测，尚且有所缺失。卦辞虽然吉利，结果不能行。惠伯确实很精通《周易》之理，劝说南蒯不要违背政治伦理犯上作乱，但最后南蒯还是忍不住发起动乱，但很快被打败，以亡告终。

六、《周易》的广泛应用和重要影响

《周易》的应用非常广泛，也不仅仅是用作占卜。

浙江金华兰溪市的诸葛八卦村，是诸葛亮后裔的聚居地。村中的建筑格局，就是按照"八阵图"的样式设计的。八卦村的地形如太极，村子中心有一口池塘，当地人称钟池。钟池是诸葛八卦村的地理中心，这口水塘半边为水，半边为陆，两边各有一口水井，形如太极阴阳鱼。以钟池为核心，有八条巷子向四面八方延伸。巷子之间又有许多弄堂，这些巷子和弄堂纵横交错，构成的地形犹如迷宫一般。据说在抗日战争期间，日军实在找不到进退之路，只好放弃侵犯意图。各位有兴趣的朋友可以去实地考察一下。

浙江金华兰溪市诸葛八卦村

在云南大理云龙县，有一个由山川河流自然景象天然形成的太极八卦村，河流隔分了一块平原，形成了太极阴阳鱼的地形地貌。这样天然形成的太极地形地貌不止这处，河南省、山西省也有。换言之，《周易》给我们提供了观察和命名地形的重要思想资源。

云南大理云龙县太极八卦村

因此我想到了一个问题，现在后人普遍认为，太极阴阳鱼的图形是宋代周敦颐创制的，但是现在可以看到周敦颐所创制的太极八卦阴阳仪的图案是比较复杂的，不像现在我们常见的太极阴阳鱼的图案这么简明，所以我想是不是古人根据我们刚才所说的天然的地形地貌，"仰观俯察"，创制了太极阴阳鱼的图案呢？这个问题我觉得值得继续考察探讨。

我们再来看一些作为标志的易图。

韩国国旗又称太极旗，其构思也源于中国的《周易》。其中央的太极象征宇宙，蓝色为阴，红色为阳。四个卦象位于四个角落：左上方是"乾"，右下方是"坤"，右上方是"坎"，左下方是"离"。其寓意十分丰富：天、地、水、火，东、南、西、北，仁、义、礼、智，父、母、子、女，等等。

韩国国旗的确定，经历了比较长的过程。19世纪末期，朝鲜王朝名义上还是大清的藩属国。1880年，当时驻朝鲜的大使黄遵宪在《朝鲜策略》中建议朝鲜袭用清政府的黄龙旗作为国旗。1882年，日本强迫朝鲜缔结不平等条约，规定朝鲜须派使臣向日本谢罪。同年8月，朝鲜政府派朴泳孝、金玉均出使日本，在前往日本的"明治丸"号轮船上，朴泳孝等人以太极两仪和乾、坤、坎、离四卦为图案，设计出了最早的太极旗。1883年，朝鲜王朝正式决定以太极旗为国旗。后来经过调整和完善，最终形成了今天的太极旗样式。

曾有韩国学者撰文力图证明，韩国太极旗的产生根源于朝鲜民族自身的太极文化，其太极阴阳及八卦的文化比中国的易学还要早很多。我们先不管他们的论述过程，我想说他们如此争辩太极阴阳八卦文化在其本土产生的启示有二：一是太极阴阳鱼的图案不一定就是八卦，不一定与《周易》有关系，有可能是后面的人在解释《周易》的过程中创制了太极阴阳鱼的图案，以方便解释；二是说明韩国受中国的影响，不一定从《周易》的时候开始，或者可以由此推测说太极阴阳鱼的图案并不是《周易》产生时才出现的，而是在更久远的时候就存在了，并且流传到了韩国。当然，要说明这里面的渊源和流变，还需要做很多的研究工作。

美国物理学家卡普拉，曾写过一本著作叫《物理学之道》，这本书初版的封面就是一个太极图，并且书名的副标题是"近代物理学与东方神秘主义"，他认为近现代物理学里面的很多原理都可以与《周易》中的思想找到相对应的关系。也确实有多名杰出的物理学家宣称他们的研究受到过《周易》的启发。目前学术界有一些人专门从现代科学角度研究《周易》，其研究成果被称为"科学《易》"。[①]

为什么《周易》在社会的各个领域都能产生如此深远的影响呢？这与《周易》的内容丰富深邃、表述方式独特周全有很大关系。《周易·系辞上传》说：

> 《易》与天地准，是故能弥纶天地之道。仰以观于天文，俯以察于地理，是故知幽明之故；原始反终，故知死生之说；精气为物，游魂为变，是故知鬼神之情状。与天地相似，故不违；知周乎万物而道济天下，故不过；旁行而不流，乐天知命，故不忧；安土敦乎仁，故能爱。范围天地之化而不过，曲成万物而不遗，通乎昼夜之道而知。故神无方而《易》无体。

---

① 参见董光璧《易学科学科学史纲》，武汉出版社，1992。

"《易》与天地准"，《周易》的原理和天地法则相吻合。这并非一句空话，而是体现在《周易》的象术和义理上。在当代社会，尽管有人对《周易》提出了很多批评，但也不能否认《周易》所阐述的是"弥纶天地之道"的学问。

我们的祖先画八卦，演变为六十四卦，进而构建了《周易》体系，是基于"仰以观于天文，俯以察于地理"的哲学实践。我们的祖先借助于《周易》，进一步了解天地法则，对隐秘的或显明的万事万物，都能够找出其根源，了解其流变，把握其始终；知道生死是怎么一回事，万物由精气聚成，变化由游魂导致；所谓"鬼神"，就是和"天地"相似，明白这些，就不会违背自然规律。所以我们学《易》就能通达天下万事万物，从而有动力、有方法救济天下而没有过错；就能"旁行而不流"，另辟蹊径而不会丧失原则。因为愉悦地接受天地自然的演变而知晓自己的命运，所以没有忧愁。"安土敦乎仁，故能爱"，是说君子安居于大地之上，以敦厚的形式实践仁德，所以有"爱"的能力。

"范围天地之化而不过，曲成万物而不遗，通乎昼夜之道而知，故神无方而易无体。"这是讲整个《周易》的宗旨。这里的"范围"是动词，规范和概括的意思。《周易》能够规范和概括天地万物的各种变化而不会出现过错。"曲成万物而不遗"说明事物的演化过程是没有单边直线的，而是错综复杂，迂回曲折是成就万事万物的方法，而没什么遗漏则体现了《周易》作者的博大胸襟。

"故神无方而《易》无体"，所谓的"神"是没有方位、没有形象的，而《周易》也没有固定的形式，这是说《周易》看起来有各种各样的具体的卦象，但卦象的特性是虚拟的、可变的，根据不同的情形发挥不同的功用。

需要重申一下，根据《周易》的原理，进行"算卦"的意义，不在于投机取巧或守株待兔，而在于探索奥秘、追问法则、启发思想、指导行动、孕育艺术等方面。《荀子·大略》中说"善为

《易》者不占"。即便是用《周易》来算卦，也要遵守一定的原则，其作用与意义不是装神弄鬼，故作高深，而是"探赜索隐，钩深致远"。

是故《易》有太极，是生两仪，两仪生四象，四象生八卦，八卦定吉凶，吉凶生大业。是故法象莫大乎天地，变通莫大乎四时，县象著明莫大乎日月，崇高莫大乎富贵。备物致用，立成器以为天下利，莫大乎圣人；探赜索隐，钩深致远，以定天下之吉凶，成天下之亹亹者，莫大乎著龟。是故，天生神物，圣人则之；天地变化，圣人效之。天垂象，见吉凶，圣人象之；河出图，洛出书，圣人则之。《易》有四象，所以示也。系辞焉，所以告也。定之以吉凶，所以断也。（《周易·系辞上传》）

天地是我们模仿的对象，四时是最大的变通之理，日月是最光明显著的形象，而富贵是最崇高的事情，古人常说"富有天下，贵为天子"，这点与儒家思想是相通的，如果是墨家就会主张节欲，主张简朴。在《周易》的思想中，圣人是能够制造各种器物、创立制度从而有利天下，能够帮助老百姓解决更多实际问题的人。而今天我们所讲的圣人似乎是更强调在德行上超越常人，讲道德层面较多。能够探索隐秘微妙的属性，反思幽深遥远的实践，推测天下的吉凶，成就天下的事物，非《周易》莫属。这是先哲对于《周易》的认识，可以说推崇到无以复加。

无论如何，《周易》的丰富内容、重大影响和深远意义是不能忽视的。

最后，我想用这八个字"探赜索隐，钩深致远"与大家共勉。

　　刘体胜，武汉大学中国哲学专业博士，现任职于华南师范大学政治与行政学院、华南师范大学国学研究中心，主讲"周易与传统文化""中国哲学史""中国哲学名著导读"等本科课程，曾获得华南师范大学教学工作优秀奖，多次参加国内外学术会议并宣读论文，在《学术研究》《周易研究》等学术刊物上发表论文若干篇。

贰 易卦及其智慧

刘体胜

古人有句俗话：学会《增广》会说话，学会《周易》会算卦。这告诉我们，一提起被誉为"群经之首"的《周易》，我们的第一印象常常是：它是卜卦之书！客观地说，卦确实是《周易》的根本，也是我们研读《周易》的基础。不懂卦，就不懂《周易》。所以，我今天就从易卦这个角度，和大家聊聊《周易》。孔子曾说"加我数年，五十以学《易》，可以无大过矣"（《论语·述而》），这说明孔子是比较晚才开始研读《易》的，并且认为学《易》可让自己不犯大的过错，这是对《易》极高的推崇，要知道孔子五十岁时已经到了"知天命"的智慧境界。孔子这句话还启示我们，《易》不仅有占卜预测的功能，还蕴藏着非常丰富的道理智慧。

我们今天所讲，就围绕易卦及其智慧展开，具体而言，大致包括以下几个方面的内容：一，何谓易卦（界定及其分类）；二，何谓经卦（名称、起源、卦象和时位）；三，何谓别卦（名称、产生和今本卦序）；四，易卦的智慧（以乾卦为例）。

我们首先来看第一个问题：什么叫易卦？卦是什么？

对何谓"易卦"，《周易正义》一书中有个著名的界定："卦者，挂也。言悬挂物象以示于人，故谓之卦。"《周易正义》又名《周易注疏》，由三国时期魏朝王弼、东晋韩康伯作注，唐代孔颖达作疏，在经注基础上融汇了众多易学家的见解，对《周易》经传做出了很好的疏证和注解。此书长期立于学官，也是易学史上非常重要的典籍。所以，此书对"卦"的界定是比较权威的。正如这个界定所言，"卦"是悬挂物象以示于人的阴阳符号形式。我给大家展示一下《周易》中的八卦图（图1），大家看看，这些卦是不是都有其形象？如乾卦，是由三个阳爻所组成的符号图形；坤卦，是三个阴爻所组成的符号图形。乾这个卦画形式，还可以表征许多具体有形象的事物，如天、君、父、头、金，等等；而坤这个卦，可以表征大地、母亲、腹部等众多物象。卦的含义基本上是这样的。

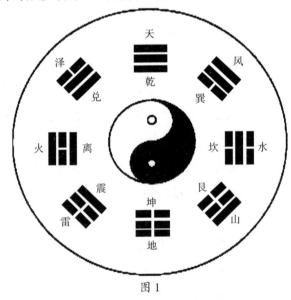

图1

至于卦的分类，《周礼·春官》中有一个经典的说法："大卜……掌三易之法，一曰《连山》，二曰《归藏》，三曰《周易》。其经卦皆八，其别皆六十有四。"相传在上古时，伏羲氏创造出八卦，神农氏创造了连山易，轩辕氏创造出归藏易。据此，卦分为两大类：一类是经卦，一类是别卦。经卦是"三画卦"，即每一卦由三个阴阳爻符号组成，具体而言有乾、坤、震、巽、坎、离、艮、兑这八个卦。为什么只有八个经卦？因为每一经卦的卦爻符号都由两种元素构成，即阴和阳，符号"——"代表阳，符号"——"代表阴，用阴、阳这两种符号进行三三排列组合，只能组成八种不同形式，故经卦的数目为八。从这个角度讲，《周易》很简单，它只有两个构成要素，就是阴阳。所以庄子说"《易》以道阴阳"。

下面，我们就来认识一下这八个经卦（八卦）：乾卦代表天，坤卦代表地，巽（xùn）卦代表风，震卦代表雷，坎卦代表水，离卦代表火，艮（gèn）卦代表山，兑卦代表泽。当然，每个卦可以对应的物象还有很多，但为什么经卦中"乾、坤、巽、震、坎、离、艮、兑"这八卦所比拟的基本物象是"天、地、风、雷、水、火、山、泽"？先说明一点，水与泽是有区别的，泽是水的聚集状态，是不流动的。中国传统哲学思想认为，世界万物的起源是阴阳之气。一开始阴阳之气的状态是混沌的、合在一起的，经过漫长的历史时期之后它们分开了。怎么分呢？中国古人认为，阳气的特性是清扬，阴气的特性是浊重；清扬的阳气势必往上走，浊重的阴气势必向下沉，阳气和阴气分离各自聚集之后，就形成了天和地。所以乾卦☰全是阳爻，所对应的基本物象是天；坤卦☷全是阴爻，所对应的基本物象是地。此外，中国古人认为阳为动，阴为静。按照阴阳这一特性，来看为什么坎卦☵对应的基本物象是水？这是因为水是阴性的事物，故这个卦的上下两个爻都是阴爻，又因为水的特性是流动的，所以这个卦的中间那个爻是阳爻，坎这个卦象是不是很形象？而泽卦☱阴在上而阳在下，喻示泽外表为阴湿之所，其下却含有大量阳气，可滋润万物。凡泽面阴湿，泽下必蕴藏着大量的热气，如现代的沼气。离卦☲一阴置于二阳之间，喻示上下为阳，中蓄一阴，犹如火以阳为表，而其内却蕴藏着阴质。此外，火的外焰温度很高，并且是跳动的，但火焰中心的温度是比较低的，并且静止不动，火这一形象和特征跟离卦十分相应。再比如离卦比拟的另一个物象太阳，现代人知道太阳是一个发光发热的星球，表面温度极高，而球体温度偏低并且有许多黑子等阴性物质。所以中国古人是很有智慧的，从对应水的坎卦和对应火的离卦可知，古人很有辩证思想，阴的东西中有阳，阳的东西中有阴，现实中的万事万物一定是阴中有阳、阳中有阴的。再看震卦☳，两个阴爻在上，一个阳爻在下，震卦对应的基本物象是雷。为什么呢？中国古代先民认为，雷的产生是阴阳之气碰撞的结果，阴气下沉而阳气上升，而且古人认为阳为大而阴为小，因此两个阴与一个阳势均力敌，二者碰撞就会产生雷。再看巽卦☴，两个阳爻在上，一个阴爻在下，这就像风在大地上流动，这是中国古人通过观察大自然的现象而获得的经验。再看艮卦☶，一个阳爻在上，两个阴爻在下，这又是为什么呢？山看起来非常刚硬，地表都是坚硬的石，但大家想过没有，山表下面却蕴藏着大量的水分、湿气等阴性物质，如果山体中没有阴气，那山上会寸草不生，所以艮为山。

那我们又如何记忆这些经卦呢？南宋著名理学家、教育家朱熹曾作了一个《八卦取象歌》，就是方便大家记忆八卦卦名和卦象的一个口诀："乾三连，坤六断，震仰盂，艮覆碗，离中虚，坎中实，兑上缺，巽下断。"如图2所示：

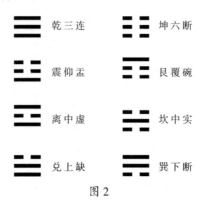

图2

　　至于八卦何时出现的问题，最早提到"八卦"这个名称并有详细解释的，是《易传》。《易传》总共分七种十篇，其中《系辞下》篇中说到远古的包牺氏（即伏羲氏）创作出八卦："古者包牺氏之王天下也，仰则观象于天，俯则观法于地……于是始作八卦。"意思是远古的伏羲氏通过观察天地万物，认为万物都由阴阳这两种元素构成，因此开始用阴、阳这两种符号来作八卦，以之比拟世界万事万物。而《说卦传》篇则详细地介绍了八卦的各种表征意义。又相传周文王曾被商纣王猜忌，一度被囚禁在羑里这个地方，司马迁在《史记》中记载"文王拘而演周易"，这就是说文王是被囚后开始整理和演绎易卦的，经过他的悉心钻研，将八经卦演绎成六十四卦、三百八十四爻，并作了卦辞、爻辞，由此《易经》产生。《易经》大致可断为西周时期的作品，而六十四卦又由八经卦推演而成。据此推论，八卦出现的时间至迟不晚于西周建立。

　　八卦的起源问题，历来是易学的争论焦点之一。从古至今，一直未有定论。主要有以下几种说法：伏羲仰观俯察而作八卦说（《周易·系辞传》）；文字说（《易纬·乾坤凿度》等）；生殖器崇拜说（章太炎、郭沫若）；竹节（即蓍草）的象形说（高亨）；结绳记事说（刘师培、李镜池）；源于筮数说（朱自清、张正 ）。这个我们简单了解一下即可。

　　说到八卦的生成，《周易·系辞传》中有一个说法："易有太极，是生两仪，两仪生四象，四象生八卦，八卦定吉凶，吉凶生大业。"古人认为，易来自于太极，什么是太极？就是万事万物的根源。这段话告诉我们，太极生成两仪即阴阳，两仪（阴阳）再生出四象——老阴（太阴）、老阳（太阳）、少阴、少阳，在四象的基础上进一步生成八卦，而八卦能够预测吉凶，所以八卦运用好了就能成就大事业。八卦具体生成的过程如图 3 所示：

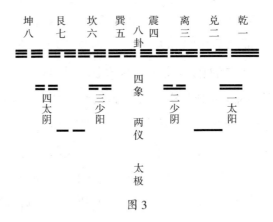

图 3

太极是本体，没有形色声臭，故以"太极"二字表示，如图 3 所示。太极生成两仪即阴阳，而阴阳两两结合，就产生了四象，在四象的基础上再叠加一个阴或阳，就产生了八卦。如此类推，则每一卦的产生都是有先后顺序的，有对应的数字。这些数字的含义及其应用，我稍后再讲。

八卦的卦象主要本自《说卦传》，内容很多。从八卦所比拟的基本物象看八卦之间的基本关系，具体可参看图 4：

关系 \ 八卦	乾	坤	震	巽	坎	离	艮	兑
基本象征物	天	地	雷	风	水	火	山	泽
家庭	父	母	长子	长女	中男	中女	少男	少女
人体	首	腹	足	股	耳	目	手	口
动物	马	牛	龙	鸡	豕	雉	狗	羊
卦性	健	顺	动	入	陷	丽	止	悦

图 4

图 4 显示了最基本的八卦象征物及卦性，从中我们可以看到八卦所对应的人体部位，所以古人也可以通过易卦来预测身体哪个部位患病，这并不神秘。

下面我们来看八卦的时位及其应用问题。依据《说卦传》中的记载，八卦各有时位。所谓时位，就是时间和空间因素。八卦的时位图又分为先天和后天两种。"先天"与"后天"一词出自《乾·文言》："先天而天弗违，后天而奉天时。"一般认为，在宋代以前，并没有先天与后天的八卦组合图形。唐宋时期道士陈抟精于易学，开创了图书易的先河，据传陈抟根据《说卦》中"天地定位，山泽通气，雷风相薄，水火不相射"这句文辞而创造出一个"先天八卦图"，也称为"伏羲八卦图"；根据"帝出乎震，齐乎巽，相见乎离，致役乎坤，说言乎兑，战乎乾，劳乎坎，成言乎艮……"这一段文辞创造出了"后天八卦图"，也称为"文王八卦图"。这两个八卦图对后世影响极为深远。

先看先天八卦图（即伏羲八卦图，图5）：

伏羲八卦（先天八卦）

图 5

由图 5 可见，其方位标示与我们现代地图体例不同，它是上南下北，左东右西。在此图中，乾居于正南，坤在正北，巽在西南，坎在正西，艮在西北，震在东北，离在正东，兑在东南。《说卦传》中说，先天八卦的空间安排是天地定位（故乾上坤下），然后是雷风相薄（东北—西南），山泽相对（西北—东南），水火相对（正西—正东）。从中可见，这八个卦分为四对，每一对构成"错"的关系，也就是两两阴阳属性相反。为什么先天八卦图中的八卦方位是这样的呢？因为《说卦》中还提到，"数往者顺"是以乾卦为起点，"知来者逆"是以坤卦为起点。大家还记得这些数字吗？乾卦一，兑卦二，离卦三，震卦四，巽卦五，坎卦六，艮卦七，坤卦八（图6）。

图6

用这个八卦生成次序排列对应这个先天八卦图，我们可以看到，先是从乾卦的左边往下数，分别是兑二离三震四；再从乾卦的右边往下数，依次是巽五坎六艮七，最后是坤卦八。而倒过来以坤卦八为起点，从其左边往上数，就是逆过来的艮七坎六巽五，从其右边往上数，就是震四离三兑二，最后为乾卦一。只有这样，不管以乾卦为起点还是以坤卦为起点，这八卦的方位才符合"数往者顺，知来者逆"的要求，"数往者顺，知来者逆"这一句话很关键。所以在先天八卦图中，天地定位，上天下地之后，其余各卦的方位只能如此排列，没有其他方式。虽说《说卦传》中没有明确说明这点，但是陈抟所作之先天八卦图是非常符合这个思想的。关于这个观点，北宋易学大家邵雍（即邵康节）曾做出非常精妙的解读，明确指出了先天八卦图方位排列的必然性。

我们再来看看后天八卦图（图7）。这个图似乎复杂了很多，跟先天八卦图的方位完全不同，并且加上了具体的时间要素。

图 7

　　后天八卦图体现了中国古人对宇宙自然规律的认识。在春季，世界万物复苏，阳气萌动，所以它对应的是震卦☳，震卦的卦性是"动"，所以往往春天里春雷一响万物开始萌发生长。到了立夏，其对应的是巽卦☴，巽卦的卦性是"入""齐"，这时候万物之间还没呈现出特别大的性状差异。而到了夏至的离卦☲，其卦性是"丽"，其对应的基本物象是火，有光明之意，也就是万事万物在此时正处于生长茂盛期，开始呈现出各自的特征和差异性。万物从萌芽到茁壮成长之后，就要走向成熟。而成熟要由大地继续提供养分，所以立秋对应于坤卦☷。等到大地提供足量的养分后，到秋分时节万物开始成熟，万物欢欣，所以卦性为"悦"的兑卦☱对应秋分时节。万事万物在成熟期之后，就要阴阳交合，这个时候阳气会积极主动，所以卦性为"战"的乾卦☰对应的节气是立冬。事物成熟了之后就要藏，所以卦性为"劳""陷"的坎卦☵就对应冬至，代表收藏之意，万事万物也由此而开始走向自己的衰亡期。到了立春，用艮卦☶来表示，艮卦的卦性是"止"，即生命停止之意，万事万物开始走向衰落和死亡，但《周易》说这个"止"不是终极消亡的意思，衰至极致必然会重生，中国人的生死观是循环的，不讲终极结束，讲一兴一衰，一治一乱，一盛一衰。所以某事物的死亡期同时也是另一个新生命的孕育期，故艮卦之后，震卦即随之而至。

综上可见，后天八卦图中八卦时位安排是根据事物的生壮老病死之过程及其时令方位来定的。春对应于东方，夏对应于南方，秋对应于西方，冬对应于北方。天地万事万物产生出来之后，都要遵循后天八卦图中这样的一个生命规律。

下面简单讲一下八卦的实际应用。

八卦方位常常应用于古代相术。中国古代哲学中有天地人三才之道，对应在掌相中，就是天纹、地纹、人纹，而不是西方相术所说的爱情线、事业线、健康线等。依据传统说法，男人看左手，女人看右手。天纹在上，表明一个人的根基和背景状况；如果没有这条天纹，就叫断掌，当然有种情况叫假断掌，也就是天纹跟人纹是重合的，没那么清楚。古代的说法是，男人断掌重千金，意思是男人手掌中没有天纹，将来极有可能手握重权或成为巨富之人。但不管男女，出现断掌都意味着要白手起家，因为你的父母、祖宗都很难给予你帮助和庇荫，即使家境不错，也依靠不上家中的力量，家人对断掌之人帮助不大。据古人说，女人断掌克父母，所以一定要认干爹干娘。再看地纹，地纹代表财禄及晚年归宿，如果此线比较杂乱浅短，那意味着晚年的境遇不是太好。但决定一个人命运的最主要的还是人纹，人纹主福德，代表一个人的鼎盛时期。大家看，这个掌八卦图（图8）的八卦方位所对应的就是后天八卦图，拇指下端是震卦，主要代表夫妻关系。食指下方是巽卦，代表财富禄马。中指下方是离卦，代表官禄权势。无名指和小指中间下方是坤卦，代表母子关系。近掌外侧是兑卦，代表下属关系和子嗣后代状况。其后下来是乾卦，代表父子关系。再下来是坎卦，代表根基及晚年的情况，而且坎为水，如果这里掌纹不好可能还意味着有风波水患。再过来是艮卦，代表兄弟姐妹的关系。

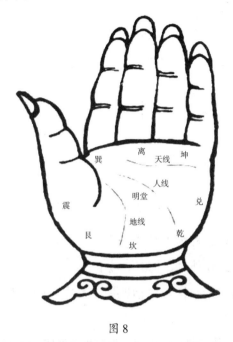

图 8

怎么判断一个手相是好还是坏呢？这里简单介绍几点。一看手掌是否肥润隆红，温厚绵软，在相应的地方有隆起最好。二看掌纹是否干净，如果很多杂纹，掌纹凌乱，则是不太好的手相。另外，如果手掌坎位有一条掌纹直接贯穿上下而不乱，从手腕处直冲巽这个方位，那么代表此人是"贵人钦"，很有贵人运，未来的归宿很好。

八卦在人宅的对应关系上也有应用。按照古代人的说法，每个人都有与自己相适宜的住宅，这主要体现为住宅方位坐向的要求（图 9）。因为时间关系，这部分我们就不展开来讲了。

现在我们讲一讲易卦的另一类别——别卦。

何谓别卦？与经卦相对，别卦是由经卦（即八卦）两两组合而成的六画卦，又称为重卦或复卦。它的组成方式有两种。而组成别

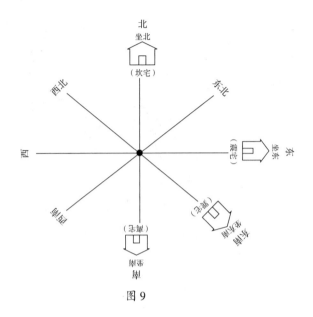

图 9

卦的下面那个八经卦称为下卦或内卦、贞卦、下体等；上面的那个八经卦则称为上卦或外卦、悔卦、上体等。

至于别卦的基本结构，概括地说，系由卦画、卦名、卦辞、爻题和爻辞这五个部分组成（如图 10）。

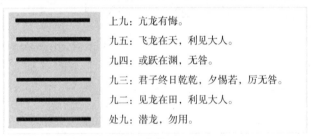

乾：元、亨、利、贞

上九：亢龙有悔。
九五：飞龙在天，利见大人。
九四：或跃在渊，无咎。
九三：君子终日乾乾，夕惕若，厉无咎。
九二：见龙在田，利见大人。
初九：潜龙，勿用。

乾卦

图 10

以图 10 乾卦为例，其卦画是☰，"乾"是卦名。卦辞就是紧接着卦名"乾"之后的那一句话："元、亨、利、贞。"什么叫爻题？"初九、九二、九三、九四、九五、上九"，就是爻题。而每个爻题之后都有一句话，如"初九：潜龙，勿用"，"初九"是爻题，而"潜龙，勿用"是爻辞。

就别卦构成的基本要素而言，别卦如同经卦一样，都是由阴、阳两爻所组成的。其中，比较复杂的是如何确定别卦的爻题。具体来讲，别卦的爻题由爻的阴、阳属性（阴称为"六"，阳称为"九"）和其在别卦中所处的具体位置（从下至上，分别称为初、二、三、四、五、上）来确定。如是阳爻，其名有初九、九二、九三、九四、九五、上九等，阴爻类同。那为什么阴爻称为六而阳爻称为九？这与算卦中的数理有关。

所以《易经》跟其他著作很不一样，既有卦爻符号又有文辞。卦爻象、卦名和卦爻辞之间的关系问题，也向来是易学中的一大争议问题。

关于别卦的产生问题，从逻辑和历史产生过程观之，任一别卦都由经卦两两相重而成，《汉书·艺文志》"人更三圣，世历三古"的说法是其代表。而在现实的卜筮活动中，别卦都产生于筮法。那什么是周易的筮法？《周易·系辞传》云："大衍之数五十，其用四十有九。分而为二以象两，挂一以象三。揲之以四，以象四时；归奇于扐，以象闰。五岁再闰，故再扐而后挂。……是故，四营而成《易》，十有八变而成卦。"古人卜筮，用的工具是蓍草（如图11），据说用伏羲陵内蓍草园中生长的蓍草来占卦最为灵验。这段文辞是说，在卜筮的时候要准备好五十根蓍草，而真正算卦时却只用四十九根，有一根要放回去不用，因为那根象征着太极。太极是本体，是放在那里作为本源的，不能拿来用。

根据这段文辞，我们将具体的卜筮程序总结如下：将这四十九根蓍草随手分成两堆，在分的时候要随意分，心里不要刻意，如不要想着要把两堆的蓍草数量分得均匀，卜筮的时候不需如此，信手一分就是，这就是"分而为二以象两"，象征着太极生阴阳两仪。然后，从右手的一堆里随意抽出一根，夹在你左手的小指与无名指之间，为什么要挂？因为"挂一以象三"，这个"一"

图 11

指人，"三"是指天、地、人三才。接着，再拿起左边这堆蓍草，用右手四个四个数，这就是"揲之以四，以象四时"，象征着春夏秋冬四时。数下的余数只有四个可能，分别为1、2、3、4。然后，再把这个余数蓍草，夹在你左手中指与无名指的中间。接下来，把右边已经抽出一根的这堆蓍草用同样的办法四个四个数，将这个余数蓍草，夹在左手食指与中指中间。这个过程叫"归奇于扐以象闰"，这个闰就是余数的意思，如同我们农历的闰月。"四营而成易，十有八变而成卦"，"四营"就是指以上四个基本步骤，"分二、挂一、揲四、归奇"。四营而成一变，三变而成一爻，六爻为一卦，所以在现实的卜筮活动中要完成十八变的程序才生成一个别卦。以上就是《周易》蓍草成卦法的基本思路。由此可见，使用蓍草来卜筮的过程并不简单，是相当复杂的。所以孔子说"人而无恒，不可以为巫医"，人没有恒心和毅力，很难成为巫医。根据这个占筮程序，最终我们会得到一个具体的推算结果。如图12所示。

变数	一变		二变		三变	
挂扐数	5	9	4	8	4	8
成爻推算	成爻的四种情况					
挂扐数之和	5+4+4		5+4+8 或 9+4+4		5+8+8 或 9+4+8	9+8+8
计算差数	49−13=36		49−17=32		49−21=28	49−25=24
计算商数	36÷4=9		32÷4=8		28÷4=7	24÷4=6
阴阳名称	老阳		少阴		少阳	老阴
别称	重		拆		单	交
符号	囗		— —		———	×

图 12

需要说明的一点是，当推算出这一爻是"老阴"或者"老阳"的时候，需要在旁边注明9或者6，因为它会产生"变卦"，这基于中国古人的哲学观念——事物盛极必衰，也就是说"老阴"和"老阳"都会向自己相反的方向转化，当某一爻或某一些爻的属性发生转化后，整个卦就会变成另一个卦，所以要注明。

那么，算得一个卦后怎样去推算和预测？这就是说，我们该如何解读卦象进而推测吉凶呢？对此，朱熹有一个推占法则，他是这样说的：

一爻变：以本卦的这一变爻的爻辞占之；

二爻变：以本卦的此二变爻的爻辞占之，并以上爻的为主；

三爻变：以本卦及之卦的卦辞占之，并以本卦的卦辞为主；

四爻变：以之卦的两个不变爻的爻辞占之，并以下爻的爻辞为主；

五爻变：以之卦的不变爻的爻辞占之；

六爻变：如果本卦是乾坤两卦，则分别以"用九"和"用六"辞占之；其他卦则占之以之卦的卦辞；

六爻皆不变：以本卦的卦辞占之。

根据这个推占法则，如果算出的这个卦中有一个变爻，或二、

三、四、五、六个变爻，只要找到相应的卦爻辞即可进行推测。如果六爻中没有变爻，就用本卦的卦辞占之。

例如，假设我们算得的是乾卦，并且只有"初九"这一变爻，那么就用这一变爻的爻辞"潜龙，勿用"来推占之，预测吉凶悔吝。至于如何解读，就要占筮者根据所要卜问之事发挥想象力和类比思维。如果现在我是学生，根据这一推占法则，我就应该潜心学习，心无旁骛，不要分心于学习之外的事情。而如是个打算开发销售新产品的商人，占得这一卦，那就意味着你最好还是暂时别动。如果打仗占得这一卦，意味着要守而不要进攻，等等。其他推占法则的应用以此类推。特别需要提一点的就是，据史书相关记载，有些术士、易学大家，不需要根据这种推占法则来预测占卜，而是直接根据占得的卦爻象本身就可推算占问之事的吉凶悔吝。

当然还有一些其他成卦法，如简易揲蓍法、金钱代蓍法、梅花易数法，等等。简易揲蓍法是指只要进行三次揲蓍就可以得出一别卦及其变爻。而影响较大的金钱代蓍法，据说是西汉易学大家、术数家京房发明的，就是用三枚钱币来卜筮。占筮用的每枚铜钱，都有正反两面，其带字的那一面（如上面刻着"……通宝"字样）为阴，不带字的一面（可以有图案但不是文字）为阳。三个铜钱在掌中摇一摇之后，只会出现以下四种情况：三个无字，三个有字，一个有字而两个无字，一个无字而两个有字。如果三个无字，就是阳爻，所对应的数字是 9。三个有字，就是阴爻，所对应的数字是 6。一个有字而两个无字，也是阴爻，其对应的数字是 8。一个无字而两个有字，也是阳爻，其对应的数字是 7。老阴或老阳，即是变爻。所以，用金钱代蓍法，摇一次就可以得到一爻，而摇六次就可以算出一个别卦。当然，最经典的算法还是刚才我们所讲的《周易·系辞传》中记载的蓍草成卦算法。民国时期著名的易学大家尚秉和老先生，易学造诣颇深，是象数派易学的代表人物之一，他说除非是特别紧急的情况，不然还是要按照十八变成一卦的算卦程序来求卦。而梅花易数法，是北宋大儒、易学家邵雍总结出来的一套简单易行、灵活多变的易学预测法。梅花易数法汲取《周易》象数之学的成果，以易学中的数学为基础，将深奥的易理具体应用于占卜，其中蕴含着我国丰富的古代数学思想与数学方法，因此也被称为"《易经》中的数学"，这里就不具体介绍了。

下面讲一下卦序问题。对于周易八经卦多数人都耳熟能详，周易六十四个别卦则少有人能准确记忆和诵读，朱熹的《六十四卦卦序歌》就是为了方便人们学习记忆这些别卦而创作的。今本六十四卦的卦名及卦序如下：

上经三十：乾坤，屯蒙，需讼，师比，小畜履，泰否，同人大有，谦豫，随蛊，临观，噬嗑贲，剥复，大畜颐，大过，坎离。

下经三十四：咸恒，遁大壮，晋明夷，家人睽，蹇解，损益，夬姤，萃升，困井，革鼎，震艮，渐归妹，丰旅，巽兑，涣节，中孚小过，既济未济。

说到这里，大家可能有一个疑问，易经六十四卦为什么不是对等地分为上下各三十二卦？为什么要分为上经三十、下经三十四呢？这样分法的依据是什么？

这需要考察一下今本卦序中别卦之间的关系。关于别卦之间的关系，孔颖达有一个著名的说法："二二相耦，非覆即变。"（《周易·正义·序卦传》）什么意思呢？"覆"是颠倒的意思，就是两个卦的每一爻呈现对应的上下颠倒关系，如屯卦与蒙卦就互为覆卦关系，把屯卦颠倒过来就是蒙卦，相应地把蒙卦颠倒过来就是屯卦，因此二者其实是同一个卦象。打个比方，我刘某人倒立之后，头朝下而脚朝上，是不是还是刘某人？而乾坤两卦的关系与覆卦就不一样，因为这两卦的六爻阴阳属性完全相反，不能合并为一个卦，它们之间构成变卦关系。因此覆卦的两卦计为一个卦，而变卦（如乾坤两卦）的两个卦则计为两个卦。如此计算，则上经三十个卦实际上只有十八个卦。同样，若按照覆和变的法则，下经三十四个卦实质上也是十八个卦。这就是说，上经三十与下经三十四在本质上数目对等，如图13：

1	2	3	4	5	6
1乾	2坤	3屯 / 4蒙	5需 / 6讼	7师 / 8比	9小畜 / 10履

7	8	9	10	11	12
11泰 / 12否	13同人 / 14大有	15谦 / 16豫	17随 / 18蛊	19临 / 20观	21噬嗑 / 22贲

13	14	15	16	17	18
23剥 / 24复	25无妄 / 26大畜	27颐	28大过	29坎	30离

19	20	21	22	23	24
31咸 / 32恒	33遁 / 34大壮	35晋 / 36明夷	37家人 / 38睽	39蹇 / 40解	41损 / 42益

25	26	27	28	29	30
43夬 / 44姤	45萃 / 46升	47困 / 48井	49革 / 50鼎	51震 / 52艮	53渐 / 54归妹

31	32	33	34	35	36
55丰 / 56旅	57巽 / 58兑	59涣 / 60节	61中孚	62小过	63既济 / 64未济

图 13

下面我们讲一下易卦的智慧。

孔子曾说"五十以学易，可以无大过矣"(《论语·述而》)。易经中的每一个卦实际上都充满着智慧，我选取乾卦(见图9)为例来展示并分享一下《周易》的智慧。

乾卦，是周易六十四卦中的第一卦，其地位和思想价值非常高。那什么是"乾"呢？此卦对应的基本物象是天，但为什么这个纯阳的卦不叫"天卦"呢？所以我们首先要弄清楚乾的含义。简要地说，乾是刚健的意思，天则是具有这种刚健不息特性的一个极具代表性的物象，天能够运动不息就在于它有乾的特性。中国古人通过对天的观察，认为天的运转首先表现为四时的运转，四时运转从来没有停息过，白天黑夜交替，春夏秋冬从来不乱。所以注解周易的《大象传》说："天行健，君子以自强不息。"这就是说人要效法天的刚健特性，要自强不息、因时变化，这才是君子行为。顺便说一句，清华大学的校训"自强不息，厚德载物"，就是源自易经中的乾、坤二卦。

乾卦的卦辞是"元亨利贞"，"元"是大的意思，"亨"是通的意思，"利"是利益的意思，"贞"是正的意思。按照朱熹的解释，如果占到了乾卦，并且这六个爻数都是7而不是9，也就是不存在变爻和变卦的情况，那么就按照乾卦的卦辞来预测自己占问事情的结果。如此，若占到这一卦，就是大吉亨通，所办事情将会非常顺利，从而获得利益。但是中国古人的智慧都是很圆满的，此卦预言事情可以大吉大利，但有一个前提，那就是你所占卜的事情必须是"贞"，也就是说你占问之事必须是正当的，行为要合乎道义要求。古人说"易不占险"，如果你将要做的事情是不道德的、不正义的，那么《周易》是不会提供答案的，这样的占卜其结果是没用的。举一例来说明，春秋时期鲁成公的母亲穆姜，据史书记载其"聪慧而行乱"，因淫泆而被儿子鲁成公软禁在某个地方，她总想着什么时候能出去，于是就占了一卦，得到《艮》之《随》。随卦的卦辞是"元亨利贞，无咎"，前面"元亨利贞"四字与乾卦的卦辞是一样的，但穆姜自己说，她本身所做之事是不道德的，虽然卦辞这样说，占卜的术士也说"夫人您很快就可以出去了"，但穆姜说因为她做的事情不符合"无咎"的前提，所以肯定出不去了，结局果不其然。所以，易卦虽然可以用于预测，但其背后蕴含着强烈的道德和道义要求，有很高深的智慧在里面，不是一般意义上我们所说的术数推理活动。

再看乾卦的爻辞解读。"初九：潜龙，勿用。九二：见龙在田，利见大人。九三：君子终日乾乾，夕惕若，厉无咎。九四：或跃在渊，无咎。九五：飞龙在天，利见大人。上九：亢龙，有悔。"这里有一个关键文辞"龙"。为什么要用龙来作乾卦的比拟物象呢？因为乾卦的卦性是刚健不息，龙这一象征物能很明显地表示这个特质，龙刚猛有力，符合乾卦的纯阳气质。另外龙可大可小，可飞可潜，上天入海，又行踪神秘，神龙见首不见尾，是变化之物，因此乾卦以龙为比拟的物象。

初九爻辞"潜龙勿用"，是说当条件不允许的时候，就得老老实实潜伏着，不要出来活动。《三国演义》里有个著名的桥段——青梅煮酒论英雄。当时刘备实力有限，只能老老实实潜伏着，但暗地里积聚力量以等待时机。所以当曹操说刘备是条龙的时候，刘备吓得不行，筷子都掉地上了，当然他很聪明很懂得掩饰。但曹操也是个老奸巨猾的人，知道刘备当时在"演戏"，幸而当时天在打雷，刘备就很好地把这事掩饰过去了。这就是乾卦初九这一爻的智慧，就算有能力有大志，但外在条件不成熟时，就要像龙潜伏在水中，不要乱动。

"九二：见龙在田，利见大人"，这里的"见"念 xiàn，"出现"的意思。此时这条龙从渊水中跑到地面上来，开始崭露头角。为什么能够出来？因为条件允许了。这与易卦中的爻位也有关系。易卦中的第二爻对应臣位，第五爻对应君位，所以乾卦中有"九五：飞龙在天"，后来就用"九五至尊"来指称帝王。第二爻和第五爻这两个爻位都比较好。那么，乾卦九二爻说，虽然可以崭露头角，前途一片光明，但不能沾沾自喜，因为环境条件随时会变化，特别是在爻三、爻四这两个位置上要特别注意。

第三爻处在下卦的最上面，上卦的正下方，是一个承上启下的位置，所以"九三：君子终日乾乾，夕惕若，厉无咎"，意思是君子白天和黑夜都得警醒用功，不能懈怠，内修道德，外修事业，要非常小心，避免过错。经过九三进入九四，九四这一爻位已经接近九五这个顶峰之位，所以很重要。君子的成功需要内外力量和各种因素的结合，经过九三的自身努力，内在力量已经足够强大，九四就讲外在条件，讲机遇，"九四：或跃在渊，无咎"，意思是潜伏在渊的龙可以时不时跃起来，探看外部条件是否合适，君子这时候可以进退自如，没有什么大的过错。

经过九三、九四这一段时间的准备，内外机缘具足，君子就可以达到九五的巅峰状态，这时候"飞龙在天，利见大人"，这里的"见"不是你看人，而是人看你，因为你是大人。但朱熹说这一状态"常人不足以当之"。中国人的思维方式就是这样子的，盛极必衰，衰极必兴，永远不追求极致，所以乾卦最后一爻是"上九：亢龙，有悔"。这就告诉我们，如果你通过努力并且有机遇最终成功了，达到了人生的巅峰状态，那也不要沾沾自喜。亢，高而无位，如太上皇，位高而途穷，上九之后没有路可再走，如果这个时候还继续高昂往前走，肯定会有后悔的事发生，因为到达了顶峰之后还一直要求往前而不懂得适当的后退或者转一个方向，很容易盛极而衰，甚至招惹祸害的。

简而言之，乾卦告诉我们的智慧大致如下：

初九：潜龙，勿用。——潜伏之龙，不可妄动。

九二：见龙在田，利见大人。——出潜离隐，人所利见。

九三：君子终日乾乾，夕惕若，厉无咎。——君子敬德修业。

九四：或跃在渊，无咎。——君子随时进退。

九五：飞龙在天，利见大人。——常人不足以当之。

上九：亢龙，有悔。——知进而忘退，故有悔。

乾卦用龙这个比拟之物，为我们展现了一条时间和位置相结合的人生发展之路。

最后我对易卦的智慧启示做一个简单的总结。我认为，人生如龙，首先要找准自己的时位，你现在是渊中的潜龙，还是田上的现龙？是朝夕惕若的龙，还是或跃在渊的龙？是飞龙，还是亢龙？这就要认清自己的情况，认清自己所处的时位，然后敬德修业，还要与时偕行，准确顺利地把握住时机，最后走向一个又一个成功的巅峰。这就是中国人注重内外结合的智慧体现。

所以说，易卦给我们的智慧至少有两个方面，一个是预测推算方面，一个是哲学思想方面，易经的智慧是无穷无尽的。

　　邓新文，哲学博士，杭州师范大学教授，浙江图书馆文澜讲坛客座教授，杭州师范大学国学院副院长。发表《论儒学的性质》《孟子学问之道发微》等论文二十多篇，出版《马一浮六艺一心论研究》专著一部。近十年来一直致力于人生幸福与学问之方的探究，信奉儒家"修身为本"之理，热心于传统文化的研究与传播。

叁 儒学要旨

邓新文

一、儒学的定位

首先，要明确在当今时代讨论儒家，是在一个世界文化融通的背景中来考虑、谈论，如果不回应这个时代总的文化背景，就原教旨谈儒家，恐怕今天很多人难以理解和接受。所以首先要说清楚我们是在什么背景中谈论儒家。

我认为这个背景，就是梁漱溟先生所说"人类的三大问题与四类学术"。人类的三大问题，就是人与物的问题、人与他人的问题、人与自我的问题。因此也产生了三大文化，一个是西洋文化，一个是中国文化——主要指儒家文化，一个是印度文化——主要指佛教文化。简单的对应关系如下：

第一个问题：人对物的问题→西洋文化

第二个问题：人对人的问题→中国文化

第三个问题：人对己的问题→印度文化

三大问题，三大文化，中国的儒家文化位置在哪，是解决第二个大问题的一个智慧。

我们今天按照西学的分科理论，把知识教育划分为文科、理科、医科、农科等各种学科，科目繁多复杂，梁先生觉得这种标准不够纯粹，所以他按人类要解决的三大问题，对应解决问题的学术，提出四大类学术划分：第一类是科学技术，主要是解决人与物的关系问题；第二类是文学艺术，例如小说、诗歌、雕塑、绘画、影视、音乐等，都归到文学艺术里，主要是满足人类审美情趣的需求，陶冶性情的；第三类是哲学思想，实际上对科学技术、文学艺术里边更根本的基础性的内涵进行总体把握的这类思想都可称为哲学思想。这三大类是我们今天很熟悉的全世界通行的基本学科分类法。但梁先生指出还有一类是东方独有的学问——修养功夫之学。为什么说修养功夫是东方学术独有的呢？像科学家有他相应的修养功夫，文学家有他相应的修养功夫，哲学家也有他相应的修养功夫，但为什么不把他们的修养功夫归到东方的修养功夫这一类呢？我们看梁漱溟先生是怎么说的。他说："学术是人类智慧的结晶，智慧通常总是向外用的，一般学术要皆成就于此。然而古印度人、古中国人却要人们的智慧不单向外用，而返回到自家生命上来，使生命成为智慧的，而非智慧为役于生命。"

他说"学术是人类智慧的结晶"，这个大家都好理解。"智慧通常总是向外用的"，就全人类的基本习惯来说，一般智慧的使用都是向外的，譬如我们获取知识的感官功能都是向外的，眼耳口鼻莫不如是，而且如果没有镜子我们就看不到自己的眼耳鼻舌。所以有一个传统的说法叫"灯下黑"，这也是一个很传神的比喻，灯能照亮周围，却照不亮自己。人能看外面，但看不到自己。这就形象地说明了人的智慧通常都是向外用的。"一般学术要皆成就于此"，一般的学术就是指前三类的学术，都是向外用的，所追求的学术成就也在这些地方。"然而古印度人古中国人却要人们的智慧不单向外用而返回到自家生命上来"，这怎么理解呢？东方人很能够突发奇想，譬如：为什么肚子饿了我要吃饭？为什么渴了我要喝水？为什么困了我要睡觉？能不能饿了不要吃饭，渴了不要喝水？能不能做到？一般人会想这肯定做不到，但东方人，尤其是中国人，偏偏就在"向内用"这里创造出一种学问。道家通过辟谷的修养功夫，连续五六天十几天甚至更久不吃饭不喝水，身体还是健健康康的；佛家可以通过入定的修养功夫，数年乃至上万年不吃不喝。一般人在生理上是受本能驱使的，不是自由的，冷了你要加衣服，热了你要脱衣服，你以为自己的应变是自由的，其实你是被动的。"使生命成为智慧的"，就是东方人的一个用功方向，是向生命内部发展的，是让生命成为智慧的，人能够驾驭这个身体。按前面三种学术的认识，我们的生命是什么？是来奴役智慧的，是来驱使智慧向外运用的，是发出要求而要智慧来满足的。可是东方人呢，他偏偏让生命成为智慧的，通过修养功夫，使生命不再是一个盲动的力量。道家练习打通小周天，练习打通任脉督脉，就是想让生理、身体、生命成为智慧的。而儒家呢，是要从心意上来切入，为什么人有喜怒哀乐？为什么人不能控制自己的喜怒哀乐？能不能通过一种学问让喜怒哀乐按照智慧的方向在动而不是盲动？朝这个方向，儒家发展出自己的修养功夫。儒家从心理入手，道家从生理入手，两家都有一个共同的方向，就是让这个生命从本能的驱使变成智慧的驾驭。所以梁先生说"而非智慧为役于生命"。

这是梁漱溟先生在他晚年的《东方学术概观》里做的一个概括。他下面一段话说得很动情："怎样使生命成为智慧的，这便是第四大类学术之所由来，而一般所谓学术正不外是智慧为役于生命的学术而已。假使无见于东方学术，吾人或将不知有此第四大类，抑或忽而不加区分。"假如没有儒释道这样的学问，梁先生说，可能今天用西方的学术眼光看，就根本不知道人类还有这样一门学问了。它不同于前面的三大类，不同于生命驱使我们的智慧这样一种学问，它是智慧驾驭下的生命这样一种学问。也有人说：西方也有修养啊，也有功夫啊，怎么就说他们不是这一类呢？他们虽然在自己的学问里边也附带有相应的修养功夫，但那个修养功夫和中国文化这种"对生命整体进行打理"的修养功夫不是一回事。"整体"二字非常要紧！一般人只能了解生命的局部现象，"生命整体"见都没见过，如何打理？这个生命的"整体"，道家称之为"道"，儒家称之为"仁"。《论语》说"孔子罕言仁"，孔门高足尚且如此感叹，足见这门学问之高深。只有对这种学问的深度有相当完整把握的人，才能真正理解儒家学问的正宗。也只有真正理解了儒家学问的正宗，才能高屋建瓴地对全世界的学术做出这样的四大分类。

梁先生这四大分类对我启发非常大，他真是有见于东方学术的特殊性，而一般人今天谈"中国学术"，通常都是把中国学术打成了破碎的资料，用西方的那套方法来编排组织一番。今天所谓的"国学"，基本上也是这种。这是根本没有发现东方智慧、东方学术是有自家生命的，它不光是一堆死材料。所谓"以现代科学方法重新研讨整理国故"的"国故"，就是一堆死材料，是在用西方的研究方法、西方的学术框架把它重新编织成一个东西，这个东西叫"国学"，这真是搞错了！东方学术是有生命的，是有完整体系的，并不是一堆死材料，所以我完全认可梁漱溟先生的四大类学术区分法。这就是今天我们谈论儒学的一个文化背景，也就是说把儒学放在世界学术文化交汇的背景中来看。

二、儒学的起源

关于儒学的起源，我在此想给大家介绍四组材料：一组是《庄子》里的，一组是班固《汉书》里的，一组是《礼记》里的，还有一组是《诗经》里的。我按照自己的理解选择了这四组材料。因为时间关系，这四组材料只能让大家浏览一遍，不详细展开讲。

首先看《庄子·天下篇》的这两段文字：

"天下之治方术者多矣，皆以其有为不可加矣。古之所谓道术者，果恶乎在？曰：'无乎不在。'曰：'神何由降？明何由出？''圣有所生，王有所成，皆原于一。'"

道家是要把世界所有的文化分殊全部统一起来，重点谈这个"一"，"原于一"。孔子也说"吾道一以贯之"，也讲"一"。下面说：

"不离于宗，谓之天人。不离于精，谓之神人。不离于真，谓之至人。以天为宗，以德为本，以道为门，兆于变化，谓之圣人。以仁为恩，以义为理，以礼为行，以乐为和，薰然慈仁，谓之君子。以法为分，以名为表，以参为验，以稽为决，其数一二三四是也，百官以此相齿，以事为常，以衣食为主，蕃息畜藏，老弱孤寡为意，皆有以养，民之理也。"

又说：

"古之人其备乎：配神明，醇天地，育万物，和天下，泽及百姓，明于本数，系于末度，六通四辟，小大精粗，其运无乎不在。其明而在数度者，旧法世传之史尚多有之。其在于《诗》、《书》、《礼》、《乐》者，邹鲁之士搢绅先生多能明之。《诗》以道志，《书》以道事，《礼》以道行，《乐》以道和，《易》以道阴阳，《春秋》以道名分。其数散于天下而设于中国者，百家之学时或称而道之。"

这是对六经比较早的一个综述，各用一个字或词把六经的精髓讲出来。《诗》讲什么？是道情志的，这个"道"有两层意思：一是"说道"的"道",相当于我们今天"说的是";一是"开道"的"道",引申为"引导、指导"的"导",即为情志开道的意思。情志应该走什么样的路才能走得通畅呢?要按《诗经》引导的这个道来走。这个"道"字是名词作动词用。"《书》以道事",《尚书》是讲政事的,大家看这个"事"字,篆体字的"事"字,中间部分是"历史"的"史"字。而"史"字又是由"中"字和"又"字合成的,合起来的意思就是手握着"中"。

图 1

古代天子之史,左史记言,右史记行,手要握中,那支笔就是中,它不能偏,不能按照自己的好恶来写,必须按照天理来写,所以叫手握中。那么这个"事"字实际上指的是政事,就是朝廷、政府的行为,政事必须有史在其中。今天我们学习汉语的方法把训诂学丢了,已经不能讲出中国汉字的魅力所在,汉字就是这样一种点线结构,蕴含和表达着中国古人的生命智慧,而我们今天把汉字讲成了功能化,功能化就是说我们会写,会读,会组词,会造句,我们就认为学会汉字了,其实还没有入门呢。汉字真正的魅力在于它为什么用这种形来表这种意,它的美在这种地方,像这个"事"字,可以说现在大部分人都不知道它是什么意思、什么味道。

"《礼》以道行":礼是指导人如何交往的,这个行含有交通、交往的意思,不光是行动,你看"行"字像街道一样是四通八达的,是人与人之间相互交通，《礼》就是教人们这方面的。

那《乐》是干什么的呢？"道和"的。我们内心的喜怒哀乐、七情六欲要和，与他人要和，与天地要和，乃至与自己与鬼神都要和。这个"和"要靠《乐》来完成。

"《易》以道阴阳"：《易》主要讲阴阳、天理天道是如何变化的。"《春秋》以道名分"，在这世间做人会有各种"名"，每种"名"就"分"了一个天理，所以叫"名分"。这个"分"（去声）字包含了"分"（平声）的意思，分（平声）那纯一的天理。这个纯一的天理，分到父母身上叫作"慈"，分到儿女身上叫作"孝"，分到哥哥姐姐身上叫作"友"，分到弟弟妹妹身上叫作"恭"，即"兄友弟恭"；分到领导身上叫作"仁"，分到下属身上叫作"敬"，即"君仁臣敬"。本来就一个理，为什么有那么多"名"？因为在不同的伦理关系中，人处在不同的身份位置上，所以有不同的分法，给他起一个"名"来"分"这个理。"名分"，就是起这个名来分那个理。你看"分"字上面一个"八"字，下面一个"刀"字，刀子把它给分开了。《春秋》就是起这个作用的，所以孟子说："孔子作《春秋》，乱臣贼子惧。"为什么呀？春秋时期最大的祸乱是从名乱开始的，所以孔子用他手中那支笔把春秋期间242年的君臣、父子、兄弟、夫妇全都拉到他的笔下进行一次审判，还他们天理之本来。比方说，"某年月日楚王如何如何"，孔子用他的笔怎么作呢？把"楚王"的那个"王"字改成"子"字。这一改，就表明你楚王这个名是冒充的，那时候周天子还在，你只是一个子爵的地位，你冒充为王。孔子那支笔就是宪法，公羊家把它叫作"春秋笔法"。孔子改过的《春秋》成为后世盖棺论定的依据，相当于基督教里边最后的审判，那是上帝的审判，中国儒家是圣人的审判，《春秋》成为圣人审判的典范。"《春秋》以道名分"，《春秋》为什么能够让乱臣贼子惧？在《论语》里孔子和他的学生子路有过一次对话，子路问孔子，假如现在卫国国君来用您做总理的话，您会怎么行政呢？孔子说，如果有人用我的话，我"必也正名乎"。做什么事情呢？搞一个"正名"的事情。子路很莽撞，他说："夫子您好迂啊！"这个"迂"是什么意思呢？就是走弯路，绕弯，绕远了。在子路看来，当下政治、经济、外交有那么多急务要干，为什么首先要去干正名这件事呢？结果孔子把子路批评了一番，说你不懂不要乱说。孔子后面就说了一段至今家喻户晓的话："名不正则言不顺，言不顺则事不成，事不成则礼乐不兴，礼乐不兴则刑罚不中，刑罚不中则民不知措手足矣。"大家看，他从正名做起，所要得出的最后目的是什么呢？要让民在礼乐的政治文化氛围中合乎天理人心地"措手足"。这个"措手足"，就是老百姓知道该怎么行动、该怎么生活。国家之乱在孔子看来是从哪儿乱起的？从名乱开始的，从名不正开始的，所以孔子把这个问题看得十分严重。大家知道，天子建立一个王朝，他要做三件大事：一个叫议礼，一个叫制度，一个叫考文。议礼就是要改革礼乐制度。制度，就是制定各种度量衡、通行文字、各种车的轨道等，也就是制定国家生活里各行各业的基本法度、规则、标准。考文，就是考证各种是非曲直。这三件是天子的大事。所以孔子说他若做总理首先干的就是正名。孔子修订《春秋》，就是要"以道名分"。《春秋》这部经最不好讲。马一浮先生是现代国学大师，在复性书院讲了好多经典，就《春秋》一经没讲，而且先儒多半也不讲《春秋》。为什么？讲它有很大的难度，它是圣人之"权"。"权"是什么意思？"权"跟"经"是相对的。经是正理，权是权宜变通。一般人一变通就违背正法，圣人他既要权宜变通，又要不违正经，这需要很高的智慧，所以难。在此我们就不展开讨论了。

下面这段话，请大家一起朗读：

天下大乱，贤圣不明，道德不一，天下多得一察焉以自好。譬如耳目鼻口，皆有所明，不能相通，犹百家众技也，皆有所长，时有所用。虽然，不该不遍，一曲之士也。

判天地之美，析万物之理，察古人之全，寡能备于天地之
美，称神明之容。是故内圣外王之道，暗而不明，郁而不
发，天下之人各为其所欲焉以自为方。悲夫，百家往而不
返，必不合矣！后世之学者，不幸不见天地之纯，古人之
大体，道术将为天下裂。

　　这段话表达了庄子写《庄子·天下篇》的用意。当时天下的
学术是分崩离析的，大概就像我们今天这个状态。他为什么强调
"一"？强调对学术的分类？为什么把六经做了"《诗》以道志，《书》
以道事，《礼》以道行，《乐》以道和，《易》以道阴阳，《春秋》以
道名分"这样一个分类？他是对当时这个学术界的来龙去脉做了
一个宏观的、概论式的把握。所以他在最后谈到了后世学术的问
题——"道术将为天下裂"，认为"古人之大体""天地之纯"都不
能被后世所知道了，因为被天下人分裂了，各搞一块，还说"各得
一察焉以自好"，意思是说每个人都搞自己的一块，就以为是全部
的学问，这叫坐井观天。庄子在那个时代就已经看到了，这样的学
术做法就像耳目鼻口，皆有所明，却不能相通。

　　为什么西方大学要搞出一个"general class"（通识课程）？
正是因为西方大学感到分科治学最后对人类学问、人类文化来讲
是一个肢解，有鉴于这个弊端，他们提出了通识课程。如今在全
世界大学里面普遍都开始讲通识课，我也在学校给全校学生开讲
通识课。我还写过一篇文章，说东方原来的学问都是"通识课"，
真正的通识，如今我们却要沿用西方这个名词来讲通识之学，真
是数典忘祖了。我们的学问本来就是通识之学，后来因为引进西
方的分科之学，以致我们今天吃到苦头，再回过头来又要开什么
"通识课程"！而遗憾的是，我们今天大学里所开设的通识课，在
某种意义上已经不能承担"通识"的功能，因为通识课的开设也
是在分科治学的背景下进行的，只能增加"知识"而不能实现生

命的"通"。经过一百多年的西化，师资也大成问题，很多老师是自己也讲不出这个通识的意味来的，而大部分学生上通识课就是为了得个学分而来，所以，今天的通识课还是一个问题。而且，西方人关于通识之学有一个观念是错误的，他们以为知识不通是因为信息量不够全面、不够充分，所以认为读文科的人应多读点理科的书，读理科的人应多读点文科的书，信息量全面、充分一些就可以通。这是知识论的一个观念，或者说只是解决闭塞问题的一个策略。而中国人认为，性本来就通，道本来就通，只有人不迷于各种表象，而深潜到这个本性当中，那才是真通。所以东方学问这个"通"，不是要学很多知识才能通。老子说"为学日益，为道日损"，知识学得太多反而会损害道，这个思想是很玄妙的。西方通识学很难从这个角度立论。我们的国学传统上要人通，是立基于"人同此心，心同此理"的共识的。孔子说："性相近也，习相远也。"你习染了一个经验，就会不断加深加固，将来的隔碍也就越来越深，你要把这个习淡化乃至泯忘掉，回归本性。所以中国的传统学问就是"见性"的学问，顺着这个学问往下深潜，那自然就通了。所以大家会感到很奇怪，李鸿章从来没出过国，但后来他一出访欧洲，便轰动了。西方的各大媒体争相报道，把他和俾斯麦这位当时世界上伟大的政治家、外交家相媲美，为什么？学问做到一定火候，即使没通西方之学，到西方也能合乎西方人性。西方人看到他雍容大度，幽默诙谐，非常赞叹他的气度。而我们今天搞学术，东找一点，西拈一点，什么东西都蜻蜓点水，想象着将来能通，那不见得。

再看第二组材料，班固的《汉书·艺文志》。他对儒学起源问题也有他的思考。他说：

> 儒家者流，盖出于司徒之官。助人君顺阴阳明教化者
> 也。游文于六经之中，留意于仁义之际，祖述尧舜，宪章

> 文武，宗师仲尼，以重其言，于道最为高。孔子曰："如
> 有所誉，其有所试。"唐虞之隆，殷周之盛，仲尼之业，
> 已试之效者也。然惑者既失精微，而辟者又随时抑扬，违
> 离道本，苟以哗众取宠。后进循之，是以五经乖析，儒学
> 浸衰，此辟儒之患。

简单解释一下这段话。"儒家者流，盖出于司徒之官。"司徒之官相当于人事管理的官员，像我们今天的人事部长、组织部长，叫司徒。"助人君，顺阴阳，明教化者也。"儒家是干什么的？班固用这样一句话来概括，儒家要辅助人君"顺阴阳，明教化"，顺着阴阳天道来阐明人间的教化。这个"顺"字很了不得，儒家是顺人情之自然，不像宗教，是逆着人性、人情走的。逆人情，就要归到宗教的那个超越里面去，这是儒家与宗教一个很大的不同。"游文于六经之中"，指出了儒家的经典是六经。"留意于仁义之际。祖述尧舜，宪章文武，宗师仲尼，以重其言。"儒家以尧舜为始祖，以文武为圣王，"宗师仲尼"，至于学问，则是以孔子为宗师。"于道最为高"，这是班固的评点，他认为对于道来说，诸子百家中儒家为最高。"孔子曰：'如有所誉，其有所试。'""有所誉"就是有所赞誉，"试"就是用的意思，没有这个功用儒家不会得到这个荣誉。"唐虞之隆，殷周之盛，仲尼之业，已试之效者也。"孔夫子仲尼的学问，历史上已经用过，是有成效、得到过验证的。"然惑者既失精微，而辟者又随时抑扬"，"惑者"就是那些不大明白的人，他学儒学丢掉了儒学的精微之义，只抓住了一些儒学的粗大形式，比如讲礼的这种形式，礼制的外在规范，等等。像现在有些人热衷于讲"政治儒学""制度儒学"等，就是没有抓到儒学的精微，儒学的精微应该在"心学"，即道德修养之学。"而辟者又随时抑扬"，"辟者"就是批判儒家的人，他们随着时代的不同，有时候贬低儒学，有时候又抬高，随世道的变化而褒贬。"违离道本，苟以哗众取宠。后进

循之，是以五经乖析。"这样做的话，最后五经就会分崩离析，"乖"是互相矛盾，"析"就是支离破碎，如此儒学的宗旨就慢慢衰微了。"此辟儒之患"，这就是批判儒家的一个祸害。这是班固的一段文字，说明儒学有这样一个起源和历史概况。

第三组材料，出自《诗经》："天生烝民，有物有则；民之秉彝，好是懿德。"说天生烝民，"烝"是众多的意思。广大的老百姓也好，天下万物也好，都是有天性、具备条理的，有物象就会有背后的条理。"民之秉彝，好是懿德"，刻在青铜器等礼器上的铭文、图案叫"彝"，"懿"是美好的意思，意思是老百姓秉承天赋给他的条理，他就会喜欢美好的德行。这也是说明儒家学问顺阴阳、明教化，是从人的天性出发，而不是哪个发明家自己搞一套东西来调和整治老百姓，这跟法家颇不相同。

第四组材料，要重点介绍一下《礼记·乐记》里面的这一段。我觉得它从学理上对儒家的起源说得非常好。

> 人生而静，天之性也。感于物而动，性之欲也。物至知知，然后好恶形焉。好恶无节于内，知诱于外，不能反躬，天理灭矣。夫物之感人无穷，而人之好恶无节，则是物至而人化物也。人化物也者，灭天理而穷人欲者也。于是有悖逆诈伪之心，有淫泆作乱之事。是故强者胁弱，众者暴寡，知者诈愚，勇者苦怯，疾病不养，老幼孤独不得其所，此大乱之道也。

"人生而静，天之性也。感于物而动，性之欲也。"人生来天性是静的，感于物才动的，性一动就是欲。现在有些讲儒学的书，把"性"和"欲"对立，其实是不精确的。儒家的这个"欲"字，还分"私欲"和"性之欲"。私欲是违背天理的，但是原来儒家所说的"性之欲"，它不是违背天理的，而是顺天理而动的。"性之欲"这个词大家要特别关注一下，它和我们后世所讲的"私欲"和"人欲"，不能画等号。吾人性感于物而动，中间不掺杂私欲私智时，这个动是顺天理而动的，是纯善而无恶的。"物至知知，然后好恶形焉"，这就是知行合一了。"物至知知"，有了智慧他就知道，而且知道的同时他就有一个价值判断，这个好恶是情。"好恶无节于内，知诱于外，不能反躬，天理灭矣。"好恶在心里没有节制，外面物的引诱又很多，所以我们不能"反躬"，也就是说不能反身省察自己。这个反躬，前面讲梁漱溟那一段话的时候提到，一般的学问是往外用的，反躬就是把智慧翻转过来向内用，佛家叫"返照"，把智慧之光折回来返照自己。如果人不懂反躬，天理就灭了。"夫物之感人无穷，而人之好恶无节，则是物至而人化物也。"我第一次看到这段话的时候很赞叹，西方有哲学家黑格尔讲"异化"，后来的马克思讲"劳动的异化"——人的创造物反过来压迫人，而中国人竟然在先秦时期就已经表达过了这样的思想，即"人化物"的思想！说如果知诱于外，内好恶不能节，那就是物至而人化物了。"人化物也者，灭天理而穷人欲者也。"这时候天理就不讲了，完全按照人欲去奔波，按照人欲去生活，这个时候就叫"人化物"。中国人看人化物就是这个意思，所以庄子说"物物而不物于物"（《庄子·外篇·山木》），前面第一个"物"字是动词，"物物"是指把物当物，"物于物"就是被物把我当物，不要让物译为主语，我译为宾语。如果我是宾语，我就是不自由的，被动的。要我为主动，要驾驭物，要用道德主体性，或者人的主观能动性驾驭万物而不是被万物驾驭。"于是有悖逆诈伪之心，有淫泆作乱之事，是故强者胁弱，众者暴寡，知者诈愚，勇者苦怯，疾病不养，老幼孤独，不得其所。"大家看，《礼记·乐记》把"人化物"看得多么严重，当"天理灭""人化物"之时会有什么后果呢？他用了这一组排比句来形容这样的大乱之道。"悖逆诈伪之心"，"悖"是违背天理，"逆"是忤逆，"诈伪"是欺诈，刻意作伪，这种心就生出来了。"有淫泆作乱之事"，淫就是过分，泆就是逸出正轨而作乱。所以就出现了强者胁迫弱者，众者强暴寡者的情况，西方的民主在某种程度上讲就是"众暴寡"。多数人说了算，而多数人常常是不明白真理的。所以中国人的传统是"尊贤重道"。"智者诈愚"，聪明的人欺诈愚笨的人，就像美国的金融欺骗全世界。华尔街曾经是美国的金融英雄，他们这帮人坐在那里为美国赚钱，后来给全世界搞了个次贷危机、金融危机出来，全世界都仇恨华尔街，美国民众甚至游行示威驱逐华尔街。为什么？你虽然聪明，但是你"诈愚"，最后天理还是要显露出来的。所以聪明人不要自视聪明，终有一天人家会识破的。"勇者苦怯"，勇敢的人总是让胆怯的人很痛苦，比方说当年日寇侵略我国，一个新兵初上战场不敢杀人，军官逼迫他杀人，杀人后的士兵恐惧痛苦，这叫作"勇者苦怯"。"疾病不养，老幼孤寡不得其所。"最近贵州毕节四个儿童自杀的新闻引起全世界关注，为什么？这叫幼者不得其所。父母长年累月在外面打工，孩子们见不到父母，人不是吃饱肚子就能支撑的，人是个情感动物。今天"空巢"老人、"留守"儿童太多了，老幼孤寡不得其所，这是现代功利社会的一个产物，也是不文明社会的一个标志。如果老幼孤寡得其所，就是文明社会；如果不得其所，就是不文明社会。西方经常批判中国的人权问题，就是抓住这些老幼孤寡来说事，正是这个道理。不光是西方，人性都是这样看的。有个西方记者到非洲去拍了当地难民的饥饿状态之后就自杀了，虽然他的摄影拿了世界大奖，但他实在是对人类文明感到失望、绝望。西方社会那么铺张浪费，而非洲那么多人饿死，有良知的人就很难过，极端的都绝望到自杀了。所以古人说"人化物"是大乱之道！那圣人该怎么办呢？圣人制定礼乐来防止人化物。礼乐就是防止"好恶无节于内，知诱于外，不能反躬"。今天这个时代大家有目共睹，人们迷失于物的追逐中，人性被淹没，儒家有鉴于人类的这个惯性和问题，顺人性、顺天理、顺阴阳制定了一套礼乐的教化，让我们的好恶经过一种调教后顺乎天理而动。所以我对这一段文字特别喜好，认为它有几点值得我们深思：第一，它没把大乱之道怪罪于一个制度，也没有怪罪于一个"万恶的黄世仁"，而怪罪于每一个人每一天每一刻的"好恶无节"与"不能反躬"。这叫"天下兴亡，匹夫有责"。天下兴亡不是某一个人的责任，也不是某一个集团的责任，更不是某一个制度的责任。任何一个制度，如果人很健康很有智慧，他可以将这个制度运用得很好，哪怕是糟糕的制度他也能运用得很好；人不健康，人不高明，好制度也会用坏。所以中国人把大乱之道归结于"好恶无节"与"不能反躬"。我觉得这是最地道、最接地气的文明罪恶论。像基督教讲人的原罪，也是诉诸每一个人。《圣经》里记载有这样一个故事，一个妓女被很多人扔石头打骂，耶稣站出来对大家说：你们谁敢站出来说自己是无罪的，你就可以向她扔石头。耶稣这一喝，大家回心返照，都感到内心有愧，都不是可以理直气壮打骂别人的人，自己其实都是有罪的人。这也是诉诸每个人的反省，这个圣贤之道东西方是相通的。儒家发现了人的好恶无节，把礼乐这种制度和每个人的好恶之情关联，从中发现世界的好坏是每个人都有责任的。今天我们喜欢把责任推给别人，把功劳归于自己，这是违背儒家圣贤之道的。例如有人喜欢写文章骂国家，骂政府，但儒家传统会反问你，你为这个国家做过什么？诉诸自身，这是儒家的一个优良传统。

三、儒学的经典依托

我引这段文字材料来说明儒家起源，是有鉴于人的性情在运行过程中出现问题、出现错误是很自然的。因为有问题有错误，所以要讲教化。道家完全否定教化的意义，那也是针对虚伪的教化而发的偏激之论，属于"破相教"，与儒家"显性教"互为表里，相得益彰，不必视为矛盾对立。掌握一门学问，要了解它的起源，了解它的创始人，了解它是干什么的，还要了解它的经典依托。没有经典依托的文化和学问只能造就"文化浪人"。汉代学术讲"家法"，汉人家法被很多人批判为有门户之见，不够通达圆融，但我们不能不承认它同时也有传承严谨的一面。今人不讲"家法"，最后出现一个问题，那就是蜻蜓点水，就是游谈无根，就是碎片拼盘，自以为是，誉己毁他。刚刚说你好，他能说你一百二十个好；转念说你不好，能说你一百二十一个不好。这种学问不达究竟，很功利很浮躁。所以我们讲儒学，还必须有儒学的经典依托。

下面这段选自《礼记·经解》：

> 孔子曰：入其国，其教可知也。其为人也，温柔敦厚，《诗》教也。疏通知远，《书》教也。广博易良，《乐》教也。洁净精微，《易》教也。恭俭庄敬，《礼》教也。属辞比事，《春秋》教也。故《诗》之失愚，《书》之失诬，《乐》之失奢，《易》之失贼，《礼》之失烦，《春秋》之失乱。其为人也，温柔敦厚而不愚，则深于《诗》者也。疏通知远而不诬，则深于《书》者也。广博易良而不奢，则深于《乐》者也。洁静精微而不贼，则深于《易》者也。恭俭庄敬而不烦，则深于《礼》者也。属辞比事而不乱，则深于《春秋》者也。

这一段也是非常伟大的篇章，孔子把中国文化的源头——六经从"人"的方面来说，《庄子·天下篇》是从"道"的方面来说的。孔子说，到了一个国家，这个国家的教化程度可以从其国民的精神面貌上看出来。怎么看呢？孔子谈了六个方面，如果国民温柔敦厚，是用《诗》教出来的；如果疏通知远，是用《尚书》教出来的；如果广博易良，是用《乐》教出来的，"广"是心胸比较宽广，"博"是通达而不是多的意思。今天人们很容易把"博"理解为多，这是一个错误的理解，大家看这个"博"字：左边是个"十"字，十字是东西南北贯通的意思；右边是个"尃"字，"尃"是传布的意思，所以这个"博"字本身就是四通八达、很畅通的意思。喜欢音乐尤其是喜欢古典音乐的人多半有这个气质。"易"，是平易、平和、和悦；"良"，是善良。爱好音乐的人多半心性比较平和善良，这个大家通过观察也能发现，所以为什么从小让孩子多听音乐，多听古典音乐，就是要培养他"广博易良"的气质。像弹古琴、弹古筝的人的气质——前天晚上我参加国学院的雅集——发现这些人都具有共同的气质，可以跟这四个字相靠。这就是"广博易良，《乐》教也"。

"洁静精微，《易》教也。"研究阴阳之道的，如果心有杂质，就很难深入阴阳之道，所以要"洁"。如果很躁动，你也没法察阴阳之变，所以要"静"。还要"精微"，"精"是纯一不杂，三心二意是体察不了阴阳之道的。例如，占卜前为什么要斋戒？就是要向"洁静精微"的心理状态靠拢，进入这个心灵境界才能通神，才能够发现宇宙的信息和微弱的萌兆。"微"指不显著，如果人人都能看到你也能看到那不叫"微"，所谓"察先"，就是人家根本没发现而你已经发现了。"洁静精微"和"研究易道"互为因果，一个洁静精微的人容易深入地研究易道，一个研究易道的人也容易洁静精微。"道"与"人"之间是互为因果的，所以《礼记·乐记》的那一段与《庄子·天下篇》的那一段是可以相通的。

"恭俭庄敬，《礼》教也。""恭"是谦恭，对别人非常尊重；"俭"是节俭。繁文缛节是形式主义，真正的礼，应该是让人感到舒服，是很洒落简明的。当年辜鸿铭先生到日本去，认为中华文化在日本得到很好的传承，他对日本充满希望，但他同时告诫日本人，日本太多繁文缛节，见个面鞠躬，鞠了又鞠，太麻烦，这些是不"俭"，礼太过于繁琐不好。"庄"是庄重；"敬"是认真的意思，还有一个意思是尊重对方。"经礼三百，曲礼三千，一言以蔽之，曰：'毋不敬。'"你的心真诚敬重对方，就是"敬"。

"属辞比事，《春秋》教也。""属辞"就是把语言连缀成文、成篇；"比"就是模拟的意思。"属辞比事"，就是用文字来讲述事务。

要做到词达意或许不难，许多文学家都有这个本事；要做到意达理就很不容易了。所以王夫之说，"辞达而已矣"，唯圣人能做到。不读公羊家的《春秋》传论，我们很难理解"属辞比事"的难度。

"《诗》之失，愚。"因为诗通情感，而感情用事就是愚蠢。大家要注意，这个"《诗》之失"不是指《诗经》本身的失误，而是指后世学《诗经》者的失误——古人讲话他只是表达一个意思，文辞上没有现代汉语逻辑这么严密，"得意忘言"，所以他不用这么精密地讲。此句意思是后世学诗的人容易出现的失误就是"愚"。

"《书》之失，诬。""诬"就是捏造事实，《尚书》说汤武之战血流成河，把武器都漂起来了，孟子怀疑这是不可能的，圣王革命怎么可能杀人这么多呢？肯定是"诬"，过于夸张，与事实不符了。"书以道事"，书是记载正史的，《尚书》之失，指记载历史典故这些事情，有可能存在捏造事实的情况。

"《乐》之失，奢。""奢"就是太过铺张。听古琴的时候，觉得很纯朴，听古筝的时候，就觉得它比古琴花哨一些，这就是为什么君子喜欢古琴，而古琴弹得不好时就像弹古筝。君子的乐教是非常纯粹、纯朴的，过于铺张、过于华丽就叫"奢"。后来马一浮先生做了一个扩充，他说言语的铺张也是"奢"。他认为庄子汪洋恣肆，措辞夸张激越，就是"奢"。他们这种君子的评价眼光，我是赞同的。孔子讲话，总是话到理到，三言两语就结了，他不夸张、不铺排；老子就有"天得一以清；地得一以宁；神得一以灵；谷得一以盈；万物得一以生；候王得一而以为天下贞"，光"得一"就讲了六句，确实有些夸张。

"《易》之失，贼。""贼"就是害人。一般人只看得到阳的一面，看不到阴的一面。而通《易经》的人讲阴阳之道，阴阳两面都能看，所以他利用你看不到的一面来骗你是很容易的。有的人骗你还不用说骗你的话，他只是利用你的先入之见，四两拨千斤，便牵着你的鼻子走了。他没有骗你，是你自骗。高明的骗子就有这种本事。懂易道的人想害人很容易，但害人终归是害自己，因为还有"天理"在。

"《易》之失，贼"，也是警告后世搞易学的人，如果用易道来骗人害人，做伤天害理的事，将来都是有报应的。这叫"多行不义必自毙"！

"《礼》之失，烦。""烦"通"繁"，过于繁琐。

孔子把儒家的六部经典，各自具备什么功能、能教化人达到什么样的气质，都说得清楚明白。要把人教化变成"温柔敦厚、疏通知远、广博易良、洁静精微、恭俭庄敬"这种合乎人性的人，六经学得好，就变成"六德"，学得不好，就变成"六失"。

最后收尾也收得很好，"温柔敦厚而不愚，则深于《诗》者也"。我多次给大家谈过我学孔子的一个发现——"而"是孔子中庸之道的一个标志性的表达方式。学释迦牟尼就要抓住"如来说三十二相，即是非相，是名三十二相"的表达方式。孔子的智慧经常用"而"表达，取其两端而用其中。"温柔敦厚而不愚"，孔子之道是中庸之道，不走极端，过分执著偏向"温柔敦厚"，反而是"愚"，所以要说个"而不"。比方说"温而厉"，一般温和的人容易随大流，没有主见，孔子为了表明他的中道，既不是"温"，也不是"厉"，是"温而厉"。所以"温柔敦厚而不愚"，才是"深于《诗》者也"，真正深入到诗教的精华，才能既"温柔敦厚"，又避免"愚蠢"。"疏通知远而不诬，广博易良而不奢，洁静精微而不贼，恭俭庄敬而不烦"，也是一样的道理。《礼记·经解》篇把儒家六经如此解读，非常好。这里面从"人"说到"教"，从"教"说到"人"，是一个很好的辩证。

四、儒学的宗旨

最后一部分，跟大家说说儒学的宗旨。

禅宗祖师达摩圆寂之前，把他的四位弟子叫来考试。四位弟子有一位先回答，达摩说："你得了我的皮。"第二位回答，达摩说："你得了我的肉。"第三位回答，达摩说："你得了我的骨。"最后慧可回答时，达摩说："你得了我的髓。"皮、肉、骨、髓，禅宗有这四个级别，儒学也有这四个层次。两千五百多年来，孔孟之道在中国流传，凡是读书人，莫不学儒，但真正得孔孟宗旨的人历代罕见。这也表明，学问得髓不容易。此次讲座讲《儒学要旨》，就是希望就我的理解，揣摩先儒的意思，把儒学的髓给大家指出来。

"之乎者也"这些经典的句子，现在小朋友背的很多，可能比我们成年人还多，是不是他们就懂儒学呢？不见得。是不是读书的人就比没有读书的人得了儒家的髓多呢？也不一定。像东北出了一个王凤仪，他不识字，却被北京万国道德公会特聘为讲师，他有点像儒门的慧能，成为民国时著名的伦理道德教育家。那些老秀才读四书五经读不通的，去请教他，他说"我不认识字，你念一遍给我听"，念一遍就能讲这段什么意思，就算不能说他得了儒家的髓，也至少得了儒家的骨肉。所以说儒学的宗旨，就要会悟纲领。学哪一门学问，高明的人不是要面面俱到，他一定要登堂入室，直接抓到这门学问的精髓。这就比较好，以后说话万变不离其宗，大致不差。一般学哲学的人喜欢抓髓抓宗旨，史学家喜欢搞边角料。所以我认为做史学、文学这些学问，都应该学点哲学。所以我们不管学哪一门学问，都要看这门学问历代最高宗师的话。现在很多人喜欢看普及读物，而我自己不太喜欢看普及读物，喜欢看这门学问里头号大家的书，因为这个比较可靠。举个例子，关于中国有没有哲学，我曾经与一位教授讨论过，我认为中国没有哲学，中国古代不叫哲学，这位教授则认为中国人的这种"哲学"还是种哲学。为了说明自己的观点，我用了一个非常农民的论证方式：首先看西方的大哲学家，黑格尔这些人，他们认为孔孟的学问不算哲学，哲学是他们的囊中之物，他们最知道什么叫哲学。这个东西是不是我家里的东西我还不知道吗？西方大哲学家的评论可以作为重要的参考。还有一个是中国大儒，像马一浮先生、梁漱溟先生，都不承认中国的孔孟之学是哲学。我自己家的东西是不是你的我不知道吗？这明明是我们家的东西，不是你们家的东西。今天很多学者讲中国传统学问是哲学，他有他的角度，但我认为，中国学问总的归类，我同意梁漱溟先生的说法，如果把它归到哲学思想去，孔孟思想的独特性，就会被泯灭。

儒家宗旨最核心的内容，就是儒家的"一以贯之"。《论语》中记载孔子两次谈论这个"一"，第一次跟曾子，第二次跟子贡，两个都是他的高足。先看第一次。

子曰："参乎！吾道一以贯之。"曾子曰："唯。"子出。门人问曰："何谓也？"曾子曰："夫子之道，忠恕而已矣。"（《论语·里仁》）

"唯"就是"是"，后儒把它做了很深的发挥，说曾子是道器，孔子说"吾道一以贯之"，他马上就心领神会。有人把孔子和曾子的这个对话和禅宗的拈花微笑公案相提并论，世尊拈花，迦叶微笑。本来说"一"，而曾子对他的门人说"二"，"忠恕"是两个字，但其实"忠恕"就是"一"，"一"就是"忠恕"。朱子的训诂说"尽己之谓忠"，把自己的本性施展出来，就是忠。后世把"忠"理解为对上级唯命是从，这只是后世的一个具体应用，有杂质和偏差。朱子理学的理解是心之忠，把本性中"人之所以为人"的方面充分实现出来。"恕"是推己及人，我的要求是这样，别人也有这样的要求，自己就要体谅别人。为什么"忠恕"确实是"一"？"尽己"离不开别人。这和西方个人主义的哲学观是很不同的，要实现自己——中国人认为没有离开他人而存在的一个抽象的自己——我们总是在和他人的关系中实现自己。比方说我要实现作为儿子的自己，我必须孝顺父母；我要实现作为丈夫的自己，我必须关心我老婆；我要实现作为老师的自己，我必须对学生尽到职业道德；我要实现作为哥哥的自己，我必须对弟弟妹妹尽到伦理的义务……所有的实现自己，总是离不开对方，离开了他人关系的自己，中国人认为是不存在的，是抽象、形而上的东西。这是东西方文化一个非常大的区别。西方的宗教、神话和哲学都有一个形而上的和人间截然不同的存在。中国没有，中国文化是"极高明而道中庸"，形而上的道就在形而下的生活中，日常生活中就有圣贤大道，中间没有一个分为二的脱节。这是中国文化的一个特点。所以"忠恕"虽然有两个字，其实还是"一"，你的生命总是一方面尽自己的本性，另一方面，本性尽出来，就是对他人和万物的合理的交待。儒学简单地说，是一门做人的学问。再看下一段。

子曰："赐也！女以予为多学而识之者与？"对曰："然，非与？"曰："非也。予一以贯之。"（《论语·卫灵公》）

"识"，记住，记在心里。我们今天的记问之学，在孔子那时就有了，但孔子超越了这种学问方式。因为孔子知识面很宽，当时人们认为圣人是无所不知的，孔子猜到学生们也认为老师"多学而识之"，记忆力好，学了很多东西都能记住，是博学之士。很多人对圣人容易产生这种错觉，子贡就说："对呀，难道不是吗？"孔子正是预见到了大家这个错觉，所以他专门提出这个问题，来讲明他的学问宗旨。他说：我并不是学了很多东西然后把它们记住的，我是"一以贯之"。我就是个"一"，这个"一"到处穿，穿到哪儿就是哪门学问。中国的各种学问都会拿孔子作资料，因为孔子在各个方面均有造诣。如今人们常从知识论的角度来理解孔子，而孔子的回答恰巧是在破这个知识论的学问观。他的学问不是知识论的，不是说获取了很多知识然后记住，像你要什么工具就从布袋子里掏一个给你。

这两章，对于我们重新追溯孔门学问的宗旨是非常重要的，对于今天知识论时代的人们去追寻先秦大家们的学问性质也是非常重要的。孔子是明确讲过的，而且是以对话、设问的方式追问出来的。一个"非也"，就否定了从知识论角度看孔子的路径，如果还要这样理解，那就是固执己见。

孔子这段话里，还有一个很重要的问题，子曰："非也。予一以贯之。"这个"一"当如何理解？抓住了这个"一"的要义，也才能抓住孔门的为学宗旨。

段玉裁《说文解字注》："惟初大极，道立于一。造分天地，化成万物。《汉书》曰：'元元本本，数始于一。'"天地分开之前便有了"一"。《说文解字》的第一个字就是"一"，第二个字是"上"，有"一"以后才有"上""下"，"一"相当于一个标准。一阳来复，化成万物，每年冬至这一天中国人都要隆重纪念，因为农耕时代的人们对"阳"是十分期待的，有"阳"才能万物生长。《周易》中讲复卦，观复可以知天地之心。"天之大德曰生"，天的德就是生养万物，所以一阳来复的时候可以观天之心。"元"是开始，"元元"就是开始的开始。"本"是根，"本本"就是本之根本。我们后世把这两个字错解，说"本本主义"是执著书本，实际上本之本是中国的形而上学。《道德经》第三十九章说："天得一以清，地得一以宁，神得一以灵，谷得一以盈，万物得一以生，侯王得一而以为天下贞。"此处老子讲了"得一"的重要性。

孔子之道"一"是"仁"。《论语》中多次提及"仁"，"仁"是儒学的灵魂。但是后世理解儒学的"仁"也是千差万别。梁漱溟先生在北京大学讲《东西文化及哲学》时，直接点名批评蔡元培、胡适之、梁启超等人不懂什么叫"仁"。梁先生真是个君子，他是蔡元培先生破格提拔到北京大学当老师的，竟然站在讲台上批评校长不懂孔子的"仁"，稍微有一点俗情的人是绝对做不出来的。君子坦荡荡，蔡元培、胡适之、梁启超都是当时学界影响力很大的人，他要阐明孔子的宗旨，不被凡情遮蔽，不怕得罪人。他认为儒家的"仁"，必须在自己的生命中反复观察出来，是活生生的东西，绝不是一个空洞的名词、一个句子，这就叫"反求诸身"，要反躬。

"子曰：'志于道，据于德，依于仁，游于艺。'"（《论语·述而》）我曾经在我的博士论文里把这四句作为儒家的四法印。"法印"本是佛家的概念，释迦牟尼入灭之际，弟子问他："您去世之后，将来后世之人讲佛法，如何判断那是不是佛法呢？"佛陀就说："我给你传个三法印，合乎这三点就是我的法。"就像今天盖公章一样，如中央文件下面有个办公厅的章，佛家也有这个权威。孔子的这四句话也可作为孔门学问的四种法印，合乎这四点的就是儒家，不合乎的就不是儒家。

第一句"志于道"，如果你的志向只是为了功名利禄，就算把孔子的言论背得滚瓜烂熟，也不是儒家。你说不是为了功名利禄，而是为了治国安邦，同样不是儒家，因为治国安邦不一定是儒家，要看你用什么道来治国安邦。

第二句"据于德"，依据是德。"德者得也"，依据的德是身上已经得到的，而不是外在的观念。这一点在讲《中庸》时，我特别做了一个发挥：儒家的政治，王道政治，既区别于宗教的神权政治，也区别于后世的民主政治。"王道"的基本标志，就是《中庸》第二十八章所说的"完成于身而征诸明"，所以一定要得，天理在外面，还是你向往的一个目标，这个时候不能作为王道的依据，一定要天理归于己身。所以为什么《中庸》上说"德为圣人，位不为天子，不可以作礼乐；位为天子，德不为圣人，亦不可以作礼乐"，他要求天子和圣人合二为一的人才配作礼乐，因为达到这个标准他才能真正知道什么是人性，他设置的礼乐制度才不会违背人性。而今天的学者根据自己的一偏之见，喜欢用自己的思想去驾驭所有的人，虽然是人之常情，但仍然是错谬的。《中庸》还讲过"苟不至德，至道不凝"，要把道凝在自己身上，视听言动全是道，才配作礼乐，如果只知道书本上"德"的观念，是不能作为依据的，因为这没有经过验证，要通过修养在自己身上得来。《中庸》里有一段话讲得非常雄壮："考诸三王而不缪，建诸天地而不悖，质诸鬼神而无疑，百世以俟圣人而不惑。"他有这种自信是因为他已经验诸身了，这是境界非常高的人。普通人如何做到"据于德"？《论语》里说："有诸己而后求诸人，无诸己而后非诸人。"自己身上有这个优点，才能要求别人也有这个优点，例如父母自己睡懒觉却要求儿女不睡懒觉，这不叫"据于德"。中国人重身教，不重言教，身教就是"据于德"，用自己身上得到的天理去化导天下。孔子特别重视榜样的示范作用，而不重视抽象的说道理。《蒙》卦的初六爻辞："发蒙，利用刑人，用说桎梏。以往，吝。""刑人"，典型的人物，后世错解为对人施刑。

第三句"依于仁"。这里的"仁"是狭义，表示仁爱。言行举止都是为了爱别人而发生，才叫"依于仁"，如果是为了打倒别人、报复别人，谈什么样的大道理都是错的。物理和情理的区别也在于这个道理，不在于搬出来什么东西，而是在于你搬这个工具的起心动念是什么，搬一个非常正确的道理却是为了报复打击别人，这样的真理是用错了的真理。

最后才是"游于艺"。"游"，在水中游，没有功利目标地"游于艺"。我们今天的社会太欠缺"游"字了，小学生读书就是为了考第一名，从小就被钉在功利的十字架上了，哪里能游于艺呢？他的心里很难有"游"的这种快慰。所以不要让一个人从小被功利的思想禁锢，这才是中国文化教育人的基本观念。可是我们最近这一百多年来，功利的思想已经急躁到在胎教的时候就希望孩子出人头地，这都是摧残生命。曾国藩给儿子曾纪泽的信中讲"游于艺"的"游"字，"像鱼在水中游"，欢欢喜喜，自由自在。"艺"就是六艺，即诗、书、礼、乐、易、春秋。今天人好说偏激的话，让他学经典，他就说难道其他的知识不用学了吗？人的精力有限，"游"不是随便游，人家说的意思你总是不顺着听，总是要抬杠，这就容易学无所成。有位教授说我讲传统文化就不让别人学习外国文化，这是一种过分的担忧。其实一个人做事情只能同时做好一件事、两件事。"游于艺"的"游"和"艺"都要注意，"艺"不是泛泛的艺，先儒讲的"艺"就是六艺；"游"也不是把学艺当"敲门砖"，不是为了奔着某一个功利的目标而去，"游"就是生命的活泼处。

子曰："人而不仁，如礼何？人而不仁，如乐何？"如果说，仁是儒家的心，礼乐则可以说是儒家的两条腿。孔子虽然十分注重礼乐，但他更看重的还是礼乐的灵魂——"仁"。如果没有仁，礼乐都会流于形式主义，只是儒家人格的皮毛，得了仁就得了礼乐的灵魂。得了礼乐的灵魂，就算你不会礼乐的表面文章，也可称为"无声之乐""无体之礼"。道德高尚的人，高尚到一定程度的时候，他浑身都是文采，都是礼乐。所以儒家的学问，礼乐固然重要，但是礼乐的灵魂——"仁义"，尤为重要。

既然仁这么重要，那什么是仁呢？儒学是"识仁"之学，认识到人的本性就是仁。本性如何认识到呢？为什么连蔡元培、胡适之、梁启超这么聪明的人都会讲错呢？聪明用错了方向，越勤奋错的越远。路走对了，古人叫"仙人指路"，一年顶上十年，这就是得明师指点的好处。仁如何来发现呢？我把马一浮先生的一封信给大家念一下。

　　圣人始教，以《诗》为先。《诗》以感为体，令人感发兴起，必假言说，故一切言语之足以感人者皆诗也。此心之所以能感者便是仁，故《诗》教主仁。
　　至于学，至于道，至于仁，一也。仁是性德，道是行仁，学是知仁。仁是尽性，道是率性，学是知性。学者第一事便要识仁，故孔门问仁者最多。

是什么让你的心能感受到外面的东西？是仁。有一句流行歌曲的歌词叫"快乐着你的快乐，悲伤着你的悲伤"，一般人不会去思考为什么，而儒家却发现了这个现象背后的条理。人为什么能够跟外物相感通？让你感通的是个什么东西？大家都认为是心。但心为什么能感通？因为仁。诗教主仁，所以我推荐大家幼儿教育以背《诗经》为始，中国古来教孩子都是《诗》教为先。

马先生 1934 年答弟子云颂天的一段话，我简单地解析一下：

所愿贤留意者，莫要于识仁。（这是儒家最关键的，要在生命中不断地发现生命内在本身就有的仁，而这个仁，我们普通人经常刹那地领会到，但是没有去推广。）须知程子之言识仁，与孟子之言尽心、知性，一也。老氏之流为阴谋，法家之趋于刻薄，皆缘不识仁。（老子的后学变成阴谋家，法家趋于刻薄，不是他们故意的，原因是他们没有识到本心的仁。）不识仁者，必至于不仁。（今世所谓社会科学、唯物辩证、客观哲学者，去道家、法家绝远，其足以折其本而害仁者甚深。）

这是对西方学术的一个批评，马先生认为今天的这种学问是遮蔽仁而不是识仁的学问。所以我们发现现在的学者知识都很丰富，争争吵吵，但对仁的开发很有限。我曾经见到一个做中国哲学研究的知名教授，在国际学术会议上批评一个持异见者，非常的不礼貌，非常的没有教养，这就是仁不够。

如何识仁？梁漱溟先生在他的《礼记大学篇伍严两家解说合印叙》里提供了一个非常行之有效的方法。他说：

> 为了指点人们去体认，今且说两个方面：内一面是自觉不昧，主观能动；外一面是人与人之间从乎身则分则隔，从乎心则分而不隔，感通若一体。试从此两面潜默恳切体认去，庶几乎其有悟入。

此外，他在早期的《东西文化及其哲学》中还提出过一个很好的识仁方法，那就是反观"不安"。在梁漱溟先生看来，"不安"是观察仁的一个很好的窗口。当你感到不安时，要不断问自己是什么让你不安的，让你不安的东西可以吐露出你的本性的要求在哪里。有时候自己做了一件坏事，别人并不知道，但你还是感到不安。梁漱溟先生说，从不安中可以看到人本性中内在的仁的要求，大家都反思、注意一下自己的不安，就能发现本性怎样才能安，这也是儒家发现仁的一个重要方法。

　　张卫红，哲学博士，现任中山大学人文高等研究院教授，从事中国哲学的教学与研究工作，已出版专著三本，发表学术论文三十余篇，先后承担三项国家级课题。为本科生、研究生开设"《四书》""《论语》研读""宋明儒学""《传习录》"等多门课程。教学科研之余，近年来为多所高校、企事业单位、中小学教师等开办讲座，讲授儒家思想及文化。

肆 身心一体——儒家论"仁"大义

张卫红

　　大家从这个标题，应该可以推知我所讲儒家"仁"的大义，就是身心一体。以往关于儒家思想阐释的相关论说中，这样的阐述比较少，但我提出这个观点，是有学术依据的；而且我认为从这个角度来阐发，对当代人如何修身养性，如何把"仁"运用到生活当中，是有帮助的，所以就这个观点跟大家做一些交流。

　　我们知道，儒家思想的核心宗旨是"仁"。可以先从字源学上对"仁"字做一点探讨。甲骨文是殷商时期刻于龟甲或兽骨上的文字，大家可以看到甲骨文的"人"字非常形象，就是一个弯着腰的人。金文稍晚于甲骨文，是刻在祭祀用的青铜器上的文字。因为是刻在金属器具上，所以称为金文。较之甲骨文，金文"人"字变化不大，只是有的写法是在人字上多了一横或两横，大家能猜到是什么意思吗？有同学说对了，就是代表天。人字是一个很形象的、弯腰的人，为什么弯着腰？代表农耕社会的人们弯腰劳作的状态，在哪儿劳作呢？天地之间，所以"人"字上面有天。这可以看出古人的世界观：人不是孤立的存在，是处在天地之间的。中国古人很早就有对天的信仰，例如《尚书》《诗经》等典籍中，"天""皇天""上帝"等词语不断出现。所以中国古人在界定"人"的概念的时候离不开天，在人之上还有一个更高的、值得敬畏的维度：天。这个思想有着十分重要的意义。

图 1

先挑几个古今对"人"的界定比较有代表性的说法，让大家对比一下东西方文化对"人"的不同定义。马克思在《关于费尔巴哈的提纲》中提出来一个非常著名的观点："人的本质不是单个人所固有的抽象物，在其现实性上，它是一切社会关系的总和。"马克思认为人与动物相区别的本质在于人的社会性，动物世界当然也有它们之间的族群关系，但相对而言要简单得多，像人类这样复杂丰富的社会关系是人类所特有的，所以马克思是从社会关系的角度来界定人的本质。

关于"人是什么"的讨论，在苏格拉底以后的古希腊哲学家中具有重要地位。亚里士多德提出，"人是理性的动物"，直到今天还有很多人在使用这个概念。这个观点是针对当时古希腊智者学派的批评，后者以人的感觉、欲望等主观感受去衡量万物。亚里士多德认为，理性才是人类区别于其他动物的根本标志，人的特殊功能是根据理性原则而理性的生活。亚里士多德的这一思想开启了西方理性主义文化传统的先河。

还有生命伦理学里对人的定义：人的生命是自觉和理性的存在，是生物属性和社会属性的统一体。人的完整含义是，既具有生物学的生命，也具有人格生命，即生物性和社会性的统一。这个定义在肯定人与动物共同具有生物属性的基础上，强调理性、社会性等人类独有的特性，人是二者的统一。

此外，还有西方精神分析学派创始人弗洛伊德提出的一个著名观点：人的本质是本能欲望，性本能是其基础。

以上几种对于人的定义，有从人区别于动物的特质来界定的，如人的社会性、理性；也有从人的生理欲望层面界定的，最具代表性的就是弗洛伊德的性本能说；也有兼论人的社会属性与生物属性的观点。我们以此来对比一下中国古人对人的特质是怎样界定的。

东汉许慎编了中国的第一部字典《说文解字》，这部字典对人的解释是这样的："天地之性最贵者也，象臂胫之形。"人是天地化育而成的万物中最宝贵的一种生命，人的本性也是天地万物间最高的的本质。"人"是一个象形字，"象臂胫之形"，意思是用人的手臂和小腿来代表人。再来参看其他文本对人的释义。

东汉刘熙的《释名》，是一部从语言声音的角度来推求字义由来的字典。《释名》说："人，仁也，仁生物也。"人的本质特性就是仁德。"仁生物也"是什么意思？这里的"生物"不是物理意义、生物意义上的"生出个某物"，"物"也不一定是一个有形体的物体，古人说的"物"相当于"事"，"仁生物也"的意思近似于《易经》所说的"厚德载物"。人生活在天地之间，靠什么来生存、发展乃至安身立命？我们大多数人首先想到的是，靠才能、知识、技术。但中国古人不这么看，古人认为，人首先要有一颗仁爱之心，这是人的本质。人有了美好的德行，才能把万物承载起来，才能运用和滋长万物，才能真正地有所作为。试想，我们如果只有技术，没有道德操守，怎能把事业做好？因此中国古人认为，人与动物的本质区别首先是人有德性，而不是亚里士多德说的理性。

另外在《礼记·礼运》篇中也有类似的解释：

> 故人者，其天地之德，阴阳之交，鬼神之会，五行之秀气也……故人者，天地之心也，五行之端也。

人体现了天地的德性，是阴阳、鬼神、五行交感荟萃的精华所在。人是"天地之德""天地之心"，意味着人的本质就是"仁"。为此，孟子提出"性善说"，认为人性的本质是善。

孟子提出"性善说"的论证根据是：

> 人皆有不忍人之心者，今人乍见孺子将入于井，皆有怵惕恻隐之心。非所以内交于孺子之父母也，非所以要誉于乡党朋友也，非恶其声而然也。（《孟子·公孙丑上》）

当你看到一个小孩子掉到井里，孩子的哭声很惨，你会产生怵惕恻隐之心。因为他的痛苦连通到你的心，你能够感同身受，所以你本能地愿意去救他，帮助他。你产生帮助他的念头当下，不是因为想到要结交孩子的父母，也不是想在乡亲中得到个好名声，也不是厌恶他的哭声太难听了，这些想法都带着一些私人的甚至功利的目的。那这个做好事的心是从哪里发出来的？孟子说就是从我们的善良本性里发出来的。所以我们去做一件好事的时候，不是考虑外在的环境、条件，不是考虑功利的目的，而是我本来就该这样做，自然而然。人性本善，这是我们的本性所固有的。

在中国古代思想史中，关于人性的看法还有各种各样的理论。与孟子"性善论"相反的是，荀子提出了"性恶论"。荀子把人的本性界定为人的生理本能，如果任由生理本能发展，必然引起争夺和混乱：

> 人之性恶，其善者伪也。今人之性，生而有好利焉，顺是，故争夺生，而辞让亡焉；生而有疾恶焉，顺是，故残贼生，而忠信亡焉；生而有耳目之欲，有好声色焉，顺是，故淫乱生，而礼义文理亡焉。然则从人之性，顺人之情，必出于争夺，合于犯分乱理，而归于暴；故必将有师法之化，礼义之道，然后出于辞让，合于文理，而归于治。用此观之，然则人之性恶明矣，其善者伪也。（《荀子·性恶》）

在荀子看来，合乎道德的行为不是出自人的自然本性，是后天礼乐教化的结果，所以他强调要通过先王的礼乐制度来约束人性的恶，这样才能保证社会的和谐秩序。

后世儒家关于人性的界定还有很多说法，例如汉代扬雄主张人性是"善恶混"，即善恶兼有，这个提法也更符合一般人对人性的认识，即人性是一半一半的，既有善的一面又有恶的一面。还有一种人性论是汉代大儒董仲舒提出的"性三品"说，把人性分为上、中、下三品，上等的圣人之性天生就是善的，不需教育。他也一直能保持他的纯然本性，不会随环境变化而改变。下等的"斗筲之性"属于天生就有许多毛病和缺点的人，并且他们屡教不改，无法改变恶行恶习。中等的就是大多数人的"中民之性"，既有善的一面又有恶的一面，可以通过教化、学习等方式使其弃恶扬善。

虽然历代思想家对人性有过各种不同的讨论，但人性本善的观点、通过教化使人改过迁善的观点，基本是儒家思想的主流。特别是宋明理学兴起以后，性善论更是占据主流地位。理学家们认为，人性本有的、最根本的属性就是至善，这并不意味着这些思想家看不到人性恶的一面，而是说善和恶的地位不能等同，不能把善恶放在同一天平上对等，人性本善始终是第一义的。用南宋理学家陆象山的话说，恶是"反了方有"，背离、遮蔽了善才有了恶。打一个比喻，我们的本心本来是一面光洁明亮的镜子，当没有灰尘落在上面的时候，镜子对世界的观照是清清楚楚、明明白白的。镜子比喻本心至善，灰尘比喻由于个人习性、后天环境熏染所造成的恶。因此，如果镜子没有灰尘，或者刚落了一点灰尘就很快能打扫干净，这样的人就是圣贤。当然，大多数人的人性都好比有灰尘的镜子。而那种灰尘累积得很厚，乃至完全遮蔽了镜子光明的，就是极恶之人。但是，你不能因为镜面上的灰尘，就认为这个镜子原本不是光明的。哪怕有的人一生作恶，死不悔改，就如同镜子上的灰尘积得特别厚，但他仍然潜在地拥有光明的镜面，只是没有机缘开启内心的光明。因此，不能把灰尘与镜面放在平等的地位上考察，它们不是一个事物的两面，善始终都有第一义的优先性。相比之下，西方古希腊文化对人性的认识就不是如此。古希腊文化中很早就有悲剧作品，比如著名的《俄狄浦斯王》，俄狄浦斯完全是在不知情的情况下杀父娶母，他无法违背命运的诅咒，做下了极恶的事情。这反映出西方文明很早就认识到人性的荒诞和命运的迷惘，乃至带来不可避免的悲剧。反观中国文化，也许现实生活中也有这种不可避免的悲剧，但这样的故事没有成为经典，反映出东西方文明对人性本质的认识，从源头处就有不一样的地方。

孟子说："人之所以异于禽兽者几希，庶民去之，君子存之。舜明于庶物，察于人伦，由仁义行，非行仁义也。"（《孟子·离娄下》）意思是人与禽兽的差别，其实是很少的，动物依靠生理本能生活，人也有动物性的本能需求，但动物比人差的这一点是什么呢？是仁义。人对于仁义具有自觉觉悟的能力，并能够实践仁义，就是这一点让人与动物有了本质的区别。而对这最重要的本质区别，一般的老百姓不珍惜、不尊重，甚至去掉它；君子却格外地珍惜它、涵养它，最终能发挥大用。孟子举古代圣贤舜做例子，说舜"明于庶物，察于人伦"，就是说舜对万事万物都非常的通达、了解；对于人群中的各种伦常状况，舜也明察秋毫、清楚明白。能如此，是由于舜通过涵养内在德性所达到的智慧。因此仁不仅是一种道德品质，还是一种处事智慧。仁智是并举的，能对自然和人伦生活的一切存在都有智慧的体察和了解。

在《论语》中，"仁"字出现过 109 次，"礼"出现 75 次。同一时代的文献《左传》中"礼"出现了 462 次，"仁"出现了 33 次。这说明"仁"是孔子思想的一个核心。通过上面的分析可以知道，孔孟为什么强调仁就是儒家思想的核心义理。孔孟对儒家思想最大的贡献就在于，揭示出仁德才是人的本质特性。我认为，这一点恰恰不是不顾实际的理想学说，而是比前面提到的几种西方人性论优越的地方，是对人性本质最深刻的洞察。

"仁"是什么意思呢？许慎《说文解字》中说："仁，亲也。从人从二。""从"表示这个字由两个偏旁构成，汉隶写作"⿰亻二"，一个人一个二，为什么从人从二就是"亲"？因为人的存在不是孤立的个体存在，人的生存是在人群中与他人一起，所以人与人之间要相亲相爱，和谐共处，不能总想着自己。既然人是活在人类共同体当中，活在人伦关系当中，就要亲爱他人。另外，许慎还收录了汉代以前古书中出现过的"仁"字，一个是"⿱千心"，从千从心；另一个是"⿸尸二"，从尸从二。这两个仁字的写法到汉代已经很少用了。

那么，关于"仁"，各家如何释义？第一种解释："仁"是会意字。东汉郑玄注《中庸》"仁者人也"："人也，读如相人偶之人，以人意相存问之言。""相人偶"是当时的一个特殊用语，"偶"有"匹""配""合""对"之意，都是强调对方、双方。所谓"相人偶"，即互相人偶之，是两人见面相揖为礼，彼此之间互致敬意与问候，也就是互相亲爱的意思。就是说，仁，就是与他人相互共存、相互恭敬、亲爱的一种状态。可见我们中国文化从源头上首先就不是强调孤立个体的存在价值，个体从来不是第一义的存在价值，而是注重群体、注重他人、注重人伦关系。而在英语中，"我"永远是一个大写的字母"I"。第二种解释："仁"是会意兼形声字。南唐徐锴《说文系传》："仁者，亲也；仁者，兼爱；故于文人二为仁。二亦声也。"亲、兼爱，表示与他人和睦相处，相亲相爱。"二"表音，应该是古代的"仁"字发音与"二"一致。第三种解释：以音训"仁"。刘熙《释名》："仁，忍也，好生恶杀，善含忍也。"这里的"忍"就是"不忍"的意思，仁与忍同音也同义，仁心就是孟子说的"不忍人之心"，我们常说一个善良的人往往是内心柔软的人，不忍心看到别人痛苦，见不得别人受罪。

对于古文字中另外的两个仁——尸二为仁、千心为仁，南唐徐锴《说文系传》解释说："古文尸二为仁。尸者，覆也，兼覆二也。古文千心为仁，唯仁者能服众心也。"意思是仁就是对他人、对更多的人有关爱之心，这与前面所说"仁，亲也"的意思是一样的。也因如此，仁者能服众人之心。清代徐灏在《说文解字注笺》中说得更加清楚："千、心为仁，即取博爱之意。"

前面种种关于仁的解释，基本意思是一致的，仁就是对他人的关爱，这样的解释也很符合我们一般人对"仁"字的理解。不过，近年来学界对儒家的"仁"字有一个重新的审视和理解。这起源于一批新文献的出土。就是 1993 年 10 月，湖北省荆门沙洋县郭店村发现了一批战国中后期的楚国墓葬，其中一号楚墓的主人，学界推定为楚国太子的老师。正因为他是太子的老师，所以陪葬品里有大量的书，就是我们称之为郭店楚简的文献，这批书也是中国迄今为止发现的最早的原装书，共 804 枚竹简，其中有字的竹简有 726 枚，有 13000 余字，为先秦儒家、道家的典籍 18 篇，其中儒家的典籍在学界被认为是"思孟学派"的著作。"思"是指子思，是孔子的孙子；"孟"是指孟子，思孟学派就是指从子思到孟子一系的学派，主张儒家的心性修养之学。而这批郭店楚简中的儒家典籍，学界认为是这一学派战国时期学者的著作。这批著作阐发的思想非常重要，当代新儒家代表人物杜维明先生对它评价极高，认为郭店楚简出土以后，整个中国哲学史、中国学术史都需要重写。为什么会重写？因为需要对原有的有些儒家、道家思想重新审视，需要对有些没被阐发过的思想进一步解读。其中一个表现，就是楚简的"仁"字让学术界开始重新审视儒家仁的思想含义。

在郭店楚简中，"仁"字出现 67 次，其中写作上千下心"忎"的出现 6 处，写作上尸下二"𡰥"的出现 6 处，写作上身下心"身"的 55 处，无一处写作"从人从二"，那说明"从人从二"这个字是后来才有的写法，最早的"仁"字写法不是这样。"上身下心"是楚简中出现次数最多的"仁"字。对于这个字的解释，学术界尚有不同的争议。我简单介绍一下其中的一些观点，也是我认同的一些看法。

有学者认为，"仁"的古文就应该是"身"（上身下心）。"忎"其实即"上身下心"的变形，是同字异构。那"从尸从二"呢？甲骨文和早期金文的"尸"字只是简单的人形，而没有"二"划可见。后来出现了"二"划，可能只是一种装饰性的符号，就是古文字学上所谓"羡划"。那"仁"字后来为什么写作"从人从二"呢？有学者认为，"仁"字之"二"实为"＝"，是"心"的简省符号，许慎误读为"二"。《说文解字》解释"仁"之本义为"亲"，以及其后学者据此阐发的"兼爱"说、"相人偶"说，都是对"从人从二"的错误分析得出的错误结论。由此推测，"仁"的本字应作"上人下心"（变化的写法就是"左人右心"，被后人写作"左人右二"），写作上身下心的"身"，应是后来的变化。

那也就是说，最早的"仁"字有两种写法，一种是"上人下心"，一种是"上身下心"。在先秦汉语中，"身"是指己身，"人"是指他人。因此，认为儒家的仁仅仅是指对他人的爱，是不准确的。"从身从心"表明"仁"字要有一个指向自己、反观内省的维度。

先分析"上身下心"的含义。"身"是指己身,"从身从心",表示心中反思着自己:克己、修己、为己、成己。先看两段《论语》的语录。

曾子曰:"吾日三省吾身:为人谋而不忠乎? 与朋友交而不信乎? 传不习乎?"(《论语·学而》)

子曰:"见贤思齐焉,见不贤而内自省也。"(《论语·里仁》)

仁首先表示自我切身的内省,向别人好的地方看齐,见到别人不好的地方赶紧自省是否有同样的毛病。就是说,我们在爱别人之前,要首先做好自己,这样才有爱人的能力和资格,这就是"上身下心"的含义。先秦经典中类似的意思有很多,比如《论语·宪问》说:"古之学者为己,今之学者为人。"古人求学是为了自我修身,而今人是为别人、为外在的功利而学。《论语·卫灵公》说:"君子求诸己,小人求诸人。"不论平时做事还是在生活中遭受了挫折,君子都从自身找原因,向内反省而不是向外要求、抱怨;小人刚好相反,总是把原因归结到他人身上,推卸责任。《中庸》说:"成己,仁也。"人格的自我成长才是一个仁者首先要做的事情,永远是指向自己内心的,不是向外求的。正是因为仁是一种内在的态度和要求,所以"上身下心"与孟子所说的"由仁义行,非行仁义也"(《孟子·离娄下》)是相一致的。我们日常一切言行,如何能保证始终是符合道德的呢? 就是"仁义行",一切言行都从仁义中发出,言行与仁义融为一体,才能做到。"行仁义",就是把仁义当成一个要求和目标,内心还没有完全安住在仁义中。例如有则新闻报道了一件事,有个人捡到了一笔钱据为己有,思前想后了两天,他觉得自己的行为不合道德,最终还是去派出所把这笔钱交还了。这就是行仁义。道德是他的目标和约束，虽然他不能时时刻刻达到这个标准，但是通过反省可以努力向道德目标前进。所以，行仁义的阶段，心还时常游离于仁义之外，仁义还是一个外在的、需要努力去实践的目标，需要通过克服自己的种种缺点去符合仁义。因此，"仁义行"自然是最理想完美的君子人格，这种内在的自觉比起外在的约束，境界更高一层。因此，修己、克己、为己、成己是一种第一位的、自觉的生命追求和境界。

《荀子》里记载过一个故事，孔子的三个学生子贡、子路、颜回去见孔子，孔子问了他们三人同样的问题——怎样是有智慧？怎样是有仁德？三人的回答都不一样，分别代表了三种修养境界：

> 子路入。子曰："由，知者若何？仁者若何？"子路对曰："知者使人知己，仁者使人爱己。"子曰："可谓士矣。"子贡入。子曰："赐，知者若何？仁者若何。"子贡对曰："知者知人，仁者爱人。"子曰："可谓士君子矣。"颜渊入。子曰："回，知者若何？仁者若何？"颜渊对曰："知者自知，仁者自爱。"子曰："可谓明君子矣。"（《荀子·子道》）

从孔子对三位弟子的不同评论可知，这三种不同的回答在精神境界上体现了由外到内、由低到高的差别。差别在哪里呢？子路说"知者使人知己，仁者使人爱己"，智者能够让别人了解自己，自己爱别人，就会得到别人也爱自己的结果。这是从仁智的外在功效层面来说的，说明子路对修身还有索求外在结果而且是好结果的期待。子贡说"知者知人，仁者爱人"，智者能够做到了解别人，仁者能够做到爱别人。这个回答不期待外界对自身的反馈态度，进一步指向内在心性，但仁智的对象仍然是他者，仍然是从仁智的功效层面来理解问题，仍然有待于外。颜渊说"知者自知，仁者自爱"，明智的人有自知之明，仁德的人能自尊自爱，这个回答让孔子最满意。很多人会有疑问：子贡的"知人爱人"不是要比颜回的"自知自爱"看起来更符合仁智的标准吗？但其实，颜回的答案是完全指向自身，是更为内在的、第一义的理解。因为当我们要去了解别人、爱别人的时候，首先要具备知人、爱人的能力，有自知之明才能知人，涵养自身的德性才有能力爱人，不是吗？这里的"仁者自爱"不是一般人认为的要多爱自己一点，给自己买好吃的，买漂亮衣服等等。古人所说的自爱爱的是自身的德性，是对德性的精心呵护和培养，也就是为己、成己。换言之，为己、成己不是为了私欲的小我，不是放任自己的习气和毛病，而是关爱、培养德性的修身功夫。有了良好的德性，你才有能力做到子贡所说的知人、爱人；也只有有了知人、爱人的能力后，才有可能如子路所说，获得让别人知己、爱己的效果。也就是说，自知自爱是最核心的，所以仁智的修养功夫要从最核心的层面做起，才可能有后面的效果。并且，颜回的回答还有一个更为可贵之处，就是他不关注、不期待是否会有使人知己、爱己的功效，耕耘不问收获，纯粹的为己之学。因为现实情况是，圣贤君子往往在当世是孤寂的，不为人理解。孔子、颜回都是如此。孔子周游列国十四年游说各国君子，但没有君主采纳他的主张，还经历了很多颠沛流离的苦难，那还要不要坚持君子人格呢？要坚守，因为修身是一个如人饮水冷暖自知的事情，不管在任何环境条件下都要坚守。颜回的回答句句指向自己，句句紧扣自己的德性，不向外求。所以颜回是孔子最认同、最欣赏的弟子，孔子称道他：

> 贤哉，回也！一箪食，一瓢饮，在陋巷，人不堪其
> 忧，回也不改其乐。贤哉，回也！（《论语·雍也》）

颜回一生贫困，二十九岁头发就全白了，而且早逝。但颜回自得其乐，这是真实生命的力量。孔子说："知者不惑，仁者不忧，

勇者不惧。"（《论语·子罕》），知（智）、仁、勇，是仁德的三个体现，《中庸》称为三达德：智慧的人不会疑惑，仁德的人不会为外物所忧虑，勇者无所畏惧。疑惑、忧虑、畏惧，是一般人最常见的消极心态，当我们的内心不安宁、不快乐时，往往都伴随这几种心态，而仁者不会惑、忧、惧。因为仁者安仁，能够安住在仁德当中，不但一切言行符合仁德，而且从中获得安乐和智慧，从中安身立命。所以，"仁"首先是指向我们自家生命的。

再看"仁"字的"上人下心"写法。"人"是指他人，就是心中有百姓，有他人。我们看《论语》：

樊迟问仁。子曰："爱人。"（《论语·颜渊》）
子路问君子。子曰："修己为敬。"曰："如斯而已乎？"曰："修己以安人。"曰："如斯而已乎？"曰："修己以安百姓。修己以安百姓，尧、舜其犹病诸。"（《论语·宪问》）

孔子对学生的回答是，爱人就是仁。做君子，先是修己，进而推己及人，安人、安百姓，让更多的人受益。修己以安百姓，这是最高的目标，连尧舜这样的圣贤都有做得不够的地方，不能十全十美。

综上所讲，"仁"字古文的两种写法中，"上身下心"反映了心—身的内在关系，为己的一面。"上人下心"是一个表示人际关系的概念，指爱他人，体现了人—我关系。所以关于"仁"的含义，"上身下心"应该是第一义，是最本质的含义。有了第一层修己、成己作为基础，才能有第二层，也就是爱人的层面。

下面我对"上身下心"这个字再做一些合理阐发，以帮助大家更多地理解儒家核心思想"仁"的功夫内涵。

第一，心反思着身，心为身之主宰。心可以理解为思想、意志、精神的掌控力，身可理解为身体的欲望、发之于外的行动。心在下，身在上，表示心反思着身，心为身之主宰。一个有德君子，能够做到心是身的统帅。举两个例子。

一个是元代大儒许衡的故事。有一次他在盛夏的行路途中，非常口渴。路旁有一棵梨树，别人都争相去摘梨吃，只有许衡忍住饥渴不动。别人就劝他说，现在世道这么乱，梨树的主人都走了，我们吃梨没有关系的。可许衡说："梨无主，吾心独无主乎？"他心里的主宰，就是道义——"非其有而取之，不可也"。不是我的东西我不拿。当然这里有一个坚守的前提是，身体的承受还没到极限，不吃梨还不至于渴死。如果为了这点坚持渴死饿死了，那也不符合中庸之道。因为梨子和生命的价值相比，后者的价值更高。历史上的很多舍生取义、杀身成仁的典范如文天祥、史可法被人们传播赞扬，是因为在那些故事中的道义价值（如民族大义）超过了生命价值，文天祥、史可法选择牺牲生命去成全道义，是他们的精神操守（心）能够主宰、超越对肉身生命的渴望。相反，很多贪官污吏之所以不断犯错，不是不知道自己是在违法犯罪，而是因为他的思想意志不能主宰他的欲望，心做不了身的主人，身心不能一体。

另外一个是被称为中国当代最后一个儒家的梁漱溟先生的故事。1974年，政协组织的"批林批孔"会上，全组成员都发言表态"拥护"这场运动，惟独梁先生迟迟不表态，实际上他一直在家中准备着发言。他最后写了一篇长文《今天我们应当如何评价孔子》，在政协会议上讲了两天，一共八个小时。他明确表示：批孔运动中的流行观点，多半不能同意，孔子不可全盘否定。他的表态立刻震动四座，遭到了长达七个月、一百多场的批斗会。最后一次批斗他的时候，主持人让他表态，梁先生脱口而出："三军可夺帅，匹夫不可夺志！"他还在批斗会间隙，若无其事地打太极拳来健身，可见他的精神力量极其强大。

以上两个例子都说明了，如果一个人心中的道义原则十分坚固，就能超越身体的欲望、外在环境的束缚，做到知行合一、表里如一。这是从"上身下心"这个字阐发出来的第一层含义。

第二，精神与身体、灵魂与肉身相统一。"上身下心"一半是身，一半是心，说明身心是统一的整体。明代大儒高攀龙说："人要于身心不自在处，究竟一个着落，所谓困心衡虑也。若于此蹉过，便是困而不学。"很多人都会有身心不自在的感受，但往往马虎过去，不去反省"身心不自在"之"处"究竟在哪里，安顿身心的"着落"在哪里，这个反省功夫就是孟子所说的"困于心，衡于虑"。大多数人的身心状态都是随大流、放任自己，蹉跎一生。其实身心一体的状态并不难，用禅宗的话说，就是"饥来吃饭困来眠"；用伍庸伯先生对《大学》"诚意"的解释说，就是"心在当下，不走作"。也就是说，心安住在当下，认认真真地做好当下的每一件事，吃饭就好好吃，不挑三拣四；睡觉就好好睡，不胡思乱想；上课就好好学习，不开小差。该干什么就认真去干，就是身心统一的最自然的生活状态。如果你在课堂上没有听老师讲课，想着上课前的事情，或者想着下课后要去做什么，或者去年失恋的痛苦现在还放不下，这些都是走作，都是身心不统一。因为过去心不可得，未来心也不可得，我们能够把握的只有当下，认认真真地做好当下之事，专一、纯粹、不掺杂。这样的修养功夫，儒家称为"主敬""诚意"，古代很多的儒者每天都这样有意识地训练自己，日积月累，养成身心一体、平和从容的人格气度。

第三，身心一体，阴阳和谐。这里参考了《黄帝内经·灵枢·通天》的观点，它按阴阳之气在人身上的不同表现把人分为五种，太阴、少阴、太阳、少阳、阴阳和平，对每一种体质表现出来的不同心态都做了生动的描述，说明体质（身）可以直接对性格心态（心）产生影响，当然心态性格也可以反过来对体质产生作用。太阴是指一个人的阴气极盛，影响到他的性格"贪而不仁"；少阴也是阴气很重，但没有太阴那么严重，是多阴少阳，容易形成小贪、嫉妒等心态；太阳就是阳气过盛，性格外露，容易志大才疏，夸夸其谈；

少阳表现在外是多阳而少阴，其实是阳虚、中气不足，表现在性格上往往是焦躁虚浮，喜欢做出头露脸的事，"有小小官则高自宜，好为外交而不内附"。最好的身心状态是阴阳和平之人。这里摘录《灵枢·通天》的一段原话：

> 阴阳和平之人，居处安静，无为惧惧，无为欣欣，婉然从物，或与不争，与时变化，尊则谦谦，谭而不治，是谓至治。阴阳和平之人，其状委委然，随随然，颙颙然，愉愉然，暶暶然，豆豆然，众人皆曰君子。阴阳和平之人，其阴阳之气和，血脉调。

这里用了一大段话生动地描述阴阳和平之人的性格、心态、体态：他为人处世非常恬淡、安静、平和，没有什么事情非常害怕，也没有什么事情兴高采烈，情绪不外露、不发散，非常内敛安静，不会清高看不起人，也不会愤世嫉俗，把自己与世俗生活完全对立起来。他温和婉然，能够与时变化。他地位尊贵又谦下待人，他不用高压的手段让别人紧张，让百姓在自然的状态下各得其所，达到最好的治理效果。他平时表现出来的气象是"委委然，随随然，颙颙然，愉愉然，暶暶然，豆豆然"，从容稳重，不卑不亢，不急不缓，充满正气，温婉和悦，目光清澈，所以"众人皆曰君子"。身体的阴阳平和、血脉调和，反映在心态及人格上，就是君子人格、圣贤气象。从这个意义上去看"上身下心"，仁还应当包含阴阳平衡的体质状态。很遗憾，现代教育都在知识、头脑上着力，身体是极度缺位的。

总之，把"上身下心"和"上人下心"两个层面的含义结合起来，"仁"的含义就是成己与爱人的互动与超越。先是"修己以敬"，"敬"就是认认真真地对待自己和别人，认认真真地做好每一件事，然后推己及人，修己以安人、安百姓。同时我们在爱人、安人的过程中，反过来也在成就、完善、实现自己。修己而爱人，爱人而修己，两者是相互促进、不断向上开放的生命实践过程，不断向上超越，最终上达天道，践仁知天，成为圣人。圣人的数量非常少，是自我修养实践能够达到的一种人性可能。也许大多数人终其一生达不到这样一个理想境界，但古代儒家用圣贤人格作为一种理想楷模，作为一种教育目标，两千多年的中国读书人接受的都是这样一种理想人格的教育，激励了无数读书人去努力地修身成德，不断超越自己。这种教育理念无疑是极有价值的。

这里对践仁知天再做一点解释。仁的终极意义是知天、上达天道，"尽其心者，知其性也，知其性则知天矣"（《孟子·尽心上》）。"尽心"，就是扩充人人本有的仁义礼智"四端"，不断地实践它，不断地推己及人，达到对本心的充分了解。朱熹解释"尽"是"极其心之全体而无不尽者"。当彻底通达了解了本心，也就通达了天命（天道、本体）。天命可以理解为天道运行的本来规律和本质。也就是说，当我们把仁德完整地实现出来，仁就不仅仅是一个普通的道德伦理，而是具有通达天命的维度，通达了人生的终极价值。这样的思想在孔子那里已经有讲到：

子曰："吾十有五而志于学，三十而立，四十而不惑，五十而知天命，六十而耳顺，七十而从心所欲，不逾矩。"（《论语·为政》）

子曰："君子有三畏：畏天命、畏大人、畏圣人之言。小人不知天命而不畏也，狎大人，侮圣人之言。"（《论语·季氏》）

从孔子的这两段话可知，仁的终极指向是天命，践仁知天。孔子通过几十年的学习磨砺，下学而上达，五十岁已知天命。这个智慧很高，非一般人能够理解，这里就不多解释了。孔子还说，君子有三种敬畏，首先就是敬畏天命。如果一个人整天浑浑噩噩过日子，只关心饮食男女、吃喝拉撒，那一定不知道什么叫天命。儒学的价值观中有一个超越的向度，儒家称之为天命。尽管你不了解天命，但是要对天命有敬畏之心。其次要敬畏大人，大人就是圣贤君子，对他们要有恭敬之心，因为他们能够教给你人生真实的道理。再次要敬畏圣人之言，例如古人认为四书五经这些经典都是圣人之言，也许你还不能理解它，但如果你有敬畏之心，就不会轻易地去否定它、曲解它，就会认真思考其中讲的道理，努力地用来对照自己的人生。这样的人生才可能是有基本底线的，才不会恣意妄为、陷入危险。因此，儒家把知天命当作心性修养的最高指向。

最后，我用哲学家冯友兰先生的"人生四境界"说作为结束。冯先生把人的精神境界分为四种层次。第一种是自然境界，其行为是顺才顺习的，是生物人格。第二种是功利境界，其行为是为利的，是功利人格。第一种人格的行为是随顺自己的欲望习性，这种生物属性人人都有，第二种人格重功利。这两种人格都是层次较低的，需要超越，甚至摈弃。第三种是道德境界，其行为是行义的，是贤人。第四种是天地境界，其行为是事天的，是圣人。行义就是按照道义原则去行事，是贤人的境界，但这个境界还不够，还可以继续往上走，在儒家那里，最高的精神境界是通达天命的圣人境界，一切行为都是秉承天道、符合天道的，这是仁德的最高指向。

我希望通过对儒家之"仁"的梳理，给大家带来人生的思考，用古人的智慧作为一面反思自己的镜子，照见自己所处的位置，知道该如何去做。

　　周春健，历史学博士，现为中山大学哲学系教授、博士生导师。任中国历史文献学会会员、中国孟学史学会会员、中国比较古典学学会理事、中华孔子学会理事。2011年7月至8月，曾为台湾"中央研究院"访问学人。主要从事四书学、诗经学、文献学研究。迄今，在《哲学研究》《中国哲学史》等重要学术期刊发表论文70余篇，出版学术专著7部、古籍整理著作10部、辞书类著作10部、编辑图书9部，主持和参与国家级、省部级科研项目9项，参加国际国内学术会议30余次。博士学位论文《元代四书学研究》曾获"湖北省优秀博士学位论文"（2008年）和"全国优秀博士学位论文提名论文"（2009年）称号。曾获中山大学哲学系"润泽哲学发展基金优秀青年学者"（2011年）及"润泽哲学发展基金优秀学者"（2013年）称号。

伍 "宴尔新昏，如兄如弟"与儒家伦理

周春健

一、《诗经》概说及今日对待《诗经》的态度

《诗经》对于大家来说并不陌生，不过大家所熟悉的《诗经》可能更多是从"文学"角度来解读的。例如我们学中国文学史的时候会知道，《诗经》是先秦文学非常重要的一部分，但我们学习《诗经》主要还是学它里面的赋、比、兴艺术手法，以及这些艺术表达形式对于后世的诗歌创作产生的影响。还会学习《诗经》里的现实主义表现手法，例如我们在中学时代学习《诗经》，少不了《伐檀》《硕鼠》这些篇目，因为这些篇目的内容都反映了一个现实主题——阶级对立，那个众所周知的年代很重视阶级对立，这的确是对《诗经》现实主义传统的一种解读。但是，如果仅仅从

这些角度去阅读和看待《诗经》，会使《诗经》的内涵丢失很多。要知道，《诗经》是被称为"经"的，比如《诗经》《易经》《书经》等，这后面的一个"经"字不是白加的，与我们平时所熟悉的文学经典不同。王国维曾说过，"一代有一代之文学"，比如汉赋、唐诗、宋词、元曲、明清小说等，都是文学的经典。再往上追溯，还有《诗经》和《楚辞》。但《诗经》与后世任何一部文学典籍都不同，因为它后面冠有一个"经"字。它是"六经"之一，并且是"六经"之首——"六经"的一种排列顺序就是《诗》《书》《礼》《易》《乐》《春秋》。给一部作品冠以"经"字有什么意义呢？表示书中包含着恒常的、不变的道。刘勰在《文心雕龙》中说："经也者，恒久之至道，不刊之鸿教也。"说的就是这个意思。"刊"是"改"的意思，"鸿"是"大"的意思，这说明"经"的地位多么崇高！在中国古典社会，不管是在最高统治阶层的思想意识领域还是在普通百姓身上，从天子以至于庶人，"经"都产生了非常深远的影响。

《诗经》在"六经"中非常特殊，它是诗歌体，具有非常强的文学性，为其他经典所不具备。当然《尚书》也可以归为文学类，包含许多关于先秦历史的散文，可是《诗经》作为诗歌体裁，它的文学性更加突出、更加明显，而且确实在文学这个领域对后世产生了更深远的影响。也就是说，文学的特征和特点，是《诗经》非常重要的一个方面，包括它成为"六经"之一，成为意识形态的指导，成为治国安邦的精神纲领，这种文学特色也发挥了很重要的作用。可是我们仅仅了解《诗经》的文学层面是不够的，我们还要了解《诗经》在古典社会的政治层面、老百姓的日常生活层面发挥了怎样的作用。这也是我们认识《诗经》，以及认识"六经""四书"等古代经典系统需要特别注意的一个方面。

可以说，《诗经》是整个古典社会治国理政以及个人修身处世的精神资源之一。我们对这样的经典就要转换视角，不能局限在文学角度，而要用更全面的视角来看待。当然这个问题不能责怪现在的学生，也不能责怪现在的老师，因为现代早就有一些大学者给我们开了个头，而且是非常有名的人物。比方说鲁迅、闻一多、胡适、郑振铎等，他们早在20世纪二三十年代，纷纷发表言论，说《诗经》不是一部什么经典，里面没有什么大道理，没什么了不起，它就是一部民间歌谣的合集，跟我们后世见到的民歌没什么差别，千万不要以为它很神圣。这种论调，胡适1925年在武昌大学（现今的武汉大学）演讲的时候就提到过，并且对后世影响很大。可是我们不要忘却，当时那些学者面对着特殊的历史情势，他们那样讲有当时的时代缘由，并且他们知道《诗经》的经学面目是怎样的，而我们现在很多人并不清楚古人是如何解说《诗经》的。用鲁迅的话来说，他们那批人很多是从旧阵营走过来的，当然知道旧阵营的面目，他们就是要反对旧阵营，并且是在当时清代封建社会覆亡、中学受到西学猛烈冲击这样一种社会大转变、大转型的时代背景下出发的，是在探寻中国社会的出路的社会思考中所做出的一种选择。但是今天，社会环境变了，时代变了，我们就需要调整视角。

前面说到，提起《诗经》人们往往会想到它的"文学性"，那么《诗经》跟"历史"有没有关联呢？其实《诗经》里面有好多诗篇可以作为很好的历史研究资料，可以从中了解到周代社会的一些历史信息。把它们所记载的信息跟其他一些历史资料相参照，可以共同构建一个久远的古代历史。比方说，如果要研究周代的开国史，就需要了解《诗经》中的五首诗，叫"周民族史诗"。知道是哪五首吗？分别是《生民》《公刘》《緜》《皇矣》《大明》。这五首诗讲述了从周代的始祖后稷开创了周部族，而后如何带领大家农耕稼穑，一步步兴盛，然后又受到冲击，不断迁徙，改换周部族的栖息地，直到后来的文王、武王建立了西周这样一部伟大的民族史。这样的一个周代历史，可以从《诗经》当中见到一些宝贵的历史资料。又例如，《诗经》中的《邶风·七月》，是"风诗"当中最长的一首，它里面就提到了很多跟周代相关的农业耕种的社会历史，例如在什么月份，农民怎样耕种，收成之后交纳多少作为徭役等内容，而这些内容在其他一些历史文献当中是见不到的。所以《诗经》的史料不完全是重复、参照，而是具有独特性，具备重要的历史研究价值。

《诗经》跟"哲学"有没有关系？《诗经》中很多篇章都会提到当时人的天命观念问题。在夏代尤其到商代的时候，人们认为天命是不能转移的，自然界的变化、人的行为，都是上天的意志。殷墟出土的商代甲骨卜辞当中，有这样一些话，"帝令雨""帝令风"等。"帝"指的是上天，下雨这种自然现象是上天的意志，让谁来当天下的国君，也是上天的意志，所以不容许有任何怀疑，这些观念当然跟古代人的认识观念相关。但是在《诗经》的一些诗篇里，就有对这种天命观所发出的质疑，这意味着周代人的天命观已经不同于商代了。例如《小雅·正月》中便说，上天是昏聩糊涂的，好人坏人分不清，这分明是对天命的质疑。这首诗是《诗经》当中非常有名的一首政治讽刺诗。大家可能很熟悉一个典故，西周、东周之交，周幽王宠幸一个妃子褒姒，为博红颜一笑，烽火戏诸侯，成为西周败亡的一个导火索。这首诗借一个朝中官吏之口，描绘出西周末年朝廷执政的混乱，然后对天命发出了质疑。天命观是哲学当中非常重要的一个命题，再比方说伦理问题，也是哲学当中要讨论的重要问题。

今天，我们就要借助《诗经》当中一首诗里的一句话，看看《诗经》与儒家伦理有什么关联。这首诗是《邶风·谷风》。

二、《邶风·谷风》通解

让我们先看看这首诗的基本内容，全诗一共六章，每章有八句：

习习谷风，以阴以雨。黾勉同心，不宜有怒。
采葑采菲，无以下体。德音莫违，及尔同死。

行道迟迟，中心有违。不远伊迩，薄送我畿。
谁谓荼苦，其甘如荠。宴尔新昏，如兄如弟。

泾以渭浊，湜湜其沚。宴尔新昏，不我屑以。
毋逝我梁，毋发我笱。我躬不阅，遑恤我后。

就其深矣，方之舟之。就其浅矣，泳之游之。
何有何亡，黾勉求之。凡民有丧，匍匐救之。

不我能慉，反以我为仇。既阻我德，贾用不售。
昔育恐育鞠，及尔颠覆。既生既育，比予于毒。

我有旨蓄，亦以御冬。宴尔新昏，以我御穷。
有洸有溃，既诒我肆。不念昔者，伊余来塈。

　　这是一首著名的"弃妇诗"，写得很好，与《卫风·氓》被誉为《诗经》中弃妇诗的"双璧"。《氓》，大家在中学课本里应该都学过了，而《谷风》可能比较陌生。为了方便大家理解，我先把整首诗的大意串讲一遍。

　　一般我们提起《诗经》的时候，大概的印象是：《诗经》中的诗篇篇幅不长，文辞比较朴素，思想比较简单，所以艺术性也比较简单，跟后世的唐诗宋词没法比。但这是一种片面的理解，如大家中学就学过的《氓》这首诗，篇幅并不短，而且很有艺术性。而这首《谷风》，同样篇幅较长，而且从创作的角度说，其思想性、艺术性的表现都非常成功，可以说是《诗经》里的"大手笔"。大家以后还可以去看《小雅·正月》，篇幅更长，所表达的内容、情感、思想更复杂。所以，我们只有读过整部《诗经》，才能对其有更恰当、更全面的评价。

前面提到过，《诗经》是"六经"之一，是中国古典社会治国安邦的指导思想来源。但它的"文学性"一定不能忽视，不能把它与其他的经典等同，那样会失去它作为"诗歌"体裁的独特性，所以我们必须去了解它的艺术特征以及思想内涵。

先说个题外话，我的课件用的都是繁体字，大家看得懂吧？我在中山大学讲《诗经》课好几年，有几件事情是一直坚持的：第一，课件以及板书，都用繁体字；第二，课上所讲过的篇目，不管长短都要求全文背诵；第三，同学要把整部《诗经》用繁体、竖排的格式抄一遍，在抄的过程中熟悉诗篇以及认识繁体字。大家也可以试试用这些办法自学《诗经》。

《诗经》主要是四言体，每一句诗四个字，这是它重要的文体特征。《诗经》中其实还有五言句、六言句、七言句等，每一种句式都有它的特色。今人写铭文、祭文，常常用四言体，为什么呢？因为这种体式本身带着一种庄重的文风，把它翻译为五言、七言，乃至今天的长句，就会失去这种文体独有的感觉，传达不出本有的韵味。所以对于《诗经》，我给同学们的建议是，反复读，反复吟诵原文，不要翻译成白话文，尽量体味原文文风及含义。在这里为方便大家理解，只好用现代人的语言，选比较通常的解释，来给大家解读一下这首诗的意思。

先看《谷风》的第一章：

习习谷风，以阴以雨。黾勉同心，不宜有怒。

采葑采菲，无以下体。德音莫违，及尔同死。

这首诗一开头渲染出一种气氛，山谷里寒风飒飒，又是阴天又是下雨。这是比兴的艺术手法，用这种自然环境烘托出一种凄凉、悲凉的气氛，来衬托女主人公不幸的遭遇。作为夫妻，本应该相互劝勉、相互鼓励、相互体贴，所谓"黾勉同心"，而不应该"有怒"。这个"有"字是个通假字，通"又"，意思是经常打骂，这点下文还会提到。"采葑采菲，无以下体"，这又是一处比兴，《诗经》很擅长用这种手法。这句比较难懂，大家首先要知道什么是"葑"，什么是"菲"。"葑"，又名蔓菁、芜菁；"菲"，又名莱菔、萝卜。这两种都是蔬菜，并且有一个共同的特点，那就是人们取用它们的是块茎，而非叶子。与地上长的茂密鲜亮的叶子相比，地下土里长的块茎很不起眼，但它是葑和菲这类蔬菜最为重要、最有价值的部分。好比一个人，最应该看重的是什么呢？是这个人的道德品性怎样。尤其对于女子来讲，容貌就如同地上长的叶子，年轻的时候容颜姣好，年老自然色衰。这一点其实男女都一样，所以人不应该看重容颜，而应该看重德性。但女主人公的丈夫，偏偏就像"采葑采菲，无以下体"，只看重叶子不看重块茎，只看重容颜而不看重品性。所以这个时候女子自然想起了当年谈恋爱时的情景，"德音莫违，及尔同死"，当年丈夫追求她的时候总是甜言蜜语，"德音"就是动听的言辞，"莫违"就是不要忘记。当年说的什么话呢？说的是，我们彼此陪伴，一生至死不分离。女主人公实际是在提醒她丈夫，应当记得从前说过的话。

第二章的八句：

行道迟迟，中心有违。不远伊迩，薄送我畿。

谁谓荼苦？其甘如荠。宴尔新昏，如兄如弟。

《谷风》这首诗的主题，在第二章就揭示出来了。女主人公被逐出家门，"行道迟迟，中心有违"，她缓慢地走在路上，心中有无限的感慨，无限的遗憾和怨恨。"中心"是个倒装词，意思是"心中"，"违"通常解释为"怨恨"。大家想想，心情如此沉重的人，她会走得很快吗？她心中有很多想法：这一走我将走向哪里？我的命运将会怎样？不想走又不得不走，怎么会没有遗憾和怨恨呢？但前夫太绝情了，"不远伊迩，薄送我畿"。"薄"是个虚词，没有实在的意思。这个字的用法在《诗经》里出现过很多，如"采采卷耳，薄言采之"。"畿"指门槛。这句话是什么意思呢？是说如今被逐出家门，而她曾经的丈夫丝毫不念旧情，连送都不送一下，妻子脚刚迈出门槛，他在后面就把门关上了。经历这样的事情，心里该是怎样的苦楚啊！"谁谓荼苦？其甘如荠"，这里用的是什么修辞手法？——反衬和比喻。"荼"是一种野菜，味道是苦的。而"荠"是荠菜，味甘甜。这句话的意思是：谁说荼菜是苦的？在现在的我尝来，它就像荠菜一样甘甜。这里用了反衬的手法，女主人公越这样说，越是反衬出她内心的苦楚。最关键的就是这章的最后一句，"宴尔新昏，如兄如弟"。首先提醒大家，诗歌的语言具有跳跃性，这是诗歌创作的特色。诗歌的场景是不断转换的，思维是跳跃的，但一定会有一个感情中心，全诗都是围绕这个线索不断展开。前面女主人公说到自己内心的苦楚，而这时候就有这么一个残酷的场景摆在她面前：一边是自己被逐出家门，走在路上内心极度痛苦；而另一边的丈夫却在迎娶新人，无比和乐。这样的场景对任何一个女子来讲，都是最痛苦的折磨。"宴尔新昏"，后来常写作"燕尔新婚"，这是古今字的区别，而且古人结婚确实是在黄昏。一边痛苦无比，一边和乐亲密，亲密得就像兄弟一样。这末二句"宴尔新昏，如兄如弟"，拿丈夫与新人之亲密和乐，跟自己被无情逐出家门做一对比，更反衬出女主人公心境之痛楚。

再看第三章：

泾以渭浊，湜湜其沚。宴尔新昏，不我屑以。

毋逝我梁，毋发我笱。我躬不阅，遑恤我后。

泾水因为渭水的混入而变得浑浊，但河流的底部依然是清澈的。这是女主人公比喻自己虽然随着年华逝去，容颜色衰，但本质的品性依然是好的。"不我屑以"是倒装句，就是"不以我屑"，"屑"是清洁的意思，是说丈夫不以我为洁，怎么看我都觉得不顺眼。想到这里，女主人公气愤无比，脱口说出下面的话——"毋逝我梁，毋发我笱"！"梁"是为了捕鱼在河沟里垒成的坝子、土堰，"笱"

是捕鱼用的竹篓。她说："不要到我经常捕鱼的梁岸上去，不要用我常用的捕鱼的篓！"可以想见，这些工作是这位女子以前作为家庭女主人时经常操持的家务。但这些话脱口而出后，她又发现现实非常无情，自己现在已经不是那个家的女主人了。"我躬不阅，遑恤我后"，我之自身尚且不被容纳，哪里还能顾及身后之事？那是新人的事情。这一章充分展现了女主人公内心巨大的波澜。

第四章：

就其深矣，方之舟之。就其浅矣，泳之游之。

何有何亡，黾勉求之。凡民有丧，匍匐救之。

这也是一个比喻的手法，是说家里不管遇到什么事，发生什么情况，就如同涉水，水深我就划船过去，水浅我就游泳过去。如果家里有什么缺乏的，定会尽全力去争取。如果邻里（"凡民"）有丧事，也一定竭尽全力（"匍匐"）去帮助。可见该女主人公不仅勤劳操持家务，邻里关系也相处和睦。

第五章：

不我能慉，反以我为仇。既阻我德，贾用不售。

昔育恐育鞠，及尔颠覆。既生既育，比予于毒。

"不我能慉"，是双重倒装句，正常语序应是"能不慉我"，意即"乃不慉我"。"慉"是养的意思，意思是丈夫不但不爱我了，反而以我为仇人。看不到我美好的德行，反而把我看成是卖不出去的货物。过去日子困顿贫穷时，我可是任劳任怨地与你一起共渡难关。"既生既育"，如今生活好转了，你却把我比作毒虫，看我不顺眼，要把我打发走了。

第六章：

我有旨蓄，亦以御冬。宴尔新昏，以我御穷。

有洸有溃，既诒我肆。不念昔者，伊余来塈。

要注意，《诗经》产生于中原以及北方地区，到了冬天，有一件事情几乎是家家户户的妇女都要做的，就是把萝卜、白菜做成咸菜来储存过冬。"我有旨蓄，亦以御冬"，家里最困难的时候，我辛劳操持，与你一起扛过来了。"有洸有溃"就是"洸洸溃溃"，"有"字是一个叠词，在《诗经》里这样的用法也经常出现。对我整天打骂，并且有什么脏活累活，都交给我做。全诗最后一句呼应了开头，"不念昔者，伊余来墍"，"伊余来墍"也是个倒装句，意为"唯余是爱"。这句是说，难道你忘了当初的誓言了吗？当初你可曾对我说过："唯独爱你一人。"

这样，整首诗的意思我大概串讲了一遍，希望大家明白接下来要讨论的问题的语境。今天的主题，源自本诗第二章的最后一句话："宴尔新昏，如兄如弟。"这一句诗体现出来的某种观念，与儒家伦理密切相关。

三、"兄弟"的比喻以及"兄弟"何指

"宴尔新昏，如兄如弟"这句诗，描述了一个非常残酷的场景：女主人公这边刚被逐出家门，而那边丈夫与新人非常亲密，亲密得就像兄弟一样。这就引出一个非常有意思的问题，诗人形容其丈夫与新人新婚的亲昵恩爱，用了一个"宴尔新昏，如兄如弟"的比喻，即把新婚夫妇间的亲密比作兄弟之间的亲密，这在今天看来有点不伦不类。理由是，如果这一比喻能够成立，实际暗含了这样两个前提：第一，兄弟关系被认为非常亲密，而且在社会中已达成一种共识，这是能够拿兄弟关系来比喻夫妇关系的前提；第二，兄弟关系的亲密程度要在夫妇关系之上，否则就会导致"似欲密而反疏"的结果，就起不到修辞的作用了。大家想想这两个前提是不是有道理？举个简单的例子，我们那个年代的人小时候写作文，老师常会举这样一个例句："小男孩的脸很红，红得就像熟透的苹果。"为什么要用比喻？比喻就是打比方，是要用一个人们普遍知道的事实或道理，来说明一个可能比较抽象、不那么为人所共知的事情或道

理，比喻是为了让人更容易或更好的理解。说小孩的脸像苹果一样红，是因为苹果的红润是大多数人所知道的。而且苹果的那种红，一定要深于孩子脸蛋的红。这个比喻如果反过来说，比如说"苹果很红，红得就像小男孩的脸"，大家一定会觉得别扭。所以说，一个比喻能够成立，必须要满足这两个前提。那么问题就来了，在现代人的观念中，夫妇之间的亲密程度显然要高于兄弟之间，比如我国《婚姻法》第二章第十条即规定："遗产按照下列顺序继承：第一顺序：配偶、子女、父母。第二顺序：兄弟姐妹、祖父母、外祖父母。"这虽然属于法律条文，却是按照与主体关系之亲疏近远来制定的。

如此一来，便会引发我们关注这样一些问题：《诗经》时代的夫妇兄弟观念到底是什么样子的？这一观念背后的理据是什么？这一观念的伦理意义何在？

在解释这些问题之前，我再说几句题外话。大家在读书的时候，应该要留心那些细微之处。有的细节看起来虽小，背后却往往能够折射很重要的学术问题。尤其是读书时给我们的第一感觉是错愕、别扭的地方，感觉跟我们的常识不符，就应该特别留心思考。这种地方背后往往是有问题值得探讨的，只要你愿意沿着这个线索深挖下去，按图索骥，就可能有意想不到的收获。

首先，"如兄如弟"，"兄弟"指什么？这就需要训诂学的知识。不要以为"兄弟"就是我们如今通常所理解的——兄长和弟弟，在古代汉语当中，关于"兄弟"有不同的理解。《谷风》中的"兄弟"一词，历代有不同解说，大体有二。

一是"共父之亲，同姓宗族"。这也是最通常意义上的"兄弟"所指，指一个父亲所生的兄弟，或者说同姓宗族中的堂兄弟。

这一解说，源自唐代经学家孔颖达对《小雅·常棣》中"兄弟"的解释。《常棣》是《诗经》中一首非常有名的宴飨诗，宴飨就是奏乐宴饮，有的是君主宴请大臣，有的是兄弟宴请兄弟，有的是朋友之间宴请，而《常棣》这首诗是兄弟宴饮。《常棣·诗序》云："《常棣》，燕兄弟也。闵管、蔡之失道，故作《常棣》焉。"孔颖达在《毛诗正义》里对此诗中的"兄弟"做出了明确的解释：

> 作《常棣》诗者，言燕兄弟也。谓王者以兄弟至亲，宜加恩惠，以时燕而乐之。周公述其事，而作此诗焉。兄弟者，共父之亲，推而广之，同姓宗族皆是也。故经云："兄弟既具，和乐且孺。"则远及九族宗亲，非独燕同怀兄弟也。

在这里，《毛诗正义》将《常棣》中的"兄弟"解释为"共父之亲"以至"同姓宗族"。在孔氏看来，《谷风》中"兄弟"所指，与之十分接近。按照当代学者马银琴的考证，《小雅·常棣》作于西周中后期，《邶风·谷风》作于春秋前期。从这两首诗的成诗年代来看，《常棣》中的兄弟观念可以作为理解《谷风》兄弟观念的一个参照。换句话说，我们可以理解为：《常棣》中的兄弟观念在《谷风》时代依然被接受和产生影响。

二是"婚姻之称"。"兄弟"不是指兄长和弟弟，而是指婚姻关系。

持这种解释的学者较少，但也算一派意见。如清人黄中松《诗疑辨证》卷二解《郑风·扬之水》篇（诗中有"终鲜兄弟，维予与女"，"终鲜兄弟，维予二人"句）云：

> 《集传》定为"淫者相谓"，而于"兄弟"字难通。乃曰"兄弟，婚姻之称"，又引《礼》（《曾子问》曰"不得嗣为兄弟"）为证。考《诗》"宴尔新昏，如兄如弟"，如之耳，非真兄弟也。而据《周礼》（大司徒以本俗六安万民，其三曰"联兄弟"）《郑注》（曰"兄弟谓婚姻嫁娶"）、《尔雅》（曰"父之党为宗族，母与妻之党为兄弟；妇之党

为婚兄弟，婿之党为姻兄弟")《郭注》（曰"古人皆谓昏姻为兄弟"），则"兄弟"之义尚有可通。于"终鲜"，义又难通。

据文义，黄中松是以《周礼》郑注、《尔雅》郭注为依据，认为《谷风》"宴尔新昏，如兄如弟"之"兄弟"可以解为"婚姻之称"，只是《扬之水》"终鲜兄弟"之"兄弟"不当作如是解。不过，将"兄弟"释为"婚姻之称"尽管有据，但放到"宴尔新昏，如兄如弟"的语境中则难以圆通。因为"兄弟"既与"新昏"同义，"如兄如弟"之"如"字便没有了着落，也就无法完成这一比喻。

因此，我们认为"宴尔新昏，如兄如弟"之"兄弟"，解释为"共父之亲，同姓宗族"比较妥当、合理。

四、《诗经》时代的"兄弟、夫妇"次序

回到前面所提到的"宴尔新昏，如兄如弟"这一比喻得以成立的两个前提：（1）社会公认兄弟关系亲密；（2）兄弟之间的亲密胜于夫妇。这两者，都可以在《小雅·常棣》一诗中找到答案，这也体现了《诗经》时代的"兄弟夫妇观"。《常棣》一诗总共八章，每章四句，原文如下：

> 常棣之华，鄂不韡韡。凡今之人，莫如兄弟。
> 死丧之威，兄弟孔怀。原隰裒矣，兄弟求矣。
> 脊令在原，兄弟急难。每有良朋，况也永叹。
> 兄弟阋于墙，外御其务。每有良朋，烝也无戎。
> 丧乱既平，既安且宁。虽有兄弟，不如友生。
> 傧尔笾豆，饮酒之饫。兄弟既具，和乐且孺。
> 妻子好合，如鼓瑟琴。兄弟既翕，和乐且湛。
> 宜尔室家，乐尔妻帑。是究是图，亶其然乎！

首章以"常棣之华，鄂不韡韡"起兴，什么意思呢？现代学者程俊英曾经这样翻译："常棣花开照眼明，花萼花蒂同根生。"那何谓"起兴"呢？宋代大儒朱熹说过，"比"是"以彼物比此物"，"兴"则是"先言他物以引起所咏之词"，这意味着他物与所言之物一定要有某种关联。例如，我们很熟悉的《诗经》里的一句诗"关关雎鸠，在河之洲。窈窕淑女，君子好逑"，就用了起兴手法。"窈窕淑女，君子好逑"是作者真正要说的，首句"关关雎鸠，在河之洲"的意象与淑女君子有关联，于是用雎鸠鸟成双成对和鸣的景象，来引出真正要说的君子思慕淑女之事。所以，《常棣》首章后半句的"凡今之人，莫如兄弟"，才是作者真正要表达的意思。这是一个带有结论性的观点，就是说所有的人伦关系（父子、君臣、夫妇、兄弟、友朋五伦）中，没有比得上兄弟的，而这也是统摄《常棣》全篇的一个基本观点。这首诗接下来几章，就是在与"良朋""友生""妻子"的对比中，从不同角度来阐发"莫如兄弟"的这个观念。

第二章举人世间两大巨变"死丧之威"（死亡威胁）和"原隰裒矣"（陵谷变迁），以证巨变中唯有兄弟最为关怀，最能伸出援手。正如清代《诗经》学者方玉润在《诗经原始》中所说："上言死丧，乃人事之变；下言原隰，乃山川之变。总以见势当变乱，始觉兄弟情亲，起下'急难'、'外侮'。"

第三、四章乃言危难之时，"良朋"不若"兄弟"之亲密可靠。依《毛诗正义》之说，第三章言："于此急难之时，虽有善同门来，兹对之唯长叹而已，不能相救。言朋友之情甚，而不如兄弟，是宜相亲也。"第四章言："于此他人侵侮之时，虽有善同门来见之，虽久也，终无相助之事，唯兄弟相助耳。言兄弟之恩过于朋友也。"

第五章的理解，诸家稍有出入。郑玄、孔颖达皆以安宁之时，"兄弟"确实不如"友生"亲密，东汉郑玄《诗笺》云："安宁之时，以礼义相琢磨，则友生急。"《毛诗正义》释曰："室家安宁，身无急难，则当与朋友交，切磋琢磨学问，修饰以立身成名。兄弟之多则尚思，其聚集则熙熙然，不能相励以道。朋友之交则以义，其聚集切切节节然，相劝竞以道德，相勉励以立身，使其日有所得，故兄弟不如友生也。"清人姚际恒则以为"虽有兄弟，不如友生"的真正用意，其实仍在申明"莫如兄弟"之意："盖此时兄弟已亡，所与周旋者唯友生而已，故为深痛，皆反复明其'莫如兄弟'之意。"

郑玄说："人之恩亲，无如兄弟之最厚。"这里的"莫如""无如"，表明兄弟、朋友、妻子等诸种伦理关系中，兄弟关系最为亲厚，乃居首位；而"凡今之人"这句话的背后，还包含了这样一层意思——"莫如兄弟"这个观念在《诗经》时代的世人中乃属共识。接下来的第六、七、八章，又言兄弟之当"和乐"，只是这里的"兄弟"含义已由"共父之亲"推广至"同姓宗族"。《毛传》释第六章"和乐且孺"之"和"云："九族会曰和。"《郑笺》云："九族，从己上至高祖、下及玄孙之亲也。"《毛诗正义》云："上章已来，说兄弟宜相亲，故此章言王者亲宗族也。"而第七章"妻子好合，如鼓琴瑟"，其意为："王与族人燕，则宗妇内宗之属亦从后于房中。"这里"妻子"的从属地位，虽不是从夫妇亲密程度的角度讲，却也包含了"夫妇"亲密不若"兄弟"的意思，方玉润即称："良朋妻孥，未尝无助于己，然终不若兄弟之情亲而相爱也。"

为什么兄弟关系如此重要？比夫妻关系还亲密？有学者做出了分析。《诗经》时代"夫妇"不若"兄弟"亲密的根本原因，是从伦常类型上来讲的。"兄弟"之间不管是亲生还是同姓宗族，彼此之间都有血缘关系，属于"天伦"；而"夫妇"之间没有血缘关系，属"人伦"，人伦不及天伦亲厚。方玉润说："盖良朋妻孥以人合，而兄弟则以天合。以天合者，虽离而实合；以人合者，虽亲而实疏。故曰：'凡今之人，莫如兄弟。'岂不益信然哉？"这话听起来好像与我们现代人的观念有点不同，前面提到按照我们现行的法律条文，"遗产按照下列顺序继承：第一顺序：配偶、子女、父母。第二顺序：兄弟姐妹、祖父母、外祖父母"。确实是按照现代观念中与当事人关系的亲疏近远来制定的。但我们必须注意，兄弟关系之亲密与重要程度高于夫妇，这是《诗经》时代人们的观念。我们解读经典的时候，一定要还原到经典所产生的时代解读，不能拿今天的观念去衡量古人的观点。著名学者钱钟书在《管锥篇》中，也是从这一角度解说《谷风》与《常棣》中的兄弟夫妇关系的：

> 盖初民重"血族"（kin）之遗意也。就血胤论之，兄弟，天伦也，夫妇则人伦耳，是以"友于骨肉"之亲当过于"刑于室家"之好。新婚而"如兄如弟"，是结发而如连枝，人合而如大亲也。观《小雅·常棣》，"兄弟"之先于"妻子"，较然可识。

这里的"友于骨肉"指的是兄弟关系，"刑于室家"指的是夫妇关系。简言之，由《常棣》一诗可知，兄弟之间亲密而且亲密程度深于夫妇，这在《诗经》时代是一种共识，也是《邶风·谷风》"宴尔新昏，如兄如弟"这一比喻得以成立的两个先决条件。

五、"如兄如弟"的伦理教化："亲亲"与"尊尊"

《诗经》以及其他儒家经典，在古典社会都有一种教化作用，所以谈论《诗经》自然会谈到诗教。那么，"宴尔新昏，如兄如弟"所透射出的兄弟夫妇观念，其伦理教化意义体现在哪里？这是需要我们进一步分析的，还是从《常棣》这首诗说起。

按《毛诗序》的说法："《常棣》，燕兄弟也。闵管、蔡之失道，故作《常棣》焉。"虽然我们说兄弟关系最亲密，但是不排除有些特例，西周初年，周公的弟弟管叔、蔡叔反叛，周公平定三监之乱。兄弟之间起了叛乱，这是一个特例，不能因为这个特例就说兄弟关系不亲密了。相反，正因为如此召公才作了这样一首诗，来强调兄弟之间的亲密，这是《常棣》一诗的主旨。历代注疏家对此都有过解释，东汉郑玄云："周公吊二叔之不臧，而使兄弟之恩疏。召公为作此诗，而歌之以亲之。"而唐代孔颖达在《毛诗正义》中进一步疏释道：

> 此《常棣》是取兄弟相亲之诗。……昔周公吊二叔之不咸，故封建亲戚以藩屏周。召穆公思周德之不类，故纠合宗族于成周，而作诗曰："常棣之华，鄂不韡韡。凡今之人，莫如兄弟。"周之有懿德如是，犹曰莫如兄弟，故封建之。其怀柔天下也，犹惧有外侮。捍御侮莫如亲亲，故以亲屏周。

"懿"指美德，把兄弟分封为各诸侯国王，共同来保卫周家的天下，因为"兄弟"有"亲亲"的关系，即血缘的关系。不难看出，郑玄、孔颖达都是从"亲亲"角度来定位《常棣》兄弟关系的伦理意义。但是，落到《邶风·谷风》诗中"宴尔新昏，如兄如弟"的伦理教化意义上，后世的注家却做出了"亲亲"与"尊尊"两种不同的解释路向。不过这两种解释路向都体现出一种伦理教化作用，对于个人来说，可以把它们运用到如何立身处世中，因为它们相当于当时的一种社会规范。不管"亲亲"也好，"尊尊"也好，都体现了儒家精神的核心。"尊尊"讲的就是等级秩序，也就是儒家强调的"礼"。而"亲亲"讲的是和乐亲和，也就是儒家强调的"乐"，所以二者所体现的实际是儒家文化的礼乐精神。这一问题可以追溯到西周时期周公的制礼作乐，为什么制礼作乐呢？一方面是要加强团结，巩固族群的亲密关系；另一方面是要安定天下的秩序，稳固江山。用我们现在的话来说，就是要"两手抓"，"两手都要硬"，缺一不可。而《诗经》在制礼作乐方面发挥了重要的作用。孔子为什么会如此推崇周公？因为周公是儒家的先驱，这是一种文化传承关系。

先看"亲亲"的解释路向。这个解释延续了《常棣》的解释传统，最有代表性的当属朱熹之《诗集传》。朱熹解释"宴尔新昏，如兄如弟"的时候说："而其夫方且宴乐其新婚，如兄如弟而不见恤。盖妇人从一而终，今虽见弃，犹有望夫之情，厚之至也。"这一解释，可以理解为朱熹是以兄弟间的亲密来比新婚夫妻的亲密，背后包含着《常棣》一诗兄弟当"相亲"之意。《谷风》中的男主人公一方面冷落已逐出家门的妻子；另一方面与新婚的妻子非常亲密。清代朱鹤龄在《诗经通义》卷三解《郑风•扬之水》一诗说："兄弟，婚姻之称，《礼》所谓'不得嗣为兄弟'是也。或又云兄弟如所谓'宴尔新昏，如兄如弟'者，盖亲之之辞。"其更是明确地将"宴尔新昏，如兄如弟"句解为"亲亲"之意。

然而后世更多的解释路向是偏于"尊尊"。人们在社会中有地位、等级之分别，讲究社会秩序，这是儒家的文化传统。所以，从"尊尊"这一路向来理解"宴尔新昏，如兄如弟"，就不同于从兄弟、夫妇人伦关系的亲密程度来说，而是强调兄弟先于夫妇的尊卑等级观念，但这种理解就与《诗经》时代的本初观念有了一定的差距。可以说，"尊尊"这个解释路向与历代注经家、思想家所处的时代思想背景有关，他们从这种路向来解读，在当时的社会中是发挥过一定作用的。那么，也许有同学就会有疑问，读书不是要探求本意吗？是的，但由于年代久远，文献缺失，有些文本我们是很难确定其本意的，这就牵涉我们该如何读书的问题。当我们阅读古代经典的时候，如读《诗经》《论语》，以及读历代经学家、思想家对这些经典不同的解释，是为了什么？是为了了解那个时代。不同时代有不同背景，因此对前人的经典有不同解释，所以我们读书的最终目的，应该是去了解和分析这些古代的解释所产生的社会教化作用的经验教训，以便为个人、社会面对当下及未来时所取用。说白了，就是毛泽东的那句名言——"古为今用，洋为中用"。我们读古书就是这么个道理，为的是学以致用，而不是只为了知道过去发生过什么。

孔颖达在《毛诗正义》中说："君子苦己由得新昏，故又言安爱汝之新昏，其恩如兄弟也。以夫妇坐图可否，有兄弟之道，故以兄弟言之。"其中"又言安爱汝之新昏，其恩如兄弟也"仍然是从"亲亲"角度讲的，可是解说"新昏"如何"恩如兄弟"时，却给出了"以夫妇坐图可否，有兄弟之道"的理由，这便透露出"尊尊"的味道来了。何谓"以夫妇坐图可否，有兄弟之道"？这句话不太好懂，宋人卫湜《礼记集说》中说：

> 严陵方氏曰：夫唱而妇和，兄先而弟后，则夫妇固有兄弟之义，故此言"不得嗣为兄弟"也。《诗》不云乎？"宴尔新昏，如兄如弟"，以是而已。

夫唱妇和，兄先弟后，不是单讲夫妇、兄弟之间的亲密关系的，而显然是要突显夫与妇间、兄与弟间不可更易的伦常次序。因为二者有可比性，故以"如兄如弟"来比喻新婚夫妇之间的关系。这样一种理解和解释，可能与《诗经》时代的"兄弟"观念是有一定差距的，但这就是后代思想家作注时的理解，这种理解是基于当时的时代、思想背景之上的，对当时的社会发挥了一定的作用。像这种现象，我们不要简单地判定对错，不能说因为它的解释不符合《诗经》的原意就说这种解读毫无意义。正如卫湜的这个解释，对于我们理解宋代的婚姻观念、宋人如何看待夫妇兄弟关系，也是很有价值的。

"尊尊"的另外一个更常见的含义，是指"兄弟"一伦先于"夫妇"一伦。而强调这样一种伦常秩序，乃基于中国传统皇权宗法社会奠立的基本格局不容打破，"宴尔新昏，如兄如弟"的社会教化意义也就由此得以彰显。如何理解"尊尊"的这一层含义？清代江苏阳湖人陆继辂《合肥学舍札记》卷三"兄弟夫妇"条称：

> 诗人以"如兄如弟"状夫妇和乐，立言最为有序。孔
> 子举杖磬折，问子贡曰："子之大亲毋乃不宁乎？"放杖
> 而立曰："子之兄弟亦得无恙乎？"曳杖而行曰："妻子家
> 中得毋病乎？"贾子述之，云："所以明尊卑、别疏戚也。"
> 吾见今人书疏先问妻子、后及兄弟者多矣，岂明于尊卑而
> 昧于疏戚乎？聪应识之。

这段话就解释了为什么用"如兄如弟"来描摹夫妻关系。孔子
与子贡的故事，出自汉代贾谊所撰《新书》。"孔子举杖磬折"是什
么意思呢？"举杖"，就是拄着拐杖；"磬折"，就是弯着腰，古代
编钟旁有种乐器叫磬，磬口的边缘是弯曲的、有弧度的。这就说明
当时孔子年纪比较大了，他问了子贡三个问题。故事的真实性姑且
不考，贾谊记述这则对话的用意是：通过孔子三问，先问"大亲"、
再问"兄弟"、次问"妻子"的先后次序，揭示"明尊卑、别疏戚"
的伦常之理。清人陆继辂在前人的这种思想下有所发挥，他说后世
人书信往来时多"先问妻子、后及兄弟"，则是"明于尊卑而昧于
疏戚"的表现，需要加以修正。从他这个解释来说，"宴尔新昏，
如兄如弟"，也就是突显兄弟、夫妇关系中"尊尊"的问题，并且
兄弟这一种人伦关系是要高于、先于夫妇关系的。

而且，即便将这里的"兄弟"理解为"婚姻之称"，这种伦理
教化意义依然不废。儒家典籍作为古代王朝选拔人才主要的考核经
典，古人对这些经典都是非常熟悉的，不像今人这么陌生，所以对
其伦理意义是这样解读的，自然就会对时人的立身处世起一种规范
作用、教化作用，经典的教化意义就是这样体现的。遗憾的是，我
们今人对经典已经有了隔膜，因为我们对经典已经不太熟悉了。广
州城市职业学院设立"国学院"，举办国学系列讲座，是十分有意

义的事情。但我们在恢复国学、学习国学的过程中，一定不能着急，要慢慢来，在读书、生活中逐渐学习、熟悉、恢复。一样东西被摧毁很容易，恢复的过程却很难，很漫长。但我相信，就算个人的力量比较微弱，只要我们持之以恒，逐渐壮大中华优秀传统文化，它就一定会在我们未来的社会中发挥更多正面的作用。

六、从"德性伦理"到"政治伦理"

说到这里，我们已经解释清楚了为什么《谷风》这首诗中会用"如兄如弟"来比喻"宴尔新昏"。但还有两个问题需要回答：第一，既然已经证明了周代以来"兄弟"亲密程度高于"夫妇"，那该如何解释先秦文献中诸多"夫妇居先"的表述？这是否有所矛盾？第二，"宴尔新昏，如兄如弟"的伦理教化意义——"亲亲"与"尊尊"，是平行并立的关系，还是有一个从先到后的嬗变过程？

首先来看先秦文献中关于"夫妇居先"的表述。例如《周易•序卦传》云："有天地然后有万物，有万物然后有男女，有男女然后有夫妇，有夫妇然后有父子，有父子然后有君臣，有君臣然后有上下，有上下然后礼义有所错。"而《中庸》说得更为明确："君子之道，造端乎夫妇。及其至也，察乎天地。"很显然，无论是"有男女然后有夫妇，有夫妇然后有父子"，还是"君子之道，造端乎夫妇"，无一不表明了"家庭为国家之本，夫妇为人伦之始"的观念。问题是，这与前文所言"凡今之人，莫如兄弟"的观念是否相矛盾？其实并不矛盾。因为前文所谓夫妇关系不若兄弟亲密，是从"人伦"与"天伦"的对比中说的；而此处所谓"夫妇居先"，则仅从"人伦"角度展开。从人伦关系的自然产生顺序立言，夫妇当然居于首位，因为有了夫妇，才有父子、兄弟等关系的产生。因为语境不一样，我们不能偏狭地去理解。

其次，如前所述，从周代以来，以"宴尔新昏，如兄如弟"推展伦理教化者，既有从"亲亲"着眼者，亦有从"尊尊"着眼者，二者有一交叉关系。但毫无疑问，侧重强调某种尊卑等级秩序的"尊尊"观念，相对而言要出现得晚一些。思想演变的历史过程是漫长的、复杂的，后人只能勾勒一个大概的脉络，只能相对来讲"尊尊"观念出现得稍晚。这与社会伦理的实际进化历程有关，也与战国末期以来法家思想对儒家伦理的冲击和修正有关。我借用深圳大学景海峰先生《五伦观念的再认识》中的一段话来说明这个问题，他认为：

> 迟至战国晚期，反对儒家"亲亲"原则的法家人物，就试图用社会等级观念的驾驭和政治权力的操控，来重新厘定人际交往的新规范，建立强制性的伦常秩序。从韩非子开始，其对人伦关系的理解则更为强调社会属性的一面，……同时，人伦的血亲色彩也被淡化掉了，在一定程度上抛弃了孔孟传统的"亲亲"原则，而更为强调人伦关系所负载的社会性内容，将社会意义的人际关系置于自然意义的亲缘关系之上，完成了早期形成的血亲人伦意识的一次重大的调整，同时也预示着以"亲亲"原则为基础的德性伦理的淡化。

也就是说，在《诗经》时代强调的是"亲亲"观念，而战国末期以来，受到法家思想的冲击，儒家开始强调"尊尊"观念，很大程度上出现了由儒家"德性伦理"向法家"政治伦理"的转换，这一转换也直接影响着汉代"三纲六纪"系统的正式确立。从此，"亲亲"与"尊尊"两种解释路向并行，有所交叉。而对于儒家伦理而言，"亲亲"淡化的同时，便是政治意味更浓的"尊尊"的突显，这正是"宴尔新昏，如兄如弟"被用以强调尊卑等级的思想渊源所在，也是整个社会形态、伦理观念的转变，对于经典解释的影响的一种体现。

　　到此，关于"宴尔新昏，如兄如弟"与儒家伦理关系的探讨，就报告到这里。这个问题是我在给学生上课时注意到的，问题虽小，但读到这一句的时候自己觉得别扭，也有学生对这句话提出过疑问，于是就本着这个问题意识，开始查阅资料，展开探讨，最终形成自己的学术思考。所以，读书要带着问题意识去阅读，善于发现问题，思考问题，就可以收获很多文字背后的东西。

　　杨海文，本科毕业于武汉大学哲学系，硕士、博士毕业于中山大学哲学系，曾供职于中山大学中国古文献研究所，现为中山大学学报编辑部编审、中国孟子研究院尼山学者特聘专家（山东省儒学研究高端人才）、中山大学中国哲学专业研究生导师、《现代哲学》中国哲学学科编辑，兼任中国孟子研究院学术委员会委员、中国孟子学会理事、中华孔子学会理事、广东省岭南心学研究会常务副会长。主要从事孟子思想、孟学史及中国哲学史研究。著有《心灵之邀——中国古典哲学漫笔》（安徽文艺出版社 2000 年版）、《浩然正气——孟子》（江西教育出版社 2008 年版）、《化蛹成蝶——中国哲学史方法论断想》（齐鲁书社 2014 年版），发表学术论文多篇。

陆 一本难念的经：听孟子讲"学而优则仕"*

杨海文

子夏有句名言："仕而优则学，学而优则仕。"（《论语》19·13[①]）这句话的本意是：你做官做得好，有余力、闲暇了，就去读书；你读书读得好，有余力、闲暇了，就去做官。古人对"优"字的理解，是指有余力、有闲暇。孔子说的"行有余力，则以学文"（《论语》1·6），就是这个意思。现代人望文生义，把"优"字理解为优秀、出众，认为仕途出众的官员要学习、学习优秀的人才要做官；又通常只记住了后半句，大讲做官是读书人最好的出路。说实话，现代人的误解并不是没有道理。科举取士，不就是讲读书是

---

* 基金项目：尼山学者工程专项经费资助；中山大学"三大建设"专项资助。

① 此种序号注释，以杨伯峻译注《论语译注》（中华书局1980年第2版）为据，下同。

为了做官吗？同样是说实话，古代读书人做官，那可是一本难念的经。下面，让我们听一听孟子讲"学而优则仕"为什么是难念的一本经。

一

春秋战国时期，各路诸侯为了扩张自己的势力范围，经常打仗，征战不已，对人才的需求极为迫切。最初，官员是由世袭制产生的，等级制度相当稳固。如今，这个僵化的官员集团已经不能为统治者提供优质的干部资源。春秋末期，孔子打破贵族集团垄断教育权利、垄断文化资本的特权，开门办学，首倡平民教育。结果，不少出身寒门的平民子弟，学习、掌握了许多文化知识之后，还有使不完的劲儿，就去从政做官了。余英时指出：那时"社会上出现了大批有学问有知识的士人，他们以'仕'为专业，然而社会上却并没有固定的职位在等待着他们。在这种情形之下，于是便有了所谓'仕'的问题"。[1]有学问、有知识的士人越来越多，官职却没有这么多，这个突出的社会问题必然会在《论语》《孟子》那里有所反映。

孟子与周霄有场对话（6·3[2]），可以视作上述社会问题的具体说明。聆听他们的对话，你会感受到当时的知识分子做官从政的心情有多急切。直面这种急切的心情，又有一些伟大的思想家对于"什么时候可以做官从政""做官从政应该遵循什么原则"等重大问题进行深入的讨论。孟子就是这样的思想家。

先看这场对话的前半部分。

周霄问道：古代的君子做官吗？孟子引用《传》曰"孔子三月无君，则皇皇如也，出疆必载质"，以及公明仪说的"古之人三月

---

① 参见余英时《士与中国文化》，上海人民出版社，1987，第20页。

② 此种序号注释，以杨伯峻译注《孟子译注》（中华书局2010年第3版）为据，下同。

无君，则吊"来回答。意思是说：第一，孔子要是三个月没有官做，心里就着急起来，从这个诸侯国到那个诸侯国去，必然带上见面礼物；第二，古代的读书人要是三个月没有官做，身边的朋友就会安慰他。孟子这里把学有所成的知识分子急于参与政治、急于有所作为的心情讲得淋漓尽致。

周霄觉得：三个月没有君主任用，你就得安慰他，是不是有点太急了？孟子回答：知识分子失去官职，就像诸侯失掉国家一样，怎么算急呢？周霄又问：投奔诸侯，为什么一定得带上见面礼物呢？孟子回答：知识分子做官，就像农民种田一样。农民去别的地方生活，能不带上农具吗？意思是说：知识分子必须有自己的职位，就像诸侯必须有自己的国家一样；如果知识分子没有一定的社会地位，那就没有资格参与国家决策、国家祭祀等大事，所学就没有机会发挥出来，怎么能不急呢？

再看这场对话的后半部分。

周霄问道：魏国也是有官做的国家，可从来没有人这么着急做官。既急着找官做，又不轻易做官，这是为什么呢？孟子回答：父母都想让儿子娶上媳妇，让女儿找个婆家。但是，如果不经父母之命、媒妁之言，年轻人扒开门缝互相窥视，翻过围墙私下约会，人们就会看不起他们。同样的道理，古代的知识分子不是不想做官，而是若不合乎道义，即使有官可做，他们也不会做。孟子这里的意思是说：一方面，古代的知识分子确实急着做官；另一方面，如果不符合道义，即使有官可做，他们也不会做。两者孰轻孰重，不言自明。

在孟子、周霄这场对话里，"士"（知识分子）与"仕"（做官）的字眼反复出现。其中有两句话值得我们牢记："士之仕也，犹农夫之耕也"，"古之人未尝不欲仕也，又恶不由其道"。第一句话是说：种地是农民的职业，做官是知识分子的职业。这是从职业层面讲知识分子做官的必要性，公孙衍、张仪那些禄仕派有可能拿它当作自己的座右铭。第二句话是说：知识分子既然要做官，就得遵循道义原则，否则不可能真正做好官。这是从道德层面讲知识分子做官的原则性，它是孟子之为义仕派的有力证明。

战国时期，游说诸侯的知识分子大致分为两类：一类是以公孙衍、张仪为代表的禄仕派，另一类是以孟子为代表的义仕派。在禄仕派那里，只要有官做，我就做，管它符不符合老百姓的利益！义仕派则认为：如果不利于老百姓，即使给我官职，我也不做。遗憾的是，放眼战国史，公孙衍、张仪是政治明星，禄仕派通吃四方；而孟子这样的义仕派，对于政治、军事起不到实际作用，组织部门几乎不把他们放在眼里。

这种现象引起了人们的注意。景春是学纵横之术的^①，他直言不讳地问孟子：公孙衍、张仪"一怒而诸侯惧，安居而天下熄"，难道不是大丈夫吗？意思是说：公孙衍、张仪的一举一动足以影响朝野，这样的人即大丈夫。"丈夫"这个词，先秦经典中经常出现；"大丈夫"这个说法，未必是《孟子》的首创，却是因《孟子》而广为人知。对于景春的提问，孟子毫不客气地驳斥：

是焉得为大丈夫乎？……以顺为正者，妾妇之道也。居天下之广居，立天下之正位，行天下之大道；得志，与民由之；不得志，独行其道。富贵不能淫，贫贱不能移，威武不能屈，此之谓大丈夫。（6·2）

在孟子看来，公孙衍、张仪根本称不上大丈夫，因为他们的官职虽然极高，却完全没有按照道义的原则来做事。他们以顺承诸侯的心思"为正"，只要上级说好，他们就做。这是妾妇之道，是很

---

① 赵岐注："景春，孟子时人，为从横之术者。"（《孟子正义》卷12，（清）焦循撰、沈文倬点校《孟子正义》上册，中华书局，1987，第415页）

低贱的做法。什么人是真正的大丈夫呢？孟子认为："富贵不能淫，贫贱不能移，威武不能屈，此之谓大丈夫。"面对富贵、贫贱、威武，却能保持君子的道德品格，这样的人才是大丈夫。进入到实际的政治生活中，大丈夫表现为"得志，与民由之；不得志，独行其道"。如果你的政治主张得到当权者的采纳，那你就与大家一起踏踏实实做好它；如果你的政治主张没有得到当权者的采纳，但你认为它是符合道义的，那你就坚持自己的主张，做好自己该做的事，不放弃、不动摇、不随波逐流。

公孙衍、张仪是当时政治、军事舞台上的明星，但孟子看不起他们，认为他们根本不是大丈夫，而是在行妾妇之道。何谓"以顺为正"的妾妇之道？最好的解释是"长君之恶其罪小，逢君之恶其罪大"（12·7）。①意思是说：君主有恶行，而臣下加以助长，其罪尚小；君子的恶行尚在萌芽状态，而臣下把它诱发出来，给它找来理论依据，让君主变坏，变得肆无忌惮，其罪就大了。在孟子看来，禄仕派全是一群逢君之恶的利禄之徒，妾妇心态十足，所以，"今之大夫，今之诸侯之罪人也"（12·7）。

假定有个位高权重的人，他有许多不良癖好。人们慑于他的权势，只得听之任之、投其所好。孟子认为这类人的罪过要小一些。相比之下，他本来还不敢把那些不良癖好暴露出来，而你别有用心，拍马屁的理论水平极高，找出冠冕堂皇的理由，说它们是高品位、有风度的体现，是个人魅力、特色之所在，把不良说成好的、合理的，让他那些不良癖好暴露无遗，结果是害人害己、祸国殃民。孟子认为这类人是行妾妇之道，罪大恶极。

①　赵岐注："君有恶命，臣长大而宣之，其罪在不能距逆君命，故曰小也。逢，迎也。君之恶心未发，臣以谄媚逢迎，而导君为非，故曰罪大。今诸侯之大夫皆逢君之恶，故曰罪人也。"（《孟子正义》卷25，（清）焦循撰、沈文倬点校《孟子正义》下册，第849页）

"欲辟土地，朝秦、楚，莅中国而抚四夷也"（1·7），这是战国时期各路诸侯明里暗里都在盘算、筹划的奋斗目标。哪些人是诸侯们的座上宾呢？哪些人不是呢？刘向（前77—前6）的《战国策书录》写道：

> ……孟子、孙卿儒术之士，弃捐于世，而游说权谋之徒，见贵于俗。是以苏秦、张仪、公孙衍、陈轸、代、厉之属，生从横短长之说，左右倾侧。苏秦为从，张仪为横，横则秦帝，从则楚王，所在国重，所去国轻。①

为世俗理想做官的苏秦、张仪、公孙衍之流，是诸侯们的座上宾。他们活跃在政治、军事舞台上，所到之国很快兴盛起来，而一旦离开，这个国家很快衰败下去，影响极大。为道德理想做官的孟子、荀子却是另一番境况，很难说他们产生过实际的政治、军事影响，即使有，也是微乎其微。孟子对禄仕派如鱼得水的时政要闻，真的视而不见吗？他为什么执著地坚持自己的主张，宁愿游走在政治文化的边缘？他为什么反反复复唠叨伯夷、伊尹、柳下惠、孔子那些陈年旧事？为什么后人对当年的政治明星苏秦、张仪之徒极尽批判之能事，而对孟子、荀子倍加缅怀与推崇？这些问题能从"学而优则仕"这本难念的经里找到答案吗？

二

孟子常拿几位古代圣人做讨论，哪几位呢？与公孙丑长谈，孟子指出：

---

① （西汉）刘向集录、范祥雍笺证、范邦瑾协校《战国策笺证》上册，上海古籍出版社，2006，第2页。

非其君不事，非其民不使；治则进，乱则退，伯夷也。
何事非君，何使非民；治亦进，乱亦进，伊尹也。可以仕
则仕，可以止则止，可以久则久，可以速则速，孔子也。
（3·2）

这段话是说：你看伯夷，不是理想的君主就不服侍，不是理想
的百姓就不使唤；天下太平就出来做官，天下昏乱就隐居起来。你
看伊尹，什么样的君主都可以服侍，什么样的百姓都可以使唤，太
平的时候做官，不太平的时候也做官。你看孔子，该做官就做官，
该辞职就辞职，该继续干就继续干，该马上走就马上走。

伯夷、叔齐是孤竹君的儿子，孤竹君立叔齐做接班人。孤竹君
死后，叔齐让位给伯夷，伯夷不接受，叔齐也不愿继位，就让另外
的兄弟做了，而他俩跑到西伯昌那里养老。武王伐纣，二人叩马而
谏。灭商之后，他们耻食周粟，采薇而食，饿死于首阳山。伯夷"非
其君不事，非其民不使；治则进，乱则退"，是清高的圣人。伊尹
辅助商汤灭夏，然后做相国，为商朝的建立、巩固立下汗马功劳。
伊尹是负责任的圣人：没有什么君主不能侍奉，没有什么百姓不
可以治理，太平的时候要做官，不太平的时候也要做官。伊尹的
做法已经很负责任了，但孟子看来，孔子的境界更高，因为孔子
与时俱进、无可无不可，该做官就做官，该辞职就辞职，是识时
务的圣人。

还有一位圣人，孟子经常拿来讨论。民间传说他坐怀不乱，
他就是柳下惠。柳下惠不以侍奉坏君主为耻，不以官小为卑下。
入朝做官，他不隐藏才能，但一定按原则办事；被人遗弃，他不
怨恨；穷困潦倒，他毫无怨言。他的名言是："尔为尔，我为我，
虽袒裼裸裎于我侧，尔焉能浼我哉？"（3·9）意思是说：你是你，
我是我，纵然你在我面前赤身裸体，又怎能玷污我呢？柳下惠是
随和的圣人。孟子说他："故由由然与之偕而不自失焉，援而止

之而止。援而止之而止者，是亦不屑去已。"（3·9）柳下惠与任何人在一起都高高兴兴，从不失态。假如他说要走，只要你拉拉他的衣袖，挽留一下，他也就不走了。这说明柳下惠并不是真要走。

以上四位圣人，各有各的特点。孟子说："伯夷，圣之清者也；伊尹，圣之任者也；柳下惠，圣之和者也；孔子，圣之时者也。孔子之谓集大成。"（10·1）伯夷是清高的圣人，伊尹是负责任的圣人，柳下惠是随和的圣人，孔子是识时务的圣人。在孟子看来，孔子能够随时调整自己，或进或退，更为清醒、有智慧，更为勇敢、有担当，所以境界最高，是集大成者。政治哲学是把复杂的问题简单化，但现实政治是复杂而又微妙的。对于现实政治来说，清、任、和、时——究竟是具有普遍性，还是只有个体性呢？如果只是个体性而不是普遍性，这些原则就难以落实到具体的政治生活当中，起码会大打折扣。

孟子曾把孔子具体的士仕实践归结为三种类型："孔子有见行可之仕，有际可之仕，有公养之仕。"（10·4）因可行己之道而做官，这是见行可之仕；因礼遇有加而做官，这是际可之仕；因养贤诚恳而做官，这是公养之仕。孟子接着说："于季桓子，见行可之仕也；于卫灵公，际可之仕也；于卫孝公，公养之仕也。"（10·4）这是什么意思呢？

见行可之仕是最理想的做官状态，但孔子是在季桓子那里见行可之仕。鲁国国君没什么实权，季氏专政，孔子56岁那年官至鲁国大司寇，并代行国务总理的职权。"由大司寇行摄相事，有喜色"[1]，这是孔子一生做的最大的官，他自己也很得意。孔子见行可之仕，鲁国大治，政治法度清明，孔子迎来其政治生涯中的黄金岁

---

[1] 参见《史记·孔子世家》，（西汉）司马迁撰、（宋）裴骃集解、（唐）司马贞索隐、（唐）张守节正义《史记》第6册，中华书局，1959，第1917页。

月。季桓子后来不怎么信任孔子，孔子不得已离开鲁国，踏上周游列国的旅程。

孔子带领弟子，来到卫国。卫灵公夫人南子召见了孔子，子路对这件事很有意见。[①]为什么？因为南子长得太美，政治手腕太强，可她的名声太差。卫灵公最初非常尊重孔子，按照鲁国的俸禄标准，发给孔子俸粟六万，但没有给他官职，没有让他参与政事。这种做法就是所谓际可之仕。不久，有人在卫灵公面前进谗言，卫灵公对孔子起了疑心，派人监视孔子。十个月后，孔子离开了卫国。[②]

对于卫孝公这个人，《春秋》《论语》《史记》都没有记载，惟独《孟子》有记载。据朱熹（1130—1200）、梁玉绳（1716？—1792？）推测，卫孝公就是卫灵公的继位者——卫出公。[③]卫出公（卫孝公）没有采纳孔子的政治主张，也没有给孔子厚重的礼遇，但养贤诚恳，让孔子在人生最困难的时候安稳下来，过上衣食无忧的生活。这种做法是所谓的公养之仕。

从见行可之仕到际可之仕再到公养之仕，足以看出孔子的政治生涯一直在走下坡路。季桓子、卫灵公、卫出公，又是什么货色？班固（32—92）的《汉书·古今人表》说卫灵公、季桓子属于下下等愚人（第九等），卫出公属于下中等（第八等），评价都

---

① 《论语》6·28记载："子见南子，子路不说。夫子矢之曰：'予所否者，天厌之！天厌之！'"

② 《史记·孔子世家》记载："孔子遂适卫，主于子路妻兄颜浊邹家。卫灵公问孔子：'居鲁得禄几何？'对曰：'奉粟六万。'卫人亦致粟六万。居顷之，或谮孔子于卫灵公。灵公使公孙余假一出一入。孔子恐获罪焉，居十月，去卫。"[（西汉）司马迁撰、（宋）裴骃集解、（唐）司马贞索隐、（唐）张守节正义《史记》第6册，第1919页]

③ 参见杨海文《孟子论古代圣人的仕进退隐》，杨国荣主编《思想与文化》第12辑《道德·语言·知识》，华东师范大学出版社，2012，第174~175页。

相当低。[①]孔子的思想如此伟大，却只能在这样的权势者手下做事，他能实现自己的政治理想吗？孟子为什么认为孔子是圣之时者，孔子的与时俱进是比清高、负责任、随和更崇高的政治品质呢？一代圣人孔子的思想泽被华夏文明两千多年，他的仕途走的却是下坡路，任用他的权势者的人品更不怎么样，这说明了什么呢？

孔子对于知识分子做官，特别强调要有理想，要坚守道义准则。他说："邦有道，谷；邦无道，谷，耻也。"（《论语》14·1）政治清明之时，可以做官领薪俸；而政治黑暗之时，做官领薪俸是可耻的。在这一意义上，孔子与圣之清者伯夷是一样的。不同在哪里？明明知道理想无法实现，孔子却没有像伯夷那样躲进深山老林，而是不辞艰辛、栖栖遑遑，带着弟子们周游列国、游说诸侯，不断陈述自己的政治主张，寻求能够救民于水火之中的政治平台。

孟子曾说孔子："兆足以行矣，而不行，而后去，是以未尝有所终三年淹也。"（10·4）孔子做官，先要试一段时间。如果自己的主张行得通，而君主不肯继续做下去，孔子就辞职回家。因此，孔子从未在同一个朝廷干满三年。一边是"孔子，君命召，不俟驾而行"（10·7），只要君主的任命一来，孔子不等马车驾好，就急匆匆地上路了，做官的心情急切得不行；另一边是"未尝有所终三年淹也"（10·4），孔子与任何君主共事的时间如此短暂。这种理想与现实的矛盾，只是孔子一个人的遭遇吗？孔子曾说："苟有用我者，期月而已可也，三年有成。"（《论语》13·10）孟子坚信"孔子之谓集大成"（10·1），孔子极有政治智慧与才能，所以自称"乃所愿，则学孔子也"（3·2）。与其说这样的际遇与结局只是孔子一个人的命运，毋宁说它是春秋战国时期整个义仕派的宿命。

---

① 参见（东汉）班固撰、（唐）颜师古注《汉书》第3册，中华书局，1962，第929、929、934页。

战国时期，禄仕派通吃天下，义仕派四处吃不开。仕，是义仕派的主观愿望，最关键；止，是那个时候的客观现实，最根本。孔子曾说："所谓大臣者，以道事君，不可则止。今由与求也，可谓具臣矣。"（《论语》11·24）与"具臣"只有才干相比，"大臣"更重道义，是以道事君的义仕派。如果不能以道事君，结果又会怎样呢？

读陀思妥耶夫斯基（1821—1881）的小说《罪与罚》，我们看到主人公拉斯柯尔尼科夫杀死放高利贷的老太婆后，紧张而又激动地说道："我杀死的不是一个人，而是一个原则！"[①]主人公本来很胆小，他为什么"激情"杀人？这是因为他自认为杀死了一个原则——老太婆放高利贷，害得人们倾家荡产、妻离子散，不杀之不足以平民愤。回想春秋战国时期，有理想、有道义的义仕派难以在政治、军事舞台上拥有一席之地，诸侯们杀死的哪里只是鲁国的那个孔子或者邹国的那个孟子，他们难道不是杀死了一个原则吗？

在孟子的心中，这个原则是："流水之为物也，不盈科不行；君子之志于道也，不成章不达。"（13·24）流水不把洼地填满，不会继续奔流；君子不取得道德成就，难以世事通达。在孟子看来，孔子在任何一个朝廷做官都没有超过三年，仕途如此不畅，所以仅仅谈论知识分子的积极性与困境不行，还得在君主与知识分子的相互关系上多做文章。有能力、有抱负、有道义的知识分子如何看待知识与政治的关系，知识分子如何参与政治呢？一个人在政治实践上没有太大成就，就能否定以道事君吗？怎样才能把"优则仕"与"志于道"有机统一起来呢？从现实的政治实践看，用太理想主义的方式讨论政治、参与政治的确不可行。它促使孟子的思考进入更高的层面：知识分子做帝王的老师可行吗？这是一个尖锐无比的问题。

---

① 〔俄〕陀思妥耶夫斯基：《罪与罚》，岳麟译，上海译文出版社，1979，第320页。

三

孟子好辩，个性鲜明，时常让当权者下不了台。他曾对齐宣王说："君之视臣如手足，则臣视君如腹心；君之视臣如犬马，则臣视君如国人；君之视臣如土芥，则臣视君如寇雠。"（8·3）意思是说：君主把臣下看作自己的手、脚，臣下就会把君主看作自己的肚腹、心脏；君主把臣下看作低贱的狗、马，臣下就会把君主看作与己无关的过路人；君主把臣下看作任凭践踏的泥土、草芥，臣下就会把君主看作自己的仇人。无论措辞如何变化，不变的是其中的基本道理：君主对大臣好，大臣就对君主好；君主对大臣不好，大臣就对君主不好。

孟子反复强调：道德境界高的"盛德之士"（9·4）应该成为君主的老师，而不是简单的君臣依附关系。把这个原理弄清了，我们再看孟子展示的史实：

> 友也者，友其德也，不可以有挟也。孟献子，百乘之家也，有友五人焉：乐正裘、牧仲，其三人，则予忘之矣。献子之与此五人者友也，无献子之家者也。此五人者，亦有献子之家，则不与之友矣。非惟百乘之家为然也。虽小国之君亦有之。费惠公曰："吾于子思，则师之矣；吾于颜般，则友之矣；王顺、长息则事我者也。"非惟小国之君为然也，虽大国之君亦有之。晋平公之于亥唐也，入云则入，坐云则坐，食云则食；虽蔬食菜羹，未尝不饱，盖不敢不饱也。然终于此而已矣。（10·3）

与人交朋友，实质是与道德品行交朋友，绝不能拿其他条件来要挟。年纪大、地位高、哥们义气，这些都不是交朋友的条件。孟子为此讲了三类人的故事，这三类人是百乘之家、小国之君、大国之君。孟献子是百乘之家，他有五位朋友。孟献子与这五人交朋友，并不是仗着自己是百乘之家；这五人与孟献子交朋友，也不是因为他是百乘之家。费惠公是小国之君。他把子思当老师对待，把颜般当朋友对待；而对于王顺、长息，就觉得他们是伺候我的。师、友、事，是费惠公为君主与知识分子的复杂关系所做的三种定位。晋平公是大国之君。他拜访亥唐，亥唐让他进门，他才进门；让他坐下，他才坐下；让他吃饭，他才吃饭。亥唐用粗茶淡饭招待晋平公，晋平公吃得饱饱的，也不敢不吃得饱饱的。孟子说晋平公对待亥唐"然终于此而已矣"，但我们不妨想一想：假如不把亥唐当作老师，晋平公凭什么如此唯唯诺诺、毕恭毕敬呢？说到底，孟子想用这几个例子证明：品行高、学问好、阅历丰富的知识分子，足以成为帝王的老师与朋友。

人们常说：官难做，做官难，难做官。直面"学而优则仕"这本难念的经，古往今来，千千万万知识分子千千万万次地从《孟子》中掂量过这三个字眼沉甸甸的分量：师——君主能把几个知识分子当作老师来敬奉呢？友——君主何时、何地会与知识分子交朋友呢？事——这一点也不难，因为君主从来就认为做了官的知识分子不是奴才便是仆人。

君主与知识分子可师、可友，其实并不是孟子的杜撰。从中国思想史看，有股不大不小的思潮一直顽强地认为：知识分子可以而且应该做君主的老师与朋友。

譬如战国时期，郭隗对燕昭王说："帝者与师处，王者与友处，霸者与臣处，亡国与役处……此古服道致士之法也。"[①]一个国家有四种命运，就看君主如何对待知识分子。这四种命运是：第一，拜

_____

① 《战国策·燕一》，（西汉）刘向集录、范祥雍笺证、范邦瑾协校《战国策笺证》下册，第1684～1685页。

知识分子为师，必能称帝；第二，与知识分子交朋友，就能称王；第三，把知识分子看成只是做事的大臣，能够称霸；第四，把知识分子当作呼来喝去的奴仆，必然亡国。

吕思勉（1884—1957）的札记《君臣朋友》指出：

> 《假乐》之诗曰："之纲之纪，燕及朋友。"《毛传》曰："朋友，群臣也。"此古义也。《史记·廉颇蔺相如列传》：赵宦者令缪贤曰："臣尝从大王与燕王会境上，燕王私握臣手，曰：愿结友。"至战国末造，以燕之僻陋，而犹知此义。可见《孟子》所言孟献子、鲁缪公、晋平公之事，必非虚语矣。（见《万章》下。）[1]

从吕思勉对《诗经》《史记》的分析可知，把知识分子当作老师与朋友对待的思想观念，不独古已有之，而且接连不断，属于中国传统政治思想史的有机组成部分。换句话说，知识分子与君主不应该是简单的君臣依附关系，这种思想史传统是一直存在的。

我们今天读《孟子》，发现孔子从来没有被任何君主"师""友"过，只有费惠公、鲁缪公把孔子的孙子——子思看成自己的老师。这些君主为什么把子思奉为老师呢？鲁缪公去见子思，想与子思交朋友，但子思很不高兴，并且道出"为王者师"的个中缘由："以位，则子，君也；我，臣也；何敢与君友也？以德，则子事我者也，奚可以与我友？"（10·7）意思是说：论地位，你是君主，我是臣下，我哪敢与你交朋友？论道德，你得向我学，你哪有资格与我交朋友？子思这句话发人深省。知识分子与君主始终存在上下级的依附关系，但知识分子为什么能做君主的老师而不是朋友呢？因为知

---

[1]　吕思勉：《吕思勉读史札记（增订本）》上册，上海古籍出版社，2005，第241页。

识分子有强大深厚的道德资本与文化资本。

回到中国政治思想史，君主与知识分子的基本关系却是道与势的矛盾关系。孔子很有德，但他的有生之年并未取得高、大、上的社会政治地位。所以，道与势的紧张，实质是德与位的对抗。在势强于道的常规情形下，子思敢开以德抗位的坚强姿态，难能可贵。外在的社会资本、政治资本那样强大，内在的道德资本、文化资本通常抗衡不了它们。子思为什么敢这样做？

从《孟子》看，它与曾子的教导有关。曾子说过："晋、楚之富，不可及也；彼以其富，我以吾仁；彼以其爵，我以吾义，吾何慊乎哉？"（4·2）意思是说：晋国、楚国的财富，我们无法比；但是，它有它的财富，我有我的美德，它有它的爵位，我有我的道义，我哪里比它少了什么呢？曾子所讲，形成并积淀为儒家根深蒂固的精神传统。

正是曾子、子思以德抗位的义仕派形象，让孟子荡气回肠地说道："天下有达尊三：爵一，齿一，德一。朝廷莫如爵，乡党莫如齿，辅世长民莫如德。恶得有其一以慢其二哉？"（4·2）在孟子看来，天下最尊贵的东西有三样：爵位是一样，年纪是一样，道德是一样。朝廷，先论爵位；乡里，先论年纪；辅助君主治理人民，先论道德。哪里有人仅仅凭着爵位，就敢轻视我们的年纪与道德呢？

与"友"相比，孟子的王道政治学宁愿沿着"师"的逻辑走下去。孟子说：

> 古之贤王好善而忘势；古之贤士何独不然？乐其道而
> 忘人之势，故王公不致敬尽礼，则不得亟见之。见且由不
> 得亟，而况得而臣之乎？（13·8）

意思是说：古代的贤君喜好善言善行，因而忘记了自己的富贵与权势。古代的贤士何尝不是如此？古代那些贤士乐于仁义之道，

因而忘记了别人的权势与富贵。所以，王公贵胄不恭敬有加，就不能经常与他们相见。见面的次数尚且不多，何况让他们来做自己的臣下呢？

有学问是知识分子的文化资本，有德行是知识分子的道德资本，它们是诸侯不能随随便便召见知识分子的大根大本。孟子说："为其多闻也，则天子不召师，而况诸侯乎？为其贤也，则吾未闻欲见贤而召之也。"（10·7）既然这个人见闻广博，你就得拜他为师。天子从不随随便便召唤老师，何况是诸侯呢？既然这个人品德高洁，那你想与他见面，绝不可以呼来喝去。"天子不召师"是这段话的点睛之笔，再次印证了孟子对滕文公说过的名言："人伦明于上，小民亲于下。有王者起，必来取法，是为王者师也。"（5·3）孟子的政治哲学明确主张：有学问、有德行的知识分子应该成为君主的老师，而君主不能随随便便召唤他们的老师。这一政治理想是儒家传统所认可的，而且绕不过一个人——伊尹。

四

说到"为王者师""天子不召师"，伊尹堪称这方面的典范。伊尹不仅辅助汤建立了商朝，而且为巩固商朝做出了巨大贡献。太甲是汤的孙子，继位后根本不把法度放在眼里，肆意践踏，民怨沸腾。伊尹就把太甲流放到桐邑，让他观过知仁，以观后效。三年后，太甲悔过自新、惟义是从。又过了三年，太甲完全能够听从伊尹的教训。于是伊尹把太甲接了回来，让他继续做商朝的天子（9·6）。伊尹有何德何能，可以先处罚为非作歹后奖励迷途知返的一国之君呢？伊尹始终是臣下，可他居然流放天子，这样做可行吗？

伊尹是孟门师生的热门话题。公孙丑背得出伊尹的语录："予不狎于不顺，放太甲于桐，民大悦。太甲贤，又反之，民大悦。"背完之后，他向孟子提的问题很尖锐："伊尹再圣贤，也是太甲的臣下。太甲再不肖，伊尹就可以放逐他吗？"孟子的回答极其睿智：
"有伊尹之志，则可；无伊尹之志，则篡也。"（13·31）意思是说：
有伊尹那样的心志，流放天子是可以的；没有伊尹那样的心志，流
放天子就是篡夺王权。伊尹这样做，最根本的原因是它符合最广大
人民的利益——"民大悦"。民怨沸腾的时候，不流放太甲，行吗？
太甲悔过自新后，接他回来继续做一国之君，难道不好吗？说到
底，伊尹不只是坚守臣位，而且是既有智慧才干又有道义担当的王
者之师。为王者师是孟子王道政治学的顶层设计，伊尹为此树立了
榜样与目标。

对于伊尹，孟子有说不完的话。他说：

故将大有为之君，必有所不召之臣。欲有谋焉，则就
之。其尊德乐道，不如是不足与有为也。故汤之于伊尹，
学焉而后臣之，故不劳而王；桓公之于管仲，学焉而后臣
之，故不劳而霸。今天下地丑德齐，莫能相尚。无他，好
臣其所教，而不好臣其所受教。汤之于伊尹，桓公之于
管仲，则不敢召。管仲且犹不可召，而况不为管仲者乎？
（4·2）

"今天下地丑德齐"之前的一段话，是孟子在讲自己的政治哲
学。孟子认为：凡是想大有作为的君主，一定有不能随随便便召唤
的臣下。如有事情要商量，君主应该亲自到他那里去。崇尚道德，
乐行仁政，如果不这样做，君主就不可能有所作为。因此，汤先向
伊尹学习，然后把他当作臣下，毫不费力地统一了天下；齐桓公先
向管仲学习，然后把他当作臣下，毫不费力地称霸于诸侯。

孟子这里举了两个人物——伊尹与管仲，他们都是不召之臣，
所以商汤、齐桓公成就了帝王霸业。孟子重复讲的"学焉而后臣之"，
意思是说：一方面，君主先要拜知识分子为师，把帝王之道学好，

然后再让知识分子做自己的大臣；另一方面，知识分子先是做了君主的老师，但后来做的是大臣，这个时候切记不要忘了彼此之间的君臣身份。这里不妨想一想："学焉而后臣之"对于孟子解决道与势（德与位）这个大问题究竟有什么作用呢？

"今天下地丑德齐"及之后的一段话，是孟子对于现实政治的批判。孟子说：放眼今天几个大国，领土不相上下，风尚相差无几，但谁也不能驾驭谁，其实没有别的原因，全是因为君主只喜欢听话的人做臣下，而不喜欢能够教导他的人做臣下。汤对伊尹，齐桓公对管仲，是不敢随随便便召唤的。管仲尚且不可以随随便便被召唤，何况连管仲都不愿做的人呢？这里不妨想一想：是谁不想做管仲那样的人呢？就是孟子自己。他想做什么样的人呢？伊尹！

同一个"召"字，"天子不召师"说的是师，"必有所不召之臣"说的是臣。为了把握其间的差别，我们回顾一下孟子给景丑氏讲"今天下地丑德齐"这番话的前奏（4·2）：

——孟子准备去见齐王，碰巧齐王派人来传话，说："我原本要来看您，只因感冒，不能吹风，来不了。如您上朝，我会见到您的。"孟子回答："不幸得很，我也有病，不能上朝了。"

——第二天，孟子到东郭大夫家吊唁。公孙丑问："昨天您托病不见齐王，今天却去吊唁，有点不好吧？"孟子说："昨天病了，今天好了，为什么不可以去吊唁？"

——听说孟子病了，齐王派人来问候，还派了医生来治病。因孟子不在家，孟仲子只好敷衍说："孟子今天病刚好了一点，已上朝去了，只是不知道他现在到了没有。"接着，孟仲子派了几帮人到路上堵截孟子，要他去见齐王。

——孟子不愿上朝见齐王，但家里有齐王派来的人守着，没办法，他只好躲到景丑氏家里过夜。

据《孟子》记载，与孟子有过直接交往的诸侯其实极少，最突出的是他与梁惠王、滕文公各有 5 次对话，与齐宣王有过 13 次对话。[1]上面说的齐王，未必是指齐宣王。在齐王与孟子相见这件事上，谁对谁错，何其轻也！地方首脑偶尔看望一下思想家，就那么了不起？思想家偶尔怠慢一下地方首脑，就那么不得了？可在知识分子强烈希望参政议政、治国理政的情形下，如何学会与地方首脑打交道，却是很现实的问题，更是"学而优则仕"这本经难念的关键。从这个角度看，孟子对待齐王的做法未免有些过激，太过理想化。孟子逢人必讲王道政治学，这时可能有人善意地敲边鼓：既然你想辅世长民、平治天下，就不能老是师字挂帅、友字当头，你也该在师、事关系上多动一点脑筋。因此，"学焉而后臣之"算是孟子退一步的讲法，是他为解决"学而优则仕"问题提出的既理想又现实的操作方案。

"学焉而后臣之"是先师之、后事之。也就是说，君主先做有学问、有德行的知识分子的学生，然后才把他招作臣下。孟子反对霸道，所以他必然不喜欢有才无德的管仲，必然认为齐桓公拿管仲"学焉而后臣之"并且"不劳而霸"不是什么好事，否则他不会对齐宣王说"仲尼之徒无道桓、文之事者"（1·7）。孟子坚守王道，所以，他必然敬佩德才兼备的伊尹，必然挚信商汤拿伊尹"学焉而后臣之"并且"不劳而王"是造福于人民、社稷、时代的大好事，否则他不会对万章不厌其烦地讲汤三顾茅庐请伊尹（9·7）、伊尹助汤统一天下（9·6）。直到现在，我终于明白：负责任的伊尹是孟子在现实政治生活中最想效仿的圣之任者。

回顾孟子对于两种"学焉而后臣之"模式的抉择，我们就像是在聆听他的心灵独白："人不足与适也，政不足间也；惟[2]大人为能格君心之非。君仁，莫不仁；君义，莫不义；君正，莫不正。一正

---

[1]　参见杨海文《一个义仕派知识分子的淑世情怀》，《社会科学论坛》学术评论卷2007年第4期，第137~146页。

[2]　"惟"，《孟子译注》误作"唯"，现予改正。

君而国定矣。"（7·20）意思是说：只有大人能够纠正君主心里的那些邪思妄想；一旦君主以身作则，整个国家也就安定了。伊尹正是从"一正君而国定"出发，太甲不仁不义，就放逐他，太甲居仁由义，就接他回来，曲折而又成功地履行了王者之师"格君心之非"的神圣使命。

假如说文王代表了社会制度之美，孔子代表了人文道统之美，伊尹就代表了政治导师之美。任何一位真正的政治导师，既能缔造美好的社会制度，又能谱写深远的人文道统。孟子名轲（2·16、10·2、12·4），轲者坷也。孟子在政治的林中路上摸爬打滚几十年，吃尽苦头，受尽凌辱，但"虽千万人，吾往矣"（3·2），伊尹肯定是他心中最理想的奋斗目标。

五

让我们再次回到"孟子将朝王"章（4·2）。要是齐王首先真心实意地拜孟子为师，然后再把孟子当作臣下，孟子何尝不愿意"学焉而后臣之"呢？向既有学问、更有德行的人学习，决定权在君主手上。这样的君主并不多见，即便是齐桓公这类人也极少，商汤这类人就更少了。过去，孟子借助古老的礼乐文明奢望知识分子"为王者师"；现在，知识分子竟连"学焉而后臣之"也难以做到。义仕派与最高统治者之间，友不行，师更不行，可行的只是事而已。事者，要么是奴才，要么是仆人，但它是中国古代知识分子"学而优则仕"的最真实的写照！

对齐宣王讲"仲尼之徒无道桓、文之事者"，孟子用的是"臣未之闻也"（1·7）。为了百姓的利益、社稷的安危，义仕派宁愿承受以仕为事的屈辱，也要走在志于道的崎岖小径上。很多时候，甚至绝大多数时候，即便学而"优"了，你也未必有机会优则"事"。到了这个份上，每次读"得志，与民由之；不得志，独行其道"

（6·2）、"得志，泽加于民；不得志，修身见于世。穷则独善其身，达则兼善天下"（13·9），我就深深地觉得：孟子的理想太道德了，孟子的道德太理想了，人间正道是沧桑，沧桑是义仕派知识分子念"学而优则仕"这本经无法逃避的宿命。

前面提到孟子与周霄的对话，《战国策·魏二》也讲过周霄（宵）的一件事：

> ［魏］文子、田需、周宵相善，欲罪犀首。犀首患之，谓魏王曰："今所患者，齐也。婴子言行于齐王，王欲得齐，则胡不召文子而相之？彼必务以齐事王。"王曰："善。"因召文子而相之。犀首以倍田需、周宵。①

魏文子、田需、周霄三人的关系本来不错，他们决定一起制裁犀首。犀首有点怕，但他是个"老司机"，老练得很。他向魏王提议，让魏文子做了宰相，把魏文子拉进了自己的利益集团，不费吹灰之力就瓦解了他们原先那个友谊共同体。在政治博弈中，没有永恒的朋友，也没有永恒的敌人，友谊斗不过利益，利益才是永远的筹码。要是周霄把这段切身经历告诉过孟子，孟子是否会更加觉得"学而优则仕"是一本难念的经呢？

评价复杂的政治史、复杂的政治家，良知始终是最高、最终的法则。如果良知依然存在，一直存在，我们就该像孟子一样深信：经再难念，"学而优""优则仕""志于道"也是千千万万知识分子永恒的乡愁。所以，任何时候吟诵王安石（1021—1086）的《孟子》一诗，人们总是少不了一份发自肺腑的凄清与伤怀：

沉魄浮魂不可招，遗编一读想风标。

---

① （西汉）刘向集录、范祥雍笺证、范邦瑾协校《战国策笺证》下册，第1333页。

何妨举世嫌迂阔，故有斯人慰寂寥。①

斯人已逝，遗篇犹在。全世界的人说你迂阔，这实际上不是在批评你，而是在羡慕、嫉妒、恨你的那份"不忘其初"（14·37）、至死不渝的执著。听完孟子讲"学而优则仕"这本难念的经，我们能像孟子那样迂阔而又执著，永远不忘初心吗！正义的洪荒之力与整个社会的可持续发展，急需你义无反顾、铿锵有力的回答！

---

① （北宋）王安石著、唐武标校《王文公文集》下册，上海人民出版社，1974，第775页。按，引文已做分行处理。

　　林安梧，台湾大学首位哲学博士、同济大学讲座教授、慈济大学宗教与文化研究所教授暨所长、元亨书院创院导师暨院长、美国傅尔布莱德学者、尼山圣源书院副院长，武汉大学、中南大学、厦门大学、四川大学、山东大学、华中科技大学等校客座教授。曾任台湾师范大学国文系所教授、台湾清华大学教授暨通识教育中心主任、南华大学哲学所创所所长、《鹅湖》学刊主编暨社长、《思与言》人文社会学刊主编、国际儒学联合会理事。研究领域涉及儒、道、佛三教，兼及文化哲学、宗教哲学、教育哲学、社会哲学、哲学人性论等，主要关注人的异化与存有的克服之道等问题。著有《王船山人性史哲学之研究》《存有、意识与实践》《中国近现代思想观念史论》《中国宗教与意义治疗》《儒学革命论》《儒学转向》《当代新儒家哲学思想史论》《儒家与中国传统社会之哲学省察》《道的错置》《台湾文化治疗》《牟宗三前后：当代新儒家哲学思想史论》《佛心流泉》等。自20世纪90年代起，他提出"后新儒学"引起学界注意，海内外已有多本著作及论文对此展开研究。

道家思想及其日常运用

林安梧

一、儒家讲自觉，道家讲自然

　　和儒家相比，道家在一些基本问题上的理解是不同的。儒家讲自觉，道家讲自然。自觉跟自然不同，譬如说今天讲座所安排的这个场域，布置得很自然舒适，那么你在这里自然坐得安安稳稳，不必通过多少自觉。但如果空调坏了，屋子里热起来人感到不舒服，那时候就需要自觉，想到是为参加课程而来，就对自己有所要求才继续坐在这里。因此，自觉是自己通过内在主体的反思而决定行为，自然是随顺安排，所以道家比较好做，儒家比较难做。

　　俗语说心静自然凉，这话不是道家的，道家会说自然凉了，心就静了。就像我们现在所处的国学讲堂，如果我们经营好的话，那么天地有道，人间有德，否则天地无道，人间无德。所以老子述《道德经》，道是根源，德是本性，根源在哪里呢？在生活的天地之中。就像我们这个国学讲堂也是一方天地，如果参与进来的人与事物有德，那么这方天地有道。这叫顺乎根源，合其本性。"道德"是由根源落实而有的本性，如果这些条件都不具备，天地无道，人间也不可能有道德。

譬如，我们通常会认为外国人很守交通秩序，果真吗？不一定，换个场域情况可能大不相同。同样是在美国街头，有些街区交通秩序就比较乱，所以没有一种特定的国民性，所有的性质都是从天地之道而养成的人间有德，这是道家的主张，所以道家注重的不是心。现在大家常常搞错了，以为道家注重讲心，其实道家注重讲的是境，是身。

二、道家强调身心一体、心境一体，重视存在的场域

道家会讲究场域，境会影响身，身会影响心，当我们的心清楚了这件事，就要调我们的身，再去处理这个境，而不是放着身、境不管，只处理心。但是到了后面出现心静自然凉这种观点的时候，是因为我们的境处理不了，所以只好处理心。所以道家是一门非常有用的学问，它不仅是道德心灵的修养，也可以治理身、治理家、治理国、治理天下，它是以身观身、以家观家、以国观国、以天下观天下，就是回到身、家、国、天下的本身去处理。

遗憾的是，帝皇专制、父权文化把中国文化挤压了两千多年，这种挤压导致人们对儒家、道家以及后来从印度传过来的佛教，都做了扭曲的理解。原本，道家文化很注重外境，很注重身的调整，因为它强调心与身是一体的，心与境是一体的，身心、心境自然就一体，而且既然是一体的，你能只注重心吗？所以道家处理问题的方式和重点是，心清楚了这件事，那就不再抓着心不放，而是把心放回身，把身放在家，把家放回国，把国放回天下去处理，这是很

有趣的关键点。

道家讲求自然，儒家讲求自觉，"觉"与"然"有什么不同？你们可以用粤语念一下这两个字。学过中文的音韵学就知道，"觉"是入声字，入声字的发音带着一种决断的力量，而"然"字的音是平声的，自然而然的语调，不是戛然而止的音节。汉字的发音是很重要的，广东话和闽南话都是比较古代的汉语，闽南话大约是中古乃至上古的汉语，广东话是中古和近古的汉语，因为中原的士族从中原迁到广东、福建等南方一带。这些地域山林障碍，交通不便，定居下来之后对外交流不多，语言变化慢，所以就保留了很多古代的语言，甚至连语汇的变化也不大。例如，闽南话问别人是否有空，说的是"尔有闲否"，标准的文言文。再举一例，大家体会一下入声字所代表的决断的力量，陶渊明的《归去来兮辞》中"实迷途其未远，觉今是而昨非"。"实"与"觉"是入声字。

三、"存在的场域"与"话语的介入"

道家处理问题的方式是，把人放在天地之间，天地万物人通而为一，这就是道。天地是场域，人在这天地间受到触发，说万物以明道，而说万物的时候要用语言，老子《道德经》说："无名天地之始，有名万物之母。"所以话语的介入本身，使得话语成为万物之母。

我们先看老子《道德经》第一章《观妙》："道可道，非常道，名可名，非常名。无名，天地之始，有名，万物之母。故常无欲以观其妙，常有欲以观其微，此两者同，出而异名，同谓之玄，玄之又玄，众妙之门。"我对这段话的理解是："道"是可以说的，但说出来了，就不是那恒常的"道"。"名"是可以表白的，但表白出来了，就不是那恒常的"名"。在还没有表白前，那个无分别的状态是天地的本源；既有了表白，这个分别了的状态，是万物生长的母亲。回到恒常而无分别的状态，便可以观看到道体的奥妙。经由恒常而现出分别的迹象，便可以观看到道体的表现。无分别的状态、有分别的迹象，两者都出于恒常的道体；但在表白上，名称是不同的。就这样的不同而又同，我们说它叫作"玄同"。"玄同"是说在生命的玄远之源是相通的，这便是"道"；"道"是万有一切所依归及开启的奥秘之门！[①] 老子《道德经》的第一章，一般说是最难理解的一章，大家看我的翻译可能稍微好懂一些。

什么是道呢？例如我们现在这个场域里的所有东西，包括诸位老师和我，黑板桌椅等，都是道，因为有了人的参与和言说，道才被说出来，人要说出道的时候就要说到万物，用语言来诠释这天地间的万物，所以老子说"有名万物之母"，相对的是"无名天地之始"，这是道家最重要的两句话，说清了天地万物。在我们进到这个教室之前，这里已经是一方天地，我们进来之后用语言笔画来述说这方天地、这个小世界里的一切事物，这就是天地万物。

四、语言最突出的作用是清晰和定位

大家有没有发现，语言最突出的作用是清晰和定位。例如，我们每个人都有自己的名字，我们依靠名字清晰区分和定位我是谁，别人是谁。道家说，名可使万物得到清晰的定位，但也会因为这个名导致限制和异化，所以一定要回到最原初的状态。道家有个非常重要的主张，即天地的本真状态就是道的状态。举个例子，夫妻俩吵架，先生说你这牙膏怎么这样挤？太太说，挤牙膏这么小的事你也管。先生说我说的事你都说是小事……最终大家认为彼此性格不合。从这个例子大家可以看出，事情可能是很简单的一件小事，但语言的杀伤力很大。

---

① 这里的翻译，请参见林安梧《老子道德经新译及心灵药方》第一章白话翻译，台北万卷楼图书公司，2014。

我们活在世界上要靠语言去厘清这个世界，去进行人与人之间的沟通，而你在处理的过程中语言会越来越复杂，而且可能语言会让你离核心问题越来越远，这时候你要放下语言回到事情本身，如果你没有放下语言而把语言所说的当真了，那你就会把自己限死在那里了。道家说出了语言可能会带来的严重后果，告诉你要回到一个更恰当的状态，道可以用语言去说它，但是说出来就不是那个道了，名就是表白。人类生活的一个重点就是会用语言去言说这个世界，即使是一个哑巴他也是用名的思维去定位这个世界，一旦我们用语言去定位这个世界，就要注意到有可能会出现的严重后果，我们要怎样处理这个问题，这就是老子《道德经》第一章主要的中心思想。

五、"道"与"言"，两者有别，却又是连续的

那"名"这个问题我们该如何去面对、去处理，才能不被它所限制？道家区隔了"道"与"言"，但两者又是连续的。一个原初本真的东西，通过人为的历程可以定位清楚，但是如果人为的历程出了问题，那么言就会变形，用今天的一个术语来说叫"话语异化"，它原初不是这个意思，只是在言语传播过程中发生了异化。这个问题在老子《道德经》第二章里讲得很清楚："天下皆知美之为美，斯恶已；皆知善之为善，斯不善已。故有无相生，难易相成，长短相形，高下相倾，音声相和，前后相随；是以圣人处无为之事，行不言之教，万物作焉而不辞，生而不有，为而不恃，功成而弗居；夫唯弗居，是以不去。"我翻译如下：天下人都执着什么是"美"，这样就不美了。天下人都执着什么是"善"，这样就不善了。"有"和"无"两者相伴而生，"难"和"易"两者相伴构成，"长"和"短"两者相待而现，"高"和"下"两者相待依倚，"音"和"声"两者互为和合，"前"和"后"两者互为随从，贯通天、地、人的圣人

了然于心，能用"无为"来处事，用"无言"来行教万物，就这样不离开生命之源的道而生长着。"道"生育了它，但不占有它；"道"长养了它，但不依恃它，成功了，却不居功，就因不居功，所以永远不离。①

在这章里，道家提出了一个很鲜明的问题，如果天下人都认为这样才是好的，那就不好了，所以道家不会因流行而一窝蜂，道家主张尊重个体，尊重少数，尊重多元。我认为中华民族能够立足几千年而不衰，跟包容和多元关系莫大，我们尊重少数民族的风俗和习惯，我们语言和文字的表达方式既延续又分离，我们有很多种方言发音，但不管差别多大，文字是统一的汉字，多元而统一，这是汉字作为表意文字跟西方拼音文字的最大不同。

六、汉字重在经由图像去表意，而不是经由语音去把捉意义

汉字是用文字图形去表意，而不是通过语音去把捉意义，西方文字是通过符号文字去记录语音，如果用拼音文字来表意，那么我的名字用不同的方言读有数十种发音，那岂不是成了数十种不同的意思和代号？而写成汉字，不管发音如何，这个代号都指向我这个人。中华文明是通过图像文字表意，这种表意文字最接近事物本身。复杂一点说，汉字的造字法有象形、指事、会意、形声、转注、假借，也就是从汉朝许慎以来相沿有"六书"的说法。现在许多简体字乱写，例如，三点水旁代表水，两点水旁比它少了一点，代表结成冰了，所以"泠"与"冷"是完全不同的两个状态。繁体字中"盜"字上面不是"次"字，而是三点水旁加一个"欠"字，下面是器皿的"皿"字，这三点水，加个"欠"字，代表着流口水，打哈欠，表示心有所羡，想要这东西，于是起了贪取占有的欲望。很有意思，

---

① 林安梧前揭书，第二章。

但变成简体字之后原来汉字中的表意就丢失了，或误置了，真是可惜。

如果用现在左右脑的理论来讲，我们的汉字对右脑直觉性图像性感知的能力要求更多。最近到贵阳参加了一个学术论坛，主题是关于原生态保护的，我去参加会议就从我们的文字说起，我认为汉字是最具有原生态的，应该恢复和保护。这个主张当时新闻报道比较多，大家有兴趣可以在网上查阅了解一下。

七、人是万物之灵，人不能征服世界，要道法自然

道家非常注重生态，道家把人放在天地之间，所以说域中有四大：道大，天大，地大，人大。人法地，地法天，天法道，道法自然，所以道家思考问题不是人有多大，人是万物之灵，但人不能征服世界，而是要道法自然。中华民族没有征服世界的想法。中国宋代有一部非常重要的科学技术著作叫《天工开物》，宋应星写的，当我们人工做出来的东西非常巧妙时，会用"巧夺天工"来形容。

《天工开物》的书名就取自《尚书·皋陶谟》"天工人其代之"，作者在书中强调人类要和自然相协调，人力要与自然力相配合。现代建筑中大量使用玻璃幕墙，把人与外面的阳光、空气隔绝，中国古代传统建筑不是这样的，讲究空气的流通，讲究风水，人与自然不是隔绝的，而是流动的。道家就很注重这些方面，天地很重要，有天地才有万物，所以人是归在天地之间的，《三字经》里说"三才者，天地人"，这"三才"思想不是一个以人文主义为中心的传统。

老子《道德经》第二十五章"混成"就谈到这个问题："有物混成，先天地生。寂兮寥兮，独立而不改，周行而不殆，可以为天下母。吾不知其名，字之曰道，强为之名曰大。大曰逝，逝

曰远，远曰反。故道大、天大、地大、人亦大。域中有四大，而王居其一焉！人法地，地法天，天法道，道法自然。"什么叫大？大到顶点可及天。

天、大、人，这三个字在文字构成上是同出一源的，很有意思。生长的"生"字，我们这个民族很注重生，"天地之大德曰生"，周易注重生，道家注重生，儒家注重生，只是老子强调生是自然之生成，儒家强调的生是人参赞天地化育的人伦长欲之生，道家和儒家是同源互补的：道家是大自然往人说，儒家是人往天地说，道家是从天地场域到人到万物来说，儒家是从人参赞天地化育万物来说，所以儒家是从人的自觉处说，道家是从天地自然处说。因此，从文字起源可以看出，中华民族更注重从自然中观察、直觉、象征、想象、体会，不是理性的逻辑把握，是生命气息的互通感受，所以说"人法地"，人要学大地一样博厚广阔、生养万物。

道家如此注重境，也是这个道理。场域不同，生态就会不同，天地万物都有所不同，所以我们不要想当然认为外国人就比较守交通规矩，没这回事，没有一个固定天生的特性在那，都是随着人类文明场域的变化而有所转变。

八、回到事情本身，摆脱话语介入的障碍，回到天地间生长

《周易》里有这么一句话："一阴一阳之谓道，继之者善，成之者性。"阴阳之道是讲阴阳二气就是天地存在之根源的总体韵律，中华民族文明的最伟大之处是体会到天地之道最深处的韵律感。终极追求的目标不是一个客观法则，客观法则永远都是第二义的，而是直接进入到存在根源本身的韵律之中。能够继承、参赞，让阴阳之道能够如其本身的规律运行生长，这就是善；慢慢地在文化教养学习过程中长育成性，性不是天生不变的，性是习成的。所以，这

种处理方式在道家处是一脉相承的。

道家区分了"道"和"言"，道家认为"言"是可说的，有名的，"道"是不可说的，无名的。无名是道的原先状态，有名是人通过话语把道彰显出来。换句话说，"道"的本身得以彰显，必须经由话语的介入，同时话语会使得彰显走向"对象化"。所以，中华民族很注重回到存在本身。道家的独特处在于了知话语介入所衍生的问题，告诉我们要摆脱语言本身把你自己控制住，必须回到存在之道本身去看它，因为语言的介入所形成的基本规定有时是毫无道理而又好像是合乎道理的。用大白话来说，我们做事情要回到事情本身，而不是被加到事情上的种种名目、规定所缠缚，事情就是事情本身。

举个例子，1982年3月，国学大师徐复观先生罹患癌症在台湾住院，我非常敬仰这位老先生，通过某位老师引荐，来到了老先生当时住院的地方探访拜见。我当时刚刚大学毕业，正在军队服预备军官役，就利用一个休假时间前往探望。当我来到医院房间门前，门上挂着个牌子，上面写着"遵医所嘱，谢绝访客"，大家可能会认为，道家比较消极，看到这个牌子估计就会走了，其实不然。我当时就想，也许大部分客人看到牌子之后都走了，所以在实际情况中很少有人拜访老先生，老先生生病住院挺长时间也许正无聊着呢，医嘱很绝对，但老先生的想法和实际情况也许并不需要谢绝一切访客。所以我轻轻地敲了门。门开了，徐师母走过来，很客气亲切，待我说明来意，便为我引见了徐老先生。徐先生也很高兴，的确很长一段时间没人来看他了，他正想找人聊天呢。最后我们聊了一个多小时，讨论了许多重要的问题。

道家就是这样的，回到事情本身，摆脱话语介入之后带来的障碍，在那个天地场域里你直觉体会到的东西是很重要的，不是把那个规矩看死了，而是看重那个规矩上的道理。道理之下再讲法律，如果没有违法但是不讲道理，也是不得人心的。

九、回到寂静、意识未发、原初的场域状态，重新启动

总的来说，名言的彰显、概念介入以后，就使原先总体的彰显彻底走向"对象化"的过程。因此，要回到寂静状态，也就是意识未发、原初的场域之虚无状态，重新启动。譬如我刚才所说的那件往事，如果当下我不是坚持自己的一个直觉体验，我那天就见不到徐老先生，这辈子也见不上，因为一个月后老先生去世了。

中华民族具有创造性思维，其中一个原因就在于我们的文化不太讲究守规矩，但我们讲道德、讲道理。然而今天我们很严重的问题是很多人讲规矩，但不讲道理。道家讲道理，道德是从道上得来。

要知道，人心会"逐物不返"，紧抓着外物而回不来，问题根源是这样的：由无意识状态，到意识所及，如人的欲望、利益与种种权力驱使意识不断向外寻求，最后逐物不返。道家说什么是物？物就是人类通过语言对一个存在对象的掌握，通过话语介入这个过程本身是一种反控性行为，尤其是话讲过头的时候。前面提过的"天下皆知美之为美，斯恶已；皆知善之为善，斯不善已"，就是这个道理。

我们民族非常注重多元、差异，在多元差异中协同合作，所以我们文化中很注重一个观念"和"，不同的东西能够放在一起才叫"和"。"同"与"和"是不一样的，"君子同而不和，和而不同"，我们民族不强调整齐划一，而讲求多元互补。所以道家会主张无用之用，尊重多样性，会经常拿伟大人物、标杆人物来开玩笑，如庄子曾取笑尧舜。

道家认为"天下本无事，庸人自扰之"，很多事情并不一定死守某个规则。道家主张"知机而动"，不管是造化之机还是人性之机、事变之机。道家就是要回到处在变化过程中的存在本

身，这是合乎天地之道的，因为天地万物不是静止的呆板的而是一直在变化，不是人们用语言说它是什么你就果真把它当成什么。

十、话语不能不介入，但介入之后，还是要回归生命之源

道家很强调本真性、原初性，人具有本真性、原初性，所以不能逐物不返，要知道物是人的意识所及之后通过语言言说才形成的，所以要回到无意识状态，不要受人的欲望、利益与种种权力牵绊，不用意识去对象化言说事物，这就需要非常高度的自觉力。人们还没有介入话语以前的状态，即"天地万物人我"通而为一的状态，是实存的真实状态。

介入话语之前的真实才是实存的真实，一旦话语介入，问题就滋生出来。但人不能没有话语，他需要话语去定位这个世界，所以定位之后要能回到本初的状态。例如两人结为夫妻，那要记得没成为夫妻之前的恋爱状态，那就很好了，就不会因为婚姻而让两人的感情出现问题。经营幸福婚姻生活需要些窍门，可以去旅游，换个场域问题就放开了，千万不要坐下来严肃地检讨，本来就因为感情转淡觉得生活寡然无味了，变得没感觉了，现在还用语言讨论来强化定位彼此没感觉了的印象，那就只能剩下一条路——离婚来解决了。

道家思维的重点处是，还没有话语介入以前的真实才是真正的真实，应对的方式是，要控制心，让心回到根源，道家典型思想为"忍一时风平浪静，退一步海阔天空"，一切话语会形成客观法则、具体规范，最终演变为权力控制，所以当你要回到原初状态的时候，就要避开权力控制和规范的影响，不要被它们影响了自己的情绪，就要忍一时，退一步，道家提醒我们要以生长代替竞争，客观法则若失去了实存的验证，那客观法则将走向异化。如果客观法

则加上权力控制，后果会很严重。

十一、遵从总体根源的和谐自发力量，以内在天真本性为贵

道家认为，在客观法则之前有一个问题更重要，即如果你没有检讨客观法则的根源，只是抓住客观法则，抓住具体规范，那你就会落入权力的控制当中。正义要是没有回到真实的感通就会有问题，而真实的感通必须上溯到内在本性与总体根源，也就是回归到道上。

《老子》第三十八章讲："失道而后德，失德而后仁，失仁而后义，失义而后礼。礼者，忠信之薄而乱之首也。"道，是总体的根源；德，是内在的本性；仁，是彼此的感通；义，是客观的法则；礼，是具体的规范。所以失去了总体的根源就会强调内在的本性，失去内在的本性就会强调彼此的感通，失去彼此的感通就会强调客观的法则，失去客观的法则就会强调具体的规范，当人们强调具体的规范的时候，人们的忠信本性已经薄弱了，祸乱已经开始，所以要回到道开始的根源。

道家的处理方式是追本溯源，回到根本、根源。因此道家主张要遵从总体的根源所隐含的和谐的自发的力量，要以内在天真本性为贵。道家不主张破坏人的天真本性，现代人对道家发扬最多的是养生之道，是关于身体的调理，把身体调至一种和谐的状态，它自然就有力量，道家相信人本身、场域本身，都有一种自发和谐的力量，你只要想办法把它开发出来就行了。现代人被现代科技宠坏，也因此把身体弄坏。现在自然医学渐渐兴起，其原理思想与道家相通，道家认为道法自然，你的身体就是医院，把自己的医院经营好，身体就好了，何必上医院呢？这是道家的态度。

十二、"文明"产生了"文蔽"，导致"人文的异化"

儒家和道家强调的重心有别。儒家强调彼此的感通，讲仁、义、礼，代表人物及其观点是孔夫子强调仁，孟子强调义，荀子强调礼。道家强调尊道贵德，要回到总体根源。所以人类一切文明在道家看来，不只是"文明"，也可能是"文蔽"，人文不只是"人文化成"，也可能是"人文的异化"。

"道德"不是压迫，不是制约，不是规范，不是教条，而应该是"生长"。这点是道家思想的基本，也是儒家的，但是儒家思想被君主专制、父权高压、男性中心这三座"大山"所构成的"罩门"卡死了、卡坏了。道家是不是男权中心呢？不是，道家讲男女和谐，更强调母性，这点很重要。

中国文字也很有意思，"安"，家中有女才会安，所以我们这个民族注重生长，道德是生长的，不是压迫，不是制约，不是规范，原初本意就是"道生之，德蓄之"，天地万物人我通而为一的"道"生长其自己，而落实于事事物物之上，它有它的本性。

举个例子，小孩喜欢做生意，父母却让他做学问考博士，那父母这个行为就是不道德，本性是如此，从其道生之，父母若不顺这个孩子的根源，不合乎他的本性，就是不道德。

道家注重事物本性，注重怎么生长，中华民族为什么能够永生而不辍，奥妙就是三个字：孝、悌、慈。慈就是道家思想，老子说："吾有三宝，持而保之，一曰慈，二曰俭，三曰不敢为天下先。"慈就是父母对子女的爱，大家想想，父母对子女的爱以及子女对父母的爱，哪个更加自然？肯定是前者，俗话说"养儿方知父母恩"，等自己养儿女的时候才知道父母对子女这么无私地好啊，所以子女对父母要孝。

十三、慈是自然，本乎天性；孝是自觉，须得学习

慈是自然的，孝是自觉的。孟子说"孩提之童，无不知爱其亲者，及其长也，无不知敬其兄也"。知是自觉，必须教养，所以《论语》第一篇是《学而篇》，《荀子》第一篇是《劝学篇》，都是讲学，儒家强调教养学习，道家则是强调在教养学习之前有更加自然的本性，教养学习不能把这自然本性破坏了，这一点道家很彻底。

父母对孩子的慈尤其是妈妈对子女的爱是世上无与伦比的爱，所以道家也会告诉你，妈妈跟爸爸是不一样的，当然爸爸也爱子女，但父子天性比不上母子连心，连心是自然而来的，天性是后天发觉的，父亲与孩子的关系跟母亲不太一样，为什么？怀胎十月，母子关联在不可分的整体之中。

时间有限，我想下面的时间用于大家的提问和交流。凡是我知道的，必定如实陈述；不知道的也如实相告，希望听听大家的意见；一知半解的，会告诉大家可以找哪些材料继续研究。我跟我的台湾学生们成立了一个书院，叫"元亨书院"，是一个完全公益的团体，主要的捐助者是我跟我的学生，主要在做中国传统文化经典的教育及相关的工作。大家有兴趣的话可以关注我们，加入我们。

十四、"无为而治"是顺着人和事物的根源所生本性去做

问：道家说"无为而治"，是不是应该顺其自然，不做任何事？那教育孩子时我们应该做什么？能做什么？

答：不是不做事，而是做事要顺其自然，不要人为去做，"无为"是要合乎它的根源，顺乎它的本性，就是顺着人和事物的根源所产生的本性去做。教育就是要合乎孩子的根源性、本真性，而不是他的习性。举个例子，一个小孩子很爱吃甜食，这个似乎与生俱来的习性不是他的本性，借用佛教的话来说，那是无始以来累世业

力习气熏习而来的特性。道家所讲的这个根源本性也是具有理想意义的，与习性不一样，但又要去落实它，这个就是我们要学习的地方。

问：那如何区分习性和本性？

答：的确不太好区分，只能从发自生命的体会中去领悟本性。譬如说，让我去做田径运动员，恐怕即使我努力训练也没有什么成就。我以前最好的科目不是文学，是数学，后来在中学遇到一位非常好的国文老师，影响启发了我，让我感受到了中华文化的魅力，并决心为之努力。那遇到这位老师是一个机缘，他把我本性中另一面发掘出来了。很多人会认为道家比较消极，但道家认为就是这样自然调理顺畅，不需要勉强或刻意。道家所讲的自然不是一片洪荒，譬如说大家现在听了我这个讲座，下课后可能会自发上网找更多相关的资料来看，加深了解和认识，这也是自然之道，网络时代的自然行为。这既维持了它的本真性、原初性，又能够在人类的发展进程中调适、顺承。

所以说道家讲"无为"，就是不要人为干涉太多，人有自然的天成的本性在。道家一个很重要的观点在于，看重自然天成的本性。譬如说，我们所喝的各种茶，各有各的特性，普洱茶如果用红茶的制茶工艺来制作，它就不是普洱茶了，它是顺从了茶叶本身的特性用慢慢自然发酵的方式做成，而红茶需要烘焙、发酵，也是根据茶叶自身的特性制成。

请问大家，人生起点决定终点，还是终点决定起点？《大学》里说："物有本末，事有终始，知所先后，则近道矣。""事有终始，知所先后"，先终后始，终点决定起点，如果都不知道要往哪边去，人生怎么开始？中华文化我称其为"知止的文明"，车子的启动很重要，但刹车更重要。不发动没有危险，但启动了没有刹车就恐怖了，这辆车也就废了。如果一个人只会勇往直前不知道刹车，那也是废人一个。道家在这方面很厉害，它提醒大家，你认为最好的不

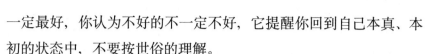

一定最好，你认为不好的不一定不好，它提醒你回到自己本真、本初的状态中，不要按世俗的理解。

十五、白板好写很重要，但好擦其实极为重要

例如这块白板，好写很重要，但是好擦更重要，只能写不能擦，这白板就废了。记忆力好是好事，但也会有烦恼，就像电脑内存满了不能删除，再装不下新东西，就废了。所以事情都有两面，道家会从另一角度来思考问题，主张要知止。生很重要，要好生，死重不重要？我们骂人有句狠话，叫"不得好死"，所以好死也很重要。

从道家角度讲，一切都是自然适当的。道家认为名头不重要，应回到事情本身。道家思考问题平等自然，"见素抱朴，少知寡欲"，这是道家的做法。"素"就是还没上色之前的丝织品，"朴"就是木头刚砍下来还没有刨开的状态，人就是要回到原初本真的样子。

道家很强调婴儿的状态，婴儿可以前一分钟哭得很严重，后一分钟就破涕为笑，"骨弱筋柔而握固"，我们去打开婴儿握紧的小拳头很不容易，政治家就应该学学这一招，也就是说做事是低调的，但很有力量。道家认为做事是本分，做完就回家，老子说"生而不有，为而不恃，长而不宰，是为玄德"。

中华民族儒、道、佛三家其实是通而为一的，只是在近代一百来年间毁坏丢掉的传统文化很多，十年树木百年树人，很不容易，大家要好好珍惜。令人比较兴奋的是，近年来整个中国大地，传统文化在恢复、在生长，特别是领导人能够重视，这非常不容易。

十六、人其实不坏，天地坏了，制度坏了，人才变坏了

我很喜欢道家的学问，先教人放松，这世界上没有什么问题很

严重，道家告诉你，这个世界上人其实不坏，你把天地搞坏了，场域搞坏了，法治制度搞坏了，人才变坏了，而人是共生共长、共生共荣的，道家要启发的是相互长养、共生共长的智慧。道家之所以认为不要过度地学习，是因为人的功利心会把学习变成竞争，大大破坏了人的本性。台湾有句口号叫得很响，说是不要让孩子输在起跑线上。输在起跑线上有什么所谓，我们要赢在终点。道家把问题看得很清楚，所以提醒大家。

无为而治，并不是什么事都不要做，而是叫你不要人为地造作，要顺其本性，事情是自然而成的，低耗能而高效益，道家人物做事是很有效率的，没安排好就没效率。例如，今天这个讲座，首先是这个场域布置得古色古香，大家来到这里之后就很舒服，很有氛围，自然就进入了状态。我们说一个人好相处，是因为你说什么人家能顺着你，人家说什么你也能顺着他，道家说"和光同尘"，就是人要不露锋芒，与世无争地平和处世，人与人之间相处就是一种磨合，所以要留有余地，有余地内心就不急了。

打个比喻，如果心里有个湖泊，那你就不会怕水灾，更不会怕旱灾，所以读经典就是培育你心里的湖泊，这个湖泊就是道。干涸时自己能释放出水来，水来了它能包容进去，道家说"有容乃大"，把自我都放在天地万物间，能有什么问题？所以相比较而言，儒家比较辛苦。但做事的目标和志向要学儒家，做事的方式要学道家，生活的方式也学道家，就比较能够既有目标又随遇而安了。

十七、道家了知总体脉络的变化，"察事变，莫若道"

很多人误解道家思想很消极，讲道讲德这样的大道理，对解决实际问题没有作用。其实道家并不是不明就里，而是清清楚楚明白事情的本末。道家说如果不顺乎本性，不合乎道德，那在任何时代任何场合中都行不通。

有一次学生问我一个很实际的问题，他说老师，我在炒股，怎么用道家思想指导炒股呢？我说我不炒股，但是要用道家思想炒股，那就是不要等跌到最低才买，不要等升到最高才卖，道家的指导思想就是不要总想着赚最多。他很赞同我这个意见，他说林老师如果你去炒股一定赚很多。我说，纸上谈兵没有用，一定要头脑清楚、心里明白、身体听话才行。所以道家很了解自己，了解事物，了解天地的本性。

道家主张了解自己，了解事情的变化，"察事变，莫若道"。越王勾践可以共患难不可以共富贵，范蠡很清楚这点，所以他该走就走。历史上最厉害的道家人物其实是张良。张良帮助汉高祖得天下后，便托辞多病，闭门不出。随着刘邦皇位的渐次稳固，张良逐步从"帝者师"退居"帝者宾"的地位，遵循着可有可无、时进时止的处事原则，所以他没有重蹈韩信之覆辙。所以人生不是全局要赢的，道家注重整体生命的结构，注重生命之气的流通运行。

　　冯焕珍，哲学博士，中山大学哲学系教授，广东禅文化研究会副会长，广东古琴研究会副会长。研究领域主要为中国佛教，尤重隋唐时代的地论、华严和禅学，兼及琴学研究。主要著作有《回归本觉——净影寺慧远的真识心缘起思想研究》，点校《楞伽经心印》《楞严经直指》（后者与普明法师合作），译著有《中国净土思想的黎明》（与宋婕合译）、《顿与渐》（与龚隽等合译），主编有《岭南琴学丛书》三种（与宋婕联合主编）等。

捌 禅学浅说

冯焕珍

大家都知道，佛教是两千多年前由古印度释迦牟尼创立的宗教，这种宗教与基督教、伊斯兰教三足鼎立，成为三大世界性宗教。佛教是干什么的呢？它的最低目的是要我们看破生死。在佛教看来，尽管人有许许多多的担忧、恐惧，但最大的担忧与恐惧莫过于生死。佛教认为，我们的其他畏惧都源于对生死的畏惧，一个人只要能勘破生死，那他在人生的道路上基本就没有烦恼了。这是佛教的最低目标。佛教最高的目标呢？是让六道众生都能看破生死。只是自己看破生死，是自利的罗汉；进一步能引导六道众生一起看破生死，是利他的菩萨；自利和利他都达到了圆满的境界，那就是佛。我们今天讲的禅学是佛教的一个宗派——禅宗的学问。禅学内容很丰富，通过一个讲座，我们只能浮光掠影地介绍一下。

一、为什么要学习禅学

我们为什么要学禅学？第一，学习禅学有助于了解中国传统文化。禅学对传统文化具有莫大的影响，不了解禅学就不能全面了解传统文化，至少对唐以后的中国文化是很难了解的。钱穆先生说："在后代中国学术思想史上有两大伟人，对中国文化有其极大之影响，一为唐代禅宗六祖慧能，一为南宋儒学朱熹……慧能实际上可说是唐代禅宗的开山祖师，朱子则是宋代理学之集大成者，一儒一释，开出此下中国学术思想种种门路，亦可谓此下中国学术思想莫不由此两人导源。"（《六祖坛经大义》）钱穆先生是现代著名历史学家，我认为他的这个判断并不过分。禅宗对中国传统文化的影响是方方面面的，如哲学、文学、诗歌、书法、绘画、音乐，但凡开出新境者，都不同程度受到了禅学的影响。所以说，不学习禅学，想要全面了解中国传统文化是很难的。

第二，学习禅学有益于个人的身心健康。禅学是一种追求精神自由的生命学问，它认为人的身心健康以自由为基础，自由的极致不是外在制度带来的权利自由，而是内心体悟带来的心灵自由。它通过直指人心的方法，令人当下自信、自立、自主，达到不假外求、圆满自足、随缘自在的自由境界。这里，我简单地说一下"自由"的两种表现。一种自由是通过建立政治、经济、法律制度来给人更多的活动空间，这种意义上的自由，是普罗大众追求的自由，也是现在西方国家推动、主导和践行的自由。正如我们现在许多人认为美国是世界上最能保护个人自由权益的国家，美国为保护个人自由权益建立了各种各样的制度。这种由外在条件决定的自由，可称之为"外在的自由"。如果外在条件发生了变化，个人的自由就会发生变化，有时会更加自由，有时会更加不自由。有没有比这种自由更加深刻、更加彻底、更加圆满的自由呢？其实包括美国在内的西方人，都认为存在这样的自由，只不过这样的观点在现代社会中处于支流地位。可是在我们的传统文化里，不管是儒家、道家还是佛家，它们无不认为最全面、最深刻、最彻底的自由是自己心灵的自由，如果获得了彻底的心灵自由，外在条件的限制不成为问题。由于他的心超越了种种束缚，不再依赖任何外在条件获得幸福，所以从政治上来讲，不论他生活在奴隶制度、封建专制制度还是民主制度下，都不会对他的自由造成多少影响。这种通过转化内心获得的自由，可称之为"内在的自由"。"外在的自由"固然不可或缺，但"内在的自由"才是根本，不知"内在的自由"，一味追求"外在的自由"，无异于舍本逐末，有时候似乎获得了自由，实际上是失去了更多自由。举一个刚发生不久的事例，大家就知道我这话的意思了。乌克兰刚刚发生政变，一帮年轻人不满亚努科维奇亲近俄罗斯而远离欧盟，认为他牺牲了国人的权利、富裕和幸福，就想把他推翻、赶走，希望因此让国家变得更好。结果呢？国家战火纷飞、四分五裂，连国土都被人家吃掉一片，他们追求的自由根本就没有实现。

　　佛教说，没有断烦恼的众生，向外追逐的力量是无止境的。很多人以为，只要世界改变一次就可以心满意足了，实际上他不知道人的愿望是无穷的，世界怎么变都不能满足人的愿望，有时世界的变化可能离他的愿望更远了。佛教告诉我们，我们要消除向外追求幸福这个愿，这个愿不消除掉，生活就会很痛苦，俗话说"人生不如意事常八九"嘛。为什么会这样呢？我们总是希望别人如自己的意，而我们很少想过去如别人的意。禅学认为，只有从向外追逐自由的路上倒回头来反观自己，才能找到不自由的根源——没有智慧的心。找到这颗心后，进而将它转化清净，便可获得真正的自由。比如说：水龙头出来的水不干净，如果我们只是清洗水龙头，是没有办法把这个水洗干净的；只有找到自来水的源头，把水源清干净了，水龙头流出来的水才会干净。我认为，西方式的自由就像清洗水龙头得到的水，禅学式的自由宛如清理水源得到的水，当然不可等量齐观。今天的中国人，大部分感到不自由，恰恰是遗忘了传统文化里这种"内在的自由"，古人称之为"舍却自家无尽藏，沿门行乞效贫儿"。我们不应该只求"外在的自由"，应该回过头来，到传统中去寻找"内在的自由"。

第三，学习禅学有利于群体社会和谐。禅宗具有超常的处世智慧，这些智慧体现为相关的处世原则，如"烦恼以忍辱为妙解；是非以不辩为解脱；待人以诚实为真情；执事以尽心为有功；语言以减少为直截；上下以慈和为进德；敬客以谦益为供养；门庭以朴实为庄严；凡事以预办为不劳；处众以慎言为常礼；遇险以不乱为章程；济物以慈悲为根本"。这些原则对我们改善人际关系、建设和谐社会具有重要的意义。

"烦恼以忍辱为妙解"。佛教认为，众生的烦恼有很多种，总的来说是身心两方面的烦恼。比如说身体方面，生、老、病、死都会给我们带来无尽的烦恼。对生的烦恼，做母亲的体会比较深切，不但十月怀胎很不容易，生孩子的过程也危险丛生，一个生命要健康地来到这个世界真是太不容易了。前阵子我到佛山讲学，有位居士拿一尊观音菩萨像托我带到寺院里开光，说他有一对朋友夫妇刚生下来的孩子先天性双肾囊肿，医生断言活不过三岁，只要一看到孩子、一提起孩子他们就忍不住以泪洗面。我想，如果遇到通晓佛法、懂得佛法的人，他就不会这么烦恼，因为他知道各人因果不同，有人长命百岁，有人短寿而亡，甚至有人未出娘胎就死了。没学佛法的人不知这个道理，往往会怨天尤人：为什么别人的小孩很健康，我的小孩却病恹恹？"生"的烦恼已经很大，"老、病、死"的烦恼更令人难受，人最大的烦恼是死亡。我老家是农村的，我曾经在农村生活十多年，目睹很多人对死的恐惧，有的人临终时眼、耳、口、鼻都扭曲得变形了。人为什么会有生、老、病、死等身苦？因为"心有挂碍"，有挂碍就有烦恼，有烦恼才有痛苦。怎么办呢？"以忍辱为妙解"。"忍"是忍受，"辱"是指令人觉得苦迫的感受，"忍辱"即指忍受一切令身心感到苦迫的感受。佛教认为，面对令我们不如意的对象，我们都要能忍，而且不能不忍，实际上人从生到死都在忍。例如，我们不忍就不能组织成家庭，组成家庭就必须在一定程度上忍受另一方的毛病，不忍就会闹矛盾。在单位里也一样，同事有你看不惯的毛病，也必须忍。当然，一般人通过强压自己的烦恼来忍，这种忍辱不仅不能断除烦恼，反而会带来很多问题。首先，这种忍辱有怨恨心、积怨心和抱怨心。这种忍是抱着怨气去忍的，在忍的过程中会积攒怨气，忍完之后还会抱怨，就是会向对方算账，佛教认为这种忍是不健康的。佛教所说的忍辱与一般"忍辱"的差别在智慧，是用智慧去忍辱。什么智慧？就是把一切给自己带来痛苦感受的对象都看空，认识到根本没有什么侮辱要忍。有了这样的知见，在对方发来侮辱信息的时候就没有怨恨心，忍的过程中没有积怨心，忍后也没有抱怨心，他的心始终是平静、健康的。这种智慧不能光靠读经典获得，需要修得。我们这个世界上，美国人最不能忍，所以我前不久去美国开会专门讲忍辱，讲佛教忍辱智慧的重要性。

"是非以不辩为解脱"。"是非"就是对错，我们每一个人都有是非观，人与人之间的是非观除非完全一致，否则都是各以其是非为是非，根本不可能达成一致。就像巴勒斯坦和以色列，原本是一对亲兄弟，就因为偏执一己的是非观，拉拉扯扯打来打去，打了很多年还没有了期。遇到这种情况怎么办？佛教说应当"不辩"。他说美国比德国好，你知道他有此执著，不必跟他辩；反过来，他说德国比美国好，你知道他有此执著，也不必跟他辩。这是不是骑墙态度呢？不是。佛教说的"不辩"不是谁的观点得势就倒向谁，而是既认识到各种是非，又深知本无大家都公认的真理，各种是非如梦幻泡影，根本不能执著，超越了种种是非。这个道理，庄子也有过深刻的论述，其结论与佛教一样：不要执著于双方的是非，而应以"明"来超越各家的是非。庄子所谓"明"就是智慧，古人常常把月亮或太阳发出来的光称之为光明，认为人有智慧就像太阳或月亮一样，光明遍照，没有暗点。如果巴勒斯坦或以色列知道这个道理，先从是非之争中撤出来，就能"相逢一笑泯恩仇"。

"待人以诚实为真情"。"诚"与"实"都是没有任何私心杂念的意思。"诚"是中国传统思想的重要追求，儒道佛三家学问植根的道，其本质特征就是诚。因此，从浅层看，"待人以诚实为真情"是指以诚实无妄之心待人，从深层看则必须依真实无欺的道来待人。今天，我们的社会欺诈成风、谎言成虎，不应该回归传统的诚道吗？

"执事以尽心为有功"。"执事"就是做事，佛家管人，不管你做事情的大小多少，只管你是否尽了心，尽了心就有功德，没尽心就没功德。我觉得这抓到了管理人事的根本，对我们很有启发。现在许多管理者不重从本上管人，而在标上做文章，所谓依指标管理。做事的人也是为满足指标而做事，不管做事过程的实效，也不管用心的实在与否，这是顾标不顾本。佛教抓住心这个要害，要人做事尽心，既有益人格品质的培养，又提升了效率，可以说是标本兼治的良方。

"语言以减少为直截"。"语言"就是说话，说话要尽量少，能不说就不说，能说一句就不说一句半，这叫"语言以减少为直截"。禅宗说，人与人之间的沟通有三个层次，上等的沟通是心心相印，次等的沟通是符号暗示，下等的沟通得苦口婆心。世间以心心相印沟通者十分罕见，以符号暗示沟通者也不多，大多是苦口婆心却沟通不畅的情形，为了避免人际纠纷，语言总宜少不宜多。

"上下以慈和为进德"。"上下"原指丛林中长辈与晚辈，用到世间可以包括父母子女或上下级；慈和，就是慈悲柔和。"上下以慈和为进德"就是以慈悲心、柔和心增进道德修养，类似儒家的父慈子孝、兄友弟恭。

"敬客以谦益为供养"。"敬"是恭敬的意思。怎样恭敬客人呢？首先要谦虚，其次要利他，让客人得到利益。客人来你这里，总是希望从你这里得到一点利益，这种利益不一定是钱财，可以是心理上的安慰，比如说来跟你聊聊天，所以敬是首先把自己矮下来，其次要想着给别人带来利益。佛教首先是想着别人要什么、能为别人做什么，而不是别人能给自己带来什么。

"门庭以朴实为庄严"。"朴实"就是不要搞那些花里胡哨的东西，这有点像对当代人的当头棒喝。当代不管是中国人还是西方人，都竭力在别人面前展现高贵、华丽、富有，就是所谓的奢华，别墅广告说奢华，汽车广告也是奢华，这除了满足自尊心和虚荣心之外，有什么作用呢？晚上睡觉还不是一张床？吃饭还不是两碗？朴实就是能物尽其用。我们需要什么东西，刚好就行，也不欠缺，也不过剩。有不少学佛的人问过我一个问题：学了佛教之后应该怎么买东西？我说我没法具体告诉你买什么、怎么买，只能告诉你需要什么就买什么，以需要为度，而不是以满足虚荣心为度。但是，两者之间有时候很难区分，因为在佛教看来，没有断我执的人有时会把满足虚荣心当成基本需要。这要求我们不能光学佛教理论，还要在生活中践行佛教理论。

"凡事以预办为不劳"。做事能提前做好准备，就不会临时抱佛脚，搞得匆匆忙忙，或者手足无措。

"处众以慎言为常礼"。这是指在大众中说话要慎重谨严。我最近在微信上看到一篇名叫《嘴管好人缘好》的文章，主要强调祸从口出，讲得挺有道理。一般人说话都是顾此失彼的，很难做到八面玲珑、皆大欢喜。我们发现，八面玲珑、皆大欢喜的话语都不是只有一层意思的话语。比如《老子》五千言，你怎么读都有道理；《六祖坛经》也一样，你多浅它就多浅，你多深它就多深，无论如何，你总能从其中得到利益。相反，没有断烦恼的人，说话或写文章，不是执著这个道理就是执著那个道理，这样说出来的话语、写出来的文字，只有他的同道听了高兴，其他人要么没感觉，要么觉得他胡说八道。

"遇险以不乱为章程"。这是讲人要修禅定。"不乱"是指心不乱，如果没有修得一定禅定的人，怎么可能心不乱呢？没有定力的人，恐怕连评职称这样的事情都会让他睡不着觉，更不要说面对更大的事情了。比如，有个人知道自己得了癌症，精气神马上就没了，生命的动力散了大半，怎么活呢！后来听医生说是误诊，又突然间大喜起来。大悲又大喜，连续两轮受到伤害，就是因为没有定力。有一位曾经得乙肝的人，治好后没有复发，来问我该怎么办。我告诉他："这是现代医学和帮你诊断的医生对你做出的判断，只能参考。按佛教讲，科学是什么？科学是以分别心研究自然现象得出的结论，它的正确性是有限度的，可以说是很不可靠的，你要把自己的心寄托在这并不可靠的科学见解上吗？"他一听，心理上的压力顿时大大减少了。从科学走向传统生命哲学走向佛教，你就会知道，科学没有看到宇宙人生的真相，它看到的只是幻象，但很多人更加相信这基于幻象的判断。因为我们在这个科学主义的圈子里生活，这个圈子就是这么治病的，如果你不这么治病，你身边的亲戚就会跟你没完没了，除非你能够说动他们。我有位亲戚得了肺癌，问我怎么办。我跟他说："你拼命做化放疗，只会死得更快。你现在应该关心的，不是争取活多两三天或者一年半载的问题，而是如何超越对癌症的恐惧问题。"最近我给他打电话，他很高兴地跟我说他不怕了。我跟他说："不能光是嘴上说不怕，要心里真的不怕才行，能够克服生死恐惧才是最根本的解决之道。"现在这位亲戚能正面面对这个问题了，有一天他还跟我开玩笑说："怎么得了这个病还可以活这么久？"态度很洒脱，我很赞叹。当然，他不是临时抱佛脚，他平时就是个修行人。这告诉我们，修习禅定的确很重要。

"济物以慈悲为根本"。"物"包括万物和人类，这是说我们要以慈悲心平等对待万物，不能掺杂亲情、友情、爱情等偏执之情，如果掺杂了这些情，做不到一视同仁。

第四，学习禅学有功于世界生态平衡。禅学主张万法平等，所谓"青青翠竹尽是法身，郁郁黄花无非般若"，禅者们将这种主张付诸日常生命实践，与自然山水打成一片，结成没有高下、没有隔阂的亲和关系，这对我们这个深受人类中心主义思想戕害的世界实有振聋发聩之功。我想举一个例子来说明这一点：有人说"天下名山僧人多"，我认为这句话把因果关系搞颠倒了，应该是"山因僧住而知名"。虽然并不是所有僧人都达到了把青青翠竹、郁郁黄花视为法身般若的境界，但他们至少是往这个方向努力，他们在一个地方建庙种地时，就像保护自己的生命一样把那一方山水保护起来，连移动一棵草木都要问原因，更不要说是砍伐了。久而久之，这片山水因为得到很好的保护，渐渐才形成了名山大川的气象。反之，如果我们以功利的目光看待山水自然，不出几天，名山大川就会被夷为平地了。这个世界还是后一类人多，我们的生态才如此严重失衡，如果我们能够学禅学、修禅道的话，我们的生态就会渐渐好起来。

二、禅与禅学

禅不是一种理论，而是一种万法平等的生命境界和依此境界展开的生活方式。前面我们讲到，佛教是释迦牟尼于两千多年前在古印度建立的，那么佛陀究竟看到了什么东西才创立了佛教呢？他看到世界的真相就是禅。

禅是什么？一言以蔽之：万法平等。所谓万法平等，指三千大千世界中的任何一个现象在价值上是完全平等的，没有高低贵贱之分。这个观点在《周易》《庄子》中也有透露，《易传》的"神无方而易无体"包含有这层意思，《庄子》的"以道观之，物无贵贱"则直白地表达了这层意思，但它们在理论与实践上都不如佛教与禅圆满。

具体来说，禅包括以下几个方面的内容。第一是智慧心。什么是智慧心呢？《法华经》说："唯佛与佛乃能究尽诸法实相，所谓诸法如是相、如是性、如是体、如是力、如是作、如是因、如是缘、如是果、如是报、如是本末究竟等。"这句经文说，所谓智慧心就是对世间所有万法的内涵、性质、特点和变化规律都能够洞若观火的心。在佛教看来，只有佛才能够达到这样的境界，才具备这样的智慧；没有断我执的众生不具有这种智慧，虽除我执而未成佛的圣人也没有圆满这种智慧。佛教为什么特别强调这样的智慧呢？因为佛教的最终目的是要自利利他，而要圆满地自利利他，只有具足这种智慧才能做到。举个例子来说，主人招待客人吃饭，如果主人没有断我执，很难了解客人想吃什么：中餐还是西餐？如果他想吃中餐，是粥是面还是饭？这些他都不知道。为什么？因为他有我执就有偏执，会将偏执带进来，以自己的好恶为客人的好恶，譬如自己喜欢艇仔粥就带对方去吃艇仔粥。没有我执又没有成佛的人会怎样呢？有两种情况：一是他已没有对菜的偏执，吃什么都可以，便以为客人也一样吃什么都行，而不知道客人还有偏心；一是他能照顾到客人的偏好，但还是不知道客人偏好的程度如何。佛就不存在这些问题，客人偏酸偏甜、三分酸四分酸，他都知道，他能招待得恰到好处，并且不用对方开口就做好了。这就是智慧心。

第二是平等心。玄奘法师翻译的《大般若经》说："于一切法平等性中，若诸异生，若诸圣者，乃至如来、应、正等觉，法及有情，皆无差别。""异生"是六道众生；"诸圣者"是悟了道的圣人；"如来""应""正等觉"都是如来的名号，如来共有十个名号，意思是觉行圆满的圣人；"法"指"无情"，指花草树木山河大地等没有情识的现象；"有情"指有情识的生命。这一切法皆无差别，即万法平等。《金刚般若波罗蜜经》说"是法平等，无有高下，是名阿耨多罗三藐三菩提"，也是这个意思。这告诉我们，万法平等是禅的第一义。

　　第三是慈悲心。关于慈悲心，《大般涅槃经》说得很好："发心毕竟二不别，如是二心先心难；自未得度先度他，是故我礼初发心。初发已为人天师，胜出声闻及缘觉；如是发心过三界，是故得名最无上。世救要求然后得，如来无请而为师；佛随世间如犊子，是故得名大悲牛。"佛教告诉我们，成佛有一个根本前提：慈悲心。佛教认为，众生最初发起一念慈悲心很难，而一旦发起慈悲心，则等于跟过去的"我"告别了。过去的"我"是自私的个体，起心动念都是"我"要什么或不要什么，很难考虑到别人或众生的愿望；发起慈悲心后，平等慈悲对待众生的念头已经进到心里，像一颗菩提种子种了下来，从此旧"我"就走上了断除我执、自利利他的菩萨道。发起慈悲心后，他已胜出重于自利的声闻和缘觉，成为"自未得度先度他"的大心众生，有资格做三界六道众生的导师了！但慈悲心有三个层次的差别，即众生缘慈悲心、法缘慈悲心和无缘慈悲心，前者是凡夫的慈悲心，中者是菩萨的慈悲心，后者是佛的慈悲心。禅的慈悲心是没有任何条件的慈悲心，也就是无缘慈悲心。在这方面，佛陀也做出了典范示现。《金刚经》里讲，佛陀从前在山上修苦行时，遇到歌利王的妃子，和她聊天，引来歌利王猜疑，以为佛陀与他的爱妃有染。他问佛陀："你得道了没有？"佛陀说："没有。"歌利王想，没有得道的人会有邪念，于是疑心更强烈了。他又问佛："你们修行人怕不怕死？"佛陀说："不怕死。"歌利王随即令卫兵把佛陀捆绑到一棵树上，将他凌迟处死。当时，佛陀对歌利王并没有一点嗔恨心。另外一部经还补充说，佛陀不仅对歌利王没有嗔恨心，他还发了一个愿："将来成佛后首先要度化歌利王。"佛陀成佛后果然兑现了他的誓愿，在他最初度化的五比丘当中，名叫乔陈如的比丘就是歌利王的后身。佛经称佛陀为"大悲牛"，的确很形象。

　　禅的智慧、平等、慈悲三心是一个整体，智慧心是平等心、慈悲心的基础，平等心、慈悲心是智慧心的内涵和落实。

禅学有两层意思，一指佛教戒、定、慧三学里的禅定学。佛学指系统地阐述佛教见解和实践的学问，其内容分为三个部分，一是戒律学，二是禅定学，三是智慧学，它们由浅入深构成了佛学的整体。戒律是佛教信仰者和修行者要持守的伦理道德规范，禅定是在持守戒律的基础上训练心念集中的方法，智慧是在禅定基础上观察觉悟宇宙万法的真相，禅定学即阐明众生心念有什么问题、如何才能修习和得到禅定的学问。佛教认为，众生的心总是表现为两种状态，要么跑来跑去、奔腾不息，像天上的浮云一样；要么昏昏沉沉、不清不楚，像隔雾看花一样。前面一种叫散乱心，后面一种叫昏沉心，这两种心都不健康，都没有智慧。所谓禅定学，主要就是告诉佛教信仰者和修行者如何对治散乱心和昏沉心，令散乱心变成安稳心、昏沉心变成清明心，顺利开启智慧。

禅学还有一个含义，指禅宗里系统阐发佛教见解和佛教修行实践的内容。禅宗是六祖慧能大师（638—713）创立的佛教宗派，根本经典是《坛经》。《坛经》完整地阐述了禅宗的见解、修行和果位，把禅宗的特色全面展示了出来。六祖创立禅宗后，曾受到传统势力的挤压，中间经历了不少曲折。唐朝开元年间，六祖弟子神会到河南与神秀系的一个有名法师辩论，辩论取得胜利之后，慧能创立的禅宗开始闻名天下。到柳宗元为六祖写碑铭时，已经说"凡言禅皆本曹溪"了。宋以后，中国佛教基本上是禅和净土两宗并驾齐驱，主导整个中国的佛教世界，其他佛教六宗信奉和修学的人都不多。直至今天，禅净两宗仍然是中国佛教最主要的宗派。

禅宗在见地、修行等方面有些什么独特之处呢？我们首先要肯定禅宗是佛教的一个宗派，不能游离于佛教来说禅宗，因为禅宗的"万法平等"这个根本见地是任何一个佛教宗派都坚持的，有的人把禅宗看成非佛教甚至反佛教的学问，很有问题。但是，禅宗在如何论述、实现万法平等等方面，又有与其他佛教宗派不共的特点，主要表现在以下三个方面。

第一，理论上没有系统。其他佛教宗派都有系统的理论，禅宗则没有多少理论，自称"教外别传，不立文字"。这有几层意思：首先，禅是教的归宿而不是教本身，任何教都说不到禅，因此禅必须依心心相印、以心传心的方式来传承，这是"教外别传"；其次，语言文字是双刃剑，禅者悟道不能没有语言文字引导，但语言文字又容易令人死在句下，因此禅者不能住于语言文字，故说"不立文字"。第二，修行上没有定法。其他各宗各派都有一种主要的修行法门，但是禅宗没有固定法门，以所谓"无门为法门"。第三，禅宗直指人心。其他各家各派都有由浅到深的修行次第，禅宗却没有这样的次第，而是"直指人心，见性成佛"。这个特点，圆悟克勤禅师讲得透彻而形象："有祖已来，唯务单传直指，不喜带水拖泥，打露布、列窠窟钝置人……具正眼大解脱宗师，变革通途，俾不滞名相，不堕理性言说，放出活卓卓地，脱洒自由。妙机遂见，行棒行喝，以言遣言，以机夺机，以毒攻毒，以用破用。所以流传七百来年，枝分派别，各擅家风，浩浩轰轰，莫知纪极，然鞠其归着，无出直指人心。"不管禅宗的禅师们如何变换花样来教训弟子，不变的宗旨都是直指人心，不拐弯抹角、拖泥带水。

正是因为禅宗讲求直指人心，所以没有固定的修行法门，禅师们只是让弟子依照禅宗的根本见地去生活，在生活中体悟禅道。譬如，师父可能派你扫地，也可能派你耕田，或者派你去待人接物，你一边工作一边体会禅，渐渐地准备和累积开悟的条件，这都是禅宗的修行，古人称为"农禅"。等到有一天水到渠成，禅师知道这个地方瓜果可以摘了，那个地方萝卜可以挖了，他会重重打一棍子，或者轻轻说一句话，或做一下其他的表演，顿时令弟子的烦恼烟消云散，爆发出智慧的光明来。《五灯会元》《景德传灯录》等灯录载录的禅宗公案，表面看起来五花八门、目不暇接，但都不出这个宗旨。

我们不妨举一例看看。有个叫楼子的和尚，他的法号已无人知晓，这个名号是由他开悟的机缘所得。一天，楼子和尚行脚，经过一座青楼时袜带掉了，就弯腰系袜带。正在此刻，楼上的歌妓唱到："你既无心我也休。"他听到这句话当下大悟，从此以楼子和尚著称于世。很明显，这句唱词是对负心情人的哀怨："既然你不爱我，我何必自作多情呢！"但楼子和尚却因此悟道了！你说奇不奇怪？一般人自然觉得非常奇怪，但从禅宗的参禅实践看一点都不奇怪。他一直在生活中用功参禅，久已将种种二元对立念头收摄到譬如"念佛是谁"这个二元对立念头上，行住坐卧是这个念头，穿衣吃饭是这个念头，醒来睡去也是这个念头。当他走到青楼下时，已经到了看破这个念头的临界点，此时"你既无心我也休"的唱词唱出，正好打破他心里这个念头，他就悟道了。这有点类似拔河：两边都拉得很紧时，突然有人从中间将绳子一刀两断，取消了敌对的两种力量，两边的人顿时都得到了自在。不过，这精彩一刻需要平时用功，否则这一刻绝不可能出现。

三、参禅三关

禅宗的修行方法的确是"直指人心、见性成佛"，但人们为了便于理解，从理论上归纳出了参禅三关，其中数雍正皇帝说得最为集中："如来正法眼藏教外别传，实有透三关之理……夫学人初登解脱之门，乍释业系之苦，觉山河大地、十方虚空并皆消殒，不为从上古锥舌头之所瞒，识得现在七尺之躯不过地、水、火、风，自然彻底清净、不挂一丝，是则名为初步破参。前后际断者，破本参后，乃知山者山、河者河、大地者大地、十方虚空者十方虚空、地水火风者地水火风，乃至无明者无明、烦恼者烦恼、色声香味触法者色声香味触法，尽是本分，皆是菩提，无一物非我身，无一物是我己，境智融通，色空无碍，获大自在，常住不动，是则名为透重关，名为大死大活者。透重关后，家舍即在途中，途中不离家舍，明头也合，暗头也合，寂即是照，照即是寂，行斯住斯，体斯用斯，空斯有斯，古斯今斯，无生故长生，无灭故不灭，如斯惺惺行履，无明执著自然消落，方能踏末后一关。虽云透三关，而实无透者，不过如来如是，我亦如是。从兹方修无修、证无证，妙觉普明，圆照法界，一为无量，无量为一，大中现小，小中现大，坐微尘里转大法轮，于一毫端现宝王刹，救拔众生，利用无尽。"

第一关叫"破初关"或"破本参"，主要目的是从有证空，或者从父母生身证得法身。这一关最难过，因为这一关是从黑夜走向光明、从凡夫变成圣人的一关，过不了这一关就是我执凡夫，过了这一关就成了觉悟者。这一关根本上是认识世界方式的转变，要求从依分别识（理性）的方式认知世界转为依无分别智（智慧）的方式体知世界。凡夫的情况如何？长沙景岑禅师说："学道之人不识真，只为从来认识神；无始劫来生死本，痴人唤作本来身。""学道之人"是走上修道之路的人；"真"或"本来身"指我们的本来面目，即六祖所谓"本来无一物"的本心；"识神"指阿赖耶识，是众生轮回生死的根本。愚痴的参禅人不能够认识本来面目，原因是什么呢？因为他只认识阿赖耶识。阿赖耶识本来是众生无量劫来轮回生死的根本，参禅者却将它误认为一尘不染的本心，所以参禅的初关就是要破除这个"识神"。这是形象的说法，从根本见地上讲，不能说有一个实实在在的"识神"需要去破，如果陷入这种常见那就没办法破了；其实，"识神"的本性就是众生心的本性（佛性），只因众生将佛性执著为实体，它才由此变成了"识神"。打个比方，海市蜃楼是幻象，而不是真正的城市，如果是的话就不叫海市蜃楼了；迷执的众生不知道它是梦幻泡影，认为它是实实在在的，那是因为他们有颠倒见。

这种颠倒见从哪里来？从无始无明中来。无始无明没有起点、不知来处，不能追问，但所有众生无不先天堕入这种颠倒见，以假当真，才走上了生死轮回之路。这个乱"真"的"假"，落到众生身上就是"自我"这个实体。佛教认为，要破除分别识，首先就要破除"自我"这个实体。这很困难，因为古今中外许多学问都在构筑这样的"自我"。例如马斯洛的人类需要层次理论，五个层次中最高的层次就是"自我"实现。依佛教看来，根本就没有"自我"，如何"自我"实现？在梦中讲实现，岂非梦中说梦？还有很多哲学也在建立类似于"自我"的种种实体。佛教为什么特别警惕"自我"？原因在于，如果一个人堕入"自我"的执著，会带来包括生死在内的种种烦恼。谁怕死？就是自己构筑起来的"自我"怕死。只有先破除了这个"自我"，才能消除烦恼。

人能破除"自我"吗？能。因为"自我"根本不存在。《金刚经》说，"无我相、无人相、无众生相、无寿者相"，其中"无我相"就是没有"自我"。佛教典籍还有很多譬喻来显示"自我"的虚幻性，如其中有个譬喻是这样的：有个少男晚上做了个梦，梦见一个花枝招展的女孩，怎么看怎么漂亮，于是陷入了单相思，睁眼闭眼都是那个女孩的身影。他郑重其事地把事情告诉母亲，要和这个女孩结婚，请母亲帮他说媒。他母亲告诉他：这个女孩是你梦中的幻象，现实中根本就没有，不能执著。那个男孩就是佛教所说的凡夫，他梦见和执著的女孩则是众生虚构的"自我"。

为什么没有"自我"？因为诸法缘起性空。在佛教看来，世界不过是由不同条件所构成的不同现象不断流转的过程。首先，一个现象的出现，不仅需要主要的条件，也需要很多辅助条件。比如今天我们来这里上课，就是由各种条件合成的场景，其中有我们肉眼可以看得见的原因，比如教室、主办单位、管理人员、交通工具、我们自己身心健康等；还有一部分我们肉眼看不见的原因。进一步地说，原因前面有原因，原因的原因前面还有原因，无穷的因果构成了一个不断和合流转的过程。既然如此，任何现象都处于"生、住、异、灭"的变化过程中，没有任何现象能够永恒存在。譬如今天上课这个场景，随着讲课时间的推移，这个场景也不断往前推移变化，到四点钟讲座结束，这个场景就不存在了，其中没有任何东西永恒存在下去。不明白这个道理的人，会把某个可爱的境界固定下来，视为永恒不变的境界，由此产生永恒常住的错觉……这种心念就是我执，只要一生起这种心念，要走出来就难了。反过来，如果知道这个对象是在"生、住、异、灭"过程中的对象，你根本抓不住它，抓到的只是自己的想象或感觉，不光是做无用功，还会自寻烦恼，还抓它干什么呢！佛教所谓万法皆空，从理论上很难讲清楚，但从修行上比较容易体会，即毕竟不可得；所谓破除我执，就是破掉有所得心，也就是破掉执著心。

禅宗破我执的方式是"擒贼先擒王"的方式。这个"王"是谁？我认为是二元对立的认识方式。所谓二元即主体与客体，二元对立的认识方式即建立在主体与客体对立基础上的认识方式，也就是我们很熟悉的理性认识方式。理性与智慧两种认识方式的确有不少区别：（1）基础：理性——二元对立，智慧——非二元对立；（2）性质：理性——分别性，智慧——无分别性；（3）特点：理性——反思性、静止性、片面性、隔别性的理知，智慧——直接性、动态性、全面性、融贯性的体知；（4）目的：理性——获得各种知识，丰富身心生活，智慧——觉悟宇宙真相，安顿精神生命。佛教认为，人们用理性认识方式认识世界，不能认识宇宙人生的真相，带来的直接结果是"我"与"法"的出现和对立，进而以为真有生死，对生死产生恐惧，度日如年；用智慧认知方式体知世界，则能洞察宇宙人生的真相，发现根本没"我"与"法"，根本没有生死问题，生死恐惧自然就烟消云散了。

念过《般若波罗蜜多心经》的人知道，经中第一句话是"观自在菩萨行深般若波罗蜜多时，照见五蕴皆空"，这句话强调的正是只有"智慧"这种体知方式才能"照见五蕴皆空"、破除我执而明心见性。一个人如果完成了从二元对立的理性认识方式到无分别的智慧体知方式的转换，就可以说破除了我执，证到了空性，见到了法身，破掉了初关，解决了生死问题。要过这一关，必须警惕云门文偃禅师所谓"光不透脱"的两般禅病：一是"一切处不明，面前有物"；二是"透得一切法空，隐隐地似有个物相似"。前者即大慧宗杲禅师呵斥的"黑山下鬼窟"，病根是不知念头空不可得，病症是强摁念头，结果是堕入黑漆漆的意识深坑；后者穿破"黑山下鬼窟"，显现出法空的光明相，却不能透出光明相。真正跨过超越这两般病，才算真正见到了法身。其结果，禅宗的譬喻令人印象深刻：原来一直被关在笼子里的鸟，现在冲破笼子，飞到无边无际的太虚空中，得到了心灵的自由。

过了这一关是不是万事大吉了呢？不。还有由空性、法身融入万有的功夫，禅宗称之为"透重关"。如果不过这一关，参禅者就会把空或法身当作一个实在的境界来执著，云门文偃所谓"得到法身，为法执不忘，己见犹存，坐在法身边"就是说这种毛病。佛眼清远禅师称这种病为骑驴觅驴："龙门道只有二种病：一是骑驴觅驴，二是骑却驴了不肯下。你道，骑却驴了更觅驴！可杀是大病！山僧向你道：'不要觅，灵利人当下识得。除却觅底病，狂心遂息。'既识得驴了，骑了不肯下，此一病最难医。山僧向你道：'不要骑，你便是驴，尽大地是个驴，你作么生骑？'你若骑，管取病不去；若不骑，十方世界廓落地。此二病一时去，心下无事，名为道人。"这里提到的两种毛病，"骑驴觅驴"是向外求佛的凡夫病，过初关后已经治愈，"骑却驴了不肯下"则是执著法身的圣贤病，正是过初关后急需解决的问题。

在宗门里，不少参禅者堕于这种境界，不能发起智慧妙用，而祖师有很多公案就是专门破这种毛病的。例如，临济禅师有一次开示时说：参禅者要见佛杀佛、见祖杀祖，见父杀父、见母杀母。这话听着很吓人，好像他在鼓励杀人，其实不是。这里的佛、祖、父、母，都是譬喻参禅悟道者执著的空性、法身，他在呵斥参禅者对空性、法身的执著。禅师说这个毛病最难医治。为什么呢？因为佛教徒发心信仰佛教、修学佛道，本来就是为了发现这个空性、证得这个法身，现在要他把这空性、法身空掉，真是不容易。

这一关所以难过，因为它要把自己最爱的东西舍掉。前不久我看到南怀瑾先生的一篇文章说到这个问题，说佛教徒最大的魔是佛魔。这话当然不是说佛是魔，而是说学佛的人学得满身佛气，满嘴佛言佛语，动不动就是空有理事，就算面对基督教徒他也不停地说空道有，让别人讨厌。这就是犯了执著空性、法身的病，不能够当机灵活地应对人、事、物。龙树菩萨说"大圣说空法，为离诸见故，若复见有空，诸佛所不化"，是对这种执著的警告；《金刚经》说"法尚应舍，何况非法"，是对这种执著的鞭策；云门文偃禅师说"直饶透得法身去，放过即不可，仔细点检来，有什么气息？亦是病"，是对这种执著的呵斥。如果破掉对法身的执著，就不会这样了，他虽然一直在佛道上，但见到不同的众生能说不同的法，见到基督教教徒则跟他们说三位一体，说神恩说救赎；见到马列主义者则跟他们说辩证关系说相互转化等。因此所谓破重关，实际上就是从佛位上下来，跟大千世界融为一体。

完全与大千世界融为一体，便是云门文偃所谓"天是天地是地，山是山水是水，僧是僧俗是俗"的佛境界，这只有破了生死牢关才能达到。这种境界及其发起的妙用，我们可用廓庵师远禅师《十牛图颂》中的两首诗来显明，第一首是："返本还源已费功，争如直下若盲聋？庵中不见庵前物，水自茫茫花自红。"这首诗侧重彰显众生本来是佛。辛苦成佛后，才知道原来做这么多功夫无非是为了回到原点。因为我们久已遗忘原点是什么，不知道原点就是最圆满的，总以为另一个地方更好，所以要修、修、修，修到最后才发现原来到处一样。有首歌唱道："终点就是到起点。"我觉得这句话太有智慧了！众生之所以有烦恼，就是没有悟到终点就是起点，都是认为生活在别处，由此带来种种烦恼和痛苦，生命就在不停的折腾中过去了。所有的众生都有这样的经历，区别只是在于有长有短，有些人很短就能超越过去，有些人要一辈子甚至几辈子才能放下，这就是返本还源。有人会问：既然我们本来是佛，还要修什么呀？由于无明的遮蔽，我们看不到自己是佛，所以不能不修。成佛后发现"我"原来如此，所以见到了本来面目的圣人往往如盲如聋，不会夸谈自己怎么精进、怎么超越，因为超越的都是自己妄想执著的东西。到了这个时候，才能安住于本心，不被心外之境所转，所谓"庵中不见庵前物"。心不附物，自然是"水自茫茫花自红"的如如境界。

第二首如下："露胸跣足入廛来，抹土涂灰笑满腮。不用神仙真秘诀，直教枯木放花开。"这首诗侧重表达佛菩萨救度众生的慈悲心。佛菩萨光着膀子、打着赤脚到集市中去，看上去像济公和尚一样衣冠不整、蓬头垢面，但是他笑容可掬，圆满具足，无欠无余。他不需要玩那些迷惑凡夫的神通，只是随缘显现自己的语言行为，就可以点铁成金，让枯木开花。与中国人非常有缘分的一尊菩萨——观世音菩萨，就是这样自然而然、平平常常度众生的，众生"应以何身得度者，即现何身度脱之"。

讲到这里，我想举出前两年发生在江西的一个真实的故事：一个村子里搞活动，村民大开筵席，有人去集市买了一只杀好的狗回来做菜。狗肉摆上桌，酒水也准备好了，这时主人家养的狗却开始狂吠起来，主人怎么规劝和呵斥都止不住。主人以前没有见过这种现象，知道有什么变故要发生，但到底是什么异常他也不明白。吃饭时间到了，大家准备入席开吃。就在这一瞬间，那条狗跳上饭桌，扒拉一块狗肉就吞了下去，结果不到一分钟就死了。在场的人都大惊失色，这才明白这条狗狂吠是为了救他们。原来，他们从集市上买来的狗是被毒鼠强毒死的，狗肉里残留了很多毒药，吃下去必然丧命。这群人一边庆幸，一边很感恩这条狗，于是选个日子重礼安葬了这条狗，还给它建了块碑，记述了它的救命之恩。从佛教的角度来说，这条狗就是救度众生的佛菩萨。

究竟说来，谁是佛菩萨呢？任何能让众生离苦得乐、远恶向善的人、事、物都是佛菩萨；甚至只要在我们的人生道路上，对我们远离邪恶走上善道、远离虚假走向真实、远离丑陋走向美好有过些许帮助的人、事、物都是佛菩萨。这样说来，实际上你、我、他，大千世界的一切动物、植物都是佛菩萨，无怪乎《华严经·普贤行愿品》说三千大千世界里有不可说不可说无量诸佛菩萨。

这就是禅宗参禅要经历的三关，有的人一下子三关全过，有的人过了一关再过下一关，因缘不同，各随其便。只要我们各人依自己现在的状况，踏上修行菩提之道，不紧不慢、不急不躁地做功夫，到了一定的因缘时节，那个能帮我们过关斩将的师父自然就来了。那个师父是谁呢？有可能是一个人，有可能是一只猫，有可能是一阵风，有可能是绊了自己一跤的石头。

四、参禅的方法

这里所说的参禅方法都是禅宗的参禅方法，而且属于禅宗最根本层次的参禅方法。

一是无念禅。"无念"指没有任何杂念，而不是没有任何念头，如果理解为没有任何念头，就是把一个活生生的人看成一个石头，是不对的。无念本是佛的清净智慧境界，也就是说佛智慧本身的一个特点就是没有杂念，正如佛在《大般若经》所说："我无相、无得、无念、无知故，一切智智无相、无得、无念、无知，是毕竟净。""无相"是无差别相的念头，无得是无有所得的念头，"无念"是没有分别的念头，无知是没有分别见，可见无念就是智慧的本性。

既然"无念"是智慧的本性，它就是对果位智慧的描绘，果位的智慧如何能够成为修行方法呢？我们看六祖大师是怎样开示的。

六祖大师明确以"无念"为禅宗修行的根本宗旨："我此法门，从上以来，先立无念为宗，无相为体，无住为本。无相者，于相而离相。无念者，于念而无念。无住者，人之本性。外离一切相，名为无相。能离于相，即法体清净，此是以无相为体。于诸境上心不染，曰无念。于自念上常离诸境，不于境上生心。若只百物不思，念尽除却，一念绝即死，别处受生，是为大错。"（《坛经》）这里的"无念"如前所述。"无相"指万法本身共同具有的空相，如《般若波罗蜜多心经》说"不生不灭，不垢不净，不增不减"的"诸法空相"。"无相"不是说万法没有差别相，比如这个茶杯与那个茶杯在相上还是有不同，"无相"只是说没有一个支撑茶杯永恒不变的相。佛教认为，空相才是大千世界的真相。"无住"，佛教说"无住"是众生智慧心本身的根本特点。打个比喻，我们的智慧心本来像珠江水一样川流不息，不会在一个地方停下来，这是"无住"；反过来，如果我们的心在一个地方停下来，就是"有住"。有人可能会有疑问：如果我的心不住，怎么能从早到晚坚持做完一件事呢？如果心念像野马一样跑来跑去，不是连精神都无法集中吗？这是误解了"无住"的含义。我们跟人、事、物接触时，心念始终在这个人、事、物上，这不叫执著，这叫认真；我们跟一个人、事、物接触完，要去做另外一件事情，但念头还停住在前面的人、事、物身上，或想起其他的人、事、物，这是"有住"。再打个比喻，如果我们用一个指向未来的箭头表示心念，"无住"的一个本意是，在心念的河流中，如果念头在一个地方停了下来，新的念头一定起不来，一定要前一个念头消失了下一个念头才能起来，所以只有心念"无住"才是健康状态。当然，我们的念头不是跟人、事、物隔绝的念头，而是始终在和它们的关联中运转的念头。在我们的念头在某个时刻指向某个人、事、物，直到这件事情完结之前，我们该一心一意、善始善终。因缘到来，当我们的心念应该指向别的人、事、物时，我们能顺利转向它们，这是"无住"。反之，如果我们的心念不能从前面的人、事、物中撤出来，对新的人、事、物视而不见、听而不闻，这是"有住"，是一种执著。当我们应对的人、事、物尚未完结，但我们的念头安住不了，禁不住转到了别的人、事、物身上时，这也是"有住"，也是一种执著。佛教认为，心本来不住于物是我们自在的根本依据。

从修行方面看，"无念"跟"无相""无住"是什么关系？简单地说，通过"无念"实现"无住"和"无相"，"无念"是智慧之因，"无住"智慧之果，"无相"是智慧之果看到的宇宙人生真相。虽然智慧心本来是"无住"的，但是由于众生受到无明的遮蔽，总是杂念纷飞，攀缘执著，所以要用"无念"来对治。我们的杂念有哪些？一切二元对立的念头，例如，长短、生死、迷悟、凡圣等都是。禅宗用功的心要就是：无论何时何地，只要心里起任何二元对立的念头，就用"无念"法把它照破。这就有点像牧童放牛：二元对立的烦恼心是牛，"无念"法门是放牛娃，生起二元对立的念头像牛吃庄稼，用"无念"照破二元对立的念头则宛如牧童把牛从庄稼地里拉出来。禅宗坚信，如此时时练、天天练，因缘时节到来，一定能够云开雾散，见到本地风光。

"无念"法门有几个关键点。首先，要"于诸境上心不染"。"染"是执著，"不染"就是不执著。我们触境对缘时，不能对任何见闻觉知的境界产生执著心。禅宗常常会用奇妙独特的语言来表达这样一种境界，例如云门文偃禅师说："终日著衣吃饭，未曾触著一粒米，挂著一缕丝。"吃饭就吃饭，不曾生起更喜欢吃东北米或广东米的念头；穿衣就穿衣，也不曾生起更喜欢什么衣料、什么款式等念头，真正随缘度日。反过来，如果心染于境，吃山珍海味、穿绫罗绸缎也烦恼。

其次，不能"百物不思"。有的人把"无念"误解为百物不思，六祖批评说："若只百物不思，念尽除却，一念绝即死，别处受生，是为大错。"百物不思等于把自己变成了石头一样的痴人，哪里是禅呢？有人以为，参禅是把自己的六根都关闭，像聋子哑巴一样，这是闭目塞听，根本不对。佛教其他宗派的次第禅法，初期需要一段远离聚落的静修功夫，但最终都要回到生活中来。禅宗则不提倡这种修法，认为一开始就应该在生活这个大熔炉中参禅。

再次，要顺"真如自性起念，六根虽有见闻觉知，不染万境，而真性常自在"。有人担心：除掉杂念还有念吗？还能做事吗？这不用担心。"真如"就是智慧心，它本身自然能生起智慧的念头，这种念头通过六根发出来，眼根自能见色，耳根自能闻声，鼻根自然嗅香，舌根自能尝味，身根自能触觉，意根自能知法，它们都是自然而然、自在无碍的。禅宗有一个公案精彩地展示了这样的境界：有位老师父带着小童子在庙里修行，这个小童子既不懂争名夺利，又不懂尊老爱幼，也不懂待人接物，只是自然淳朴地过日子。一天，老师父外出办事，外面有位师父到庙里来参访。他发现这个小童子既不知道跟他打招呼，也不知道为他泡茶，就问："小师父，你在这里多少年了？"小童子说："我在这里好几年了。"来访僧人说："你怎么连待人接物的规矩都不懂啊？"他把小童子骂了一顿，接着就开始教他规矩。小童子跟着学，完全改变了以前的样子。客人还没离开，老师父回来了。小童子听到门前狗叫，赶紧跑出来对师父说："师父，弟子给您接驾。"师父颇感疑惑。师父刚进门，小童子又说："师父，请上座，弟子给您上茶。"老师父很奇怪："怎么回事？你从哪里学得这套东西？"小童子把事情和盘托出，并且忏悔自己刚学这些规矩，做得不好，请师父不要怪罪。老师父听了后，对客人说："我好好一个徒弟，就这样给你教坏了！你走吧！"于是把客人赶走了。小童子代表我们的本真状态，客人代表人为造作的状态，师父则代表禅宗，这表明禅宗特别看重本真。

"无念"禅是禅宗的根本修行法门，此后禅宗开出来的沩仰、临济、曹洞、云门、法眼五家宗派，都以"无念"为根本修法来教化弟子。我认为，"无念"禅非常适合现代人修行，因为它完全是做回光返照的心地功夫，对外在条件没有多少要求。现代人似乎什么都不缺，最缺的恰恰是时间，没法远离工作岗位、家庭亲人到山间林下去静修，禅宗开的这个法门对他们正好大有用武之地。有人会说："我不信仰佛教，修这法门有用吗？"我认为，并非只有信仰佛教的人才能修习"无念"禅，实际上所有的人都能够也应该修习"无念"禅，因为禅的直接目的是断除烦恼，而不是信仰佛教。我相信，如果大家去试试，一定会得到真实的利益。

二是看话禅。"看话"禅又叫参"话头"或看"话头"，是宋代兴起的一种参禅方法。什么叫看话头呢？从最浅的意义上来理解，是参究禅师们在引导弟子过程中令弟子得到受用的公案或语录。例如，有僧问赵州禅师："什么是祖师西来意？"赵州禅师答："庭前柏树子。"后人认为这是一个经典的语录，将这个语录作为可参究悟道的"话头"。从深层看，话有三种，一种是书面语言，也就是文字；一种是口头语言，即已经说出来的话；还有一种是心语，即已经生起而未说出话的念头。"话头"指的是这一念未起之前的状态，所以参话头其实是参悟一念未起之前的状态。这个状态是什么？是我们的佛性、我们的本心或我们的智慧本身。换句话说，通过公案或语录去看一念未起之前心的本来面目，这才是参"话头"。

看话禅最先由唐朝的黄檗希运禅师开出，他在《宛陵录》中说："若是个丈夫汉，看个公案：'僧问赵州：狗子还有佛性也无？州云：无。'"徒弟问赵州禅师："狗有没有佛性？"赵州斩钉截铁地说："没有！"佛教说一切众生皆有佛性，赵州的说法与佛陀的教示根本相矛盾。赵州为什么说狗没有佛性？我们通过二元对立的思维方式根本想不出任何合理的答案，这就是一个有助于打破我们二元对立思维方式的"话头"。怎么参究这个"话头"呢？希运禅师说："但去二六时中看个'无'字，昼参夜参，行住坐卧，著衣吃饭处，阿屎放尿处，心心相顾，猛着精彩，守个'无'字。日久月深，打成一片，忽然心花顿发，悟佛祖之机，便不被天下老和尚舌头瞒，便会开大口：'达摩西来，无风无浪。世尊拈花，一场败缺。'到这里，说甚么阎罗老子？千圣尚不奈尔何。"意思是说，如果你参透了赵州禅师说"狗子无佛性"的"无"字，你就见到了自己的本来面目，就完全明白佛陀、祖师教化众生们的种种法门的秘密了。

这种参禅的方法，经南宋大慧宗杲禅师弘扬，一直盛行到现在，今天大陆许多寺院还是用这个方法参禅。大慧宗杲禅师如何提示看话禅呢？他说："须知人人有此一段大事因缘，亘古亘今，不变不动。也不着忘怀，也不着著意，但自时时提撕。妄念起时，亦不得将心止遏，止动归止，止更弥动。只就动止处看个话头，便是释迦老子、达摩大师出来，也只是这个：'僧问赵州："狗子还有佛性也无？"州云："无。"'……须是行也提撕，坐也提撕，喜怒哀乐时、应用酬酢时，总是提撕时节。提撕来提撕去，没滋味，心头恰如顿一团热铁相似，那时便是好处，不得放舍。忽然心华发明，照十方刹，便能于'一毛端现宝王刹，坐微尘里转大法轮'。"他又说："看时不用博量，不用注解，不用要得分晓，不用向开口处承当，不用向举起处作道理，不用堕在空寂处，不用将心等悟，不用向宗师说处领略，不用掉在无事甲里。但行住坐卧，时时提撕：'狗子还有佛性也无？''无。'提撕得熟，口议心思不及，方寸里七上八下，如咬生铁撅，没滋味时，切莫退志。得如此时，却是个好底消息……忽然喷地一发，到究竟安乐、大休大歇处，方始自肯。"

这两段开示指出了参"话头"的几个要点。首先，为什么要参"话头"？当然是为了获得智慧。禅宗获得智慧不是有前面的"无念"禅吗，为什么还要参"话头"？有些人悟性比较高，可以用"无念"的法门参，有些人却不行，他的各种杂念就像风起云涌、万马奔腾，力量太大了，止都止不住，须用参"话头"的方法加以对治；如果不给他一个"话头"，他将永远沉浮在业流里。因此，参"话头"的第一个功用，就是把参禅者杂念纷飞的心转到"话头"

上来。

其次，具体应该怎么参话头？首要的是不要去理解"话头"，如果走上意识理解之路，那就永远也参不出来，因为一开始就走错路了。有些听到"狗子无佛性"这句话就会想：为什么狗没有佛性呢？因为狗比人的层次低。这样是永远参不破话头的。到底应该怎么参呢？古人有个很形象的形容：如鸡抱卵，不即不离。"话头"像鸡蛋，参"话头"的人像母鸡，母鸡抱鸡蛋是为了孵小鸡，如果母鸡一屁股用力压在蛋上（即），蛋破了就孵不出小鸡来；如果母鸡远离鸡蛋（离），温度不够，照样孵不出小鸡来。这个譬喻告诉参"话头"的人，你心里要有赵州"无"字"话头"，但不能用力去压它，如果用力过猛，就会身热心躁，出现毛病；但也不能断断续续，必须念兹在兹，念念都在"话头"上。这是指我们消除其他种种杂念后，要把念头集中在"话头"上，有个能参"话头"的人与所参的"话头"相对，就会生起疑情，形成一种张力。待到这种张力走到一个断裂的临界点，就像拔河的绳子将断未断之际，这个时候碰到一个善知识点化，就能点石成金了。

参"话头"有三个难点：参禅者定力不足、心浮气躁，难以一心专注、不疾不徐、持之以恒地参"话头"，此其一；难以对"话头"生起疑情，离心意识参，此其二；难以不在公案上觅知见、求解会，此其三。这是在止与观两方面带来的困难，得通过平时用功来克服：在平常日用中训练专注力，有机缘专门进行禅修（如打禅七），以增强定力；常读《楞伽经》《维摩诘经》《圆觉经》《文殊般若经》《金刚经》《坛经》《五灯会元》等禅门经典，以巩固禅宗的不二见地和"无念"的用功方法。最好不要一开始就从读公案入手，即使读公案也不要去理解公案。

三是默照禅。"默照"，从因位讲"默"是止"照"是观，从果位讲"默"是定"照"是慧，"默照"禅是从果位圆修的禅法，即通过定慧等持的方法顿悟本来面目的禅法。"默照"禅源远流长，《维摩诘经》中的"维摩默然"是"默照"禅的示范，菩提达摩的"壁观"是此禅法的心传，惠能令惠明依"不思善、不思恶"体悟本来面目也是此禅法的相承。宗门中，最先直示"默照"禅心要者当为唐朝的药山惟俨禅师："（药山禅师）一日坐次，有僧问：'兀兀地思量什么？'师曰：'思量个不思量底。'曰：'不思量底如何思量？'师曰：'非思量。'""思量不思量底"指"思量"（实即"默照"）的目标是本心；"非思量"指"默照"的方法，即通过非思维度量（意识领解）的方法契悟本心。

这种禅法经南宋天童正觉禅师弘扬，成为宗门中流行颇广的参禅方法。对于"默照"禅的心要，天童禅师曾有如此叙述："真实做处，唯静坐默究。深有所诣，外不被因缘流转，其心虚则容，其照妙则准；内无攀缘之思，廓然独存而不昏，灵然绝待而自得。得处不属情，须豁荡了，无依倚，卓卓自神，始得不随垢相。个处歇得净，净而明，明而通，便能顺应。还来对事，事事无碍，飘飘出岫云，濯濯流涧月，一切处光明神变，了无滞相，的的相应，函盖箭锋相似。更教养得熟、体得稳，随处历历地，绝棱角，勿道理，似白牯狸奴恁么去，唤作十成底汉。"这段话比较难理解，我结合天童禅师的其他开示，简单地讲一下其中包含的主要思想。

第一，以一切现成为根本见地。一切现成指我们的本心法尔是禅，不生不灭，不假修治。我们虽被妄念所迷而不见本心，但只要坚信此理，就能歇灭妄念，见此本来："此个田地，亘彻古今，是尔诸人分上本有底事，只为一念封迷，诸缘笼络，所以不得自在去。劳他先觉建立化门，也只劝尔诸人自休自歇去。歇即菩提，胜净明心，不从人得。"（《宏智禅师广录》）第二，以静坐默照为准则。禅门见地虽然一样，但参禅方法有差异，"默照"禅采取的是静坐默照法。"默照"禅的准则是"即定之时慧在定，即慧之时定在慧"（《坛经》），定（"默"）是清清明明的定（"默"）、慧（"照"）是毫无杂念的慧（"照"），实际上是即定即慧、即慧即定，否则就不是禅宗意义上的"默照"禅。第三，以寂而常照、照而常寂为下手方便。上根利智者可以当下默契本心，中下根者都需要更开方便，所以从寂照一体开分两面来说：寂而常照指参禅者保持静定之心，依空相应行照察万境，顿空境相，不为所染；照而常寂指参禅者保持空明之慧，依毫无杂念的真定安住本心，不起杂念，不攀外境。第四，以事事无碍为极则。依寂而常照、照而常寂的方法默照心境，顿空我法二执，圆成空有一如，则可臻于事事无碍的禅境。第五，以随处历历为大用。达到事事无碍境界后，就可以随时随地历历清明，随缘任运度化众生了。

"默照"禅也有歧路，需要我们留心。修"默照"禅的人容易以某种禅定境界为成就，其中最普遍的现象就是"执寂静处便为究竟"（《大慧普觉禅师语录》）的"默照"邪禅。因此，为了避免这种现象，参"默照"禅者在参禅前应该确立起中道正见，在参禅过程中也应该时时有善知识指导。

　　陆烁，先后就读于北京大学、香港城市大学、哥伦比亚大学。现任职于中山大学中文系，主讲"社会语言学""应用语言学""语言创意策划"等课程。主要从事社会语言学、比较语言学等方面的理论与应用研究。

玖 汉字里的中国文化精神

陆　烁

很高兴今天能来与大家分享汉字里的中国文化精神。中国文字作为中国文化的重要载体，主要体现在以下三方面：第一，汉字是少数今人仍在使用的源于图画的文字之一；第二，汉字的造字法蕴含着丰富的哲思和形象创意；第三，中国的书法是中国传统文化的综合呈现。

我们先看这四个汉字"杏花，春雨"，这时候你的脑海里是不是会浮现出一个画面呢？比如这样的——

图 1

或者这样的——

图 2

作家余光中曾写过一篇散文《听听那冷雨》，其中一段是这样写的：

> 譬如凭空写一个"雨"字，点点滴滴，滂滂沱沱，淅淅沥沥，一切云情雨意，就宛然其中的。视觉上的这种美感，岂是什么 rain 也好 pluie 也好所能满足？翻开一部《辞源》或《辞海》，金木水火土，各成世界，而一入"雨"部，古神州的天颜千变万化，便悉在望中，美丽的霜雪云霞，骇人的雷电霹雳，展露的无非是神的好脾气与坏脾气，气象台百读不厌门外汉百思不解的百科全书。

余光中这段讲雨的文字，就生动地道出了我们汉字的独特之处——字形和意义直接挂钩。给大家举个例子，我们说"pingguo"，写成文字是"苹果"，发音跟字形关系不大。不像英语就是用"apple"这个发音来记录苹果。所以我们小时候学写汉字比学英语的小朋友困难得多，因为英语作为拼音文字可以根据发音大致就能拼写对了，而我们书写汉字的时候不能从发音上入手来拼写。这是中国文字的一大特色，同时也是中国文化中一笔宝贵的财富。

一、从画画到写字

一切文字都起源于图画，文字是为了记录内容，而记录内容最简单的方式就是画画。从人类开始画画的时候起，就有了产生文字的可能。以下这些图片展示了几种古老的记事法，如图3结绳记事法：

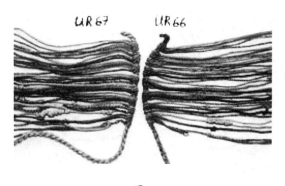

图 3

图4展示了云南纳西族今天还在使用的文字——东巴文。这是纳西族《古事记》的一部分，讲述了他们民族历史中一个神的诞生过程。画面左侧是一个人拿着一个蛋，中间下侧的符号是湖水，湖水上边是两个"风"，左边的风上边的符号意思是"白色"，右边的风的上侧是"黑色"，图片右下侧是山。整个图片的意思是：一个人拿着一个蛋，把蛋扔到了湖里，这时候左边刮起了白风，右边刮起了黑风，风荡漾着湖水，于是蛋撞到了湖边的山上，生出一个金灿灿的东西来。

东巴文是起源于图画的一种文字，事实上，它还没完全从图画中脱胎出来成为抽象的语言文字符号，处于半图画半文字的状态。图画和文字的区别在于，图画直接代表事物，而文字则是事物的名称，是语言的书写符号。图4中"一个人拿着一个蛋"的表现方式

图 4

就还是图画，但是有些符号已经是成熟的文字，比如东巴文的"林"字是两棵树中间站着一个人（图5），"爱"字是一男一女手拉手（图6），非常形象生动。

图 5   图 6

　　脱胎于图画而产生的文字基本上都由意符和音符两个部分构成。"意符"文字的形态和所代表的词有意义上的联系。"音符"则是和所代表的词有读音上的联系，与文字的字形没有关系。由于人类语言中有很多抽象概念或者难以用形态描摹的事物，那么音符的使用就成为必然。结合使用意符和音符的文字叫作"意音文字"。独立产生的成熟的书写体系都是意音文字。在人类历史上，这种文字系统只有三种，即西亚的楔形文字、北非的圣书字和东亚的汉字。这三个系统中，只有汉字至今还在使用中。

　　图7是古埃及圣书字的一例，它是公元前3000年埃及第一王朝创始的文字，公元425年后开始衰亡。可以清楚地看到，图中形态类似鸟或者山羊的符号说明这是一种源自图画的文字。以金字塔

为象征的灿烂的古埃及文化，正是由于圣书字的成功释读而大放光
芒。不过，今天埃及人使用的是阿拉伯语，是彻底的音符文字，与
古老的圣书字没有任何关系。

图 7

图 8 这块陶土文物上的符号是苏美尔楔形文字，它是源于底
格里斯河和幼发拉底河流域的古老文字，大概在今天伊拉克这个地
方，这种文字是公元前 3200 年左右苏美尔人所发明。之所以叫楔

图 8

形文字，是因为这种文字是当时人们用竹片或刀子在泥块上刻出来的，字的笔画锋利笔直，很像楔子。

二、汉字的形成和演变

汉字的历史很长。《尚书·礼记》说，汉字大概在夏商之际就形成了，也就是公元前2000多年的时候中国就有了文字。今人能够看到的比较早的汉字记录有山东大汶口出土的文物刻画（图9）。

图9

汉字的发展经历了漫长的历史时期，一直到今天还在发展中。汉字的发展主要经历了两个阶段：第一是古文字阶段，发展时期主要从夏商到统一了中国的秦朝；第二是隶楷阶段，发展时期主要是从汉代到今天。发展到隶书以后的文字，统称为今文字，隶书之前的文字都称为古文字。汉字发展的总体特征是：象形程度不断降低，线条化、笔画化趋势明显。比如图10的"马"和"鱼"两个字，形状填充变成了线条勾勒，而且线条越来越有规则，直至能够拆解成有限的笔画。

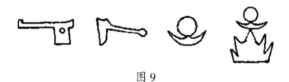

古 文 字				隶 书	楷 书
族名金文	甲骨文	周代金文	小篆		

图10

与此同时，汉字字形的简化也在不断地进行中，并且一直都是一个必然的趋势。见图 11 示例，"车"的字形由一个完整的车的形状简化成了只剩两个轮子，"渔"的字形中的四条"鱼"也简化成了一条。

图 11

那么发展至今，汉字的字数有多少呢？东汉许慎的《说文解字》收录 9353 字，《广韵》收录 26194 字，《康熙字典》收录 47043 字。不过从甲骨文至今，常用汉字的数目都比较稳定，约为 4000～5000 字。汉字发展还有一个特点，就是形声字比重不断上升，占据目前汉字总数的 70% 以上。

1. 甲骨文、金文

最古老的完整汉字形态是甲骨文。甲骨文得名是因为它是刻在龟甲或兽骨上的文字，产生在殷商时期。商王比较迷信，凡事喜欢占卜，会把所求之事用文字刻录在龟甲或兽骨上，然后专门的占卜师用火炙烤龟甲，龟甲因受热不均匀会产生裂纹，占卜师就根据上面裂纹的走向、长短等解读卦象，对所问卜之事做出解答。因为殷商王十分热衷问卜一事，所以给后世流传下大量的甲骨文。图 12 就是一个甲骨文卜辞文物（《合集》14002 正）。上面所记载的内容是：甲申卜壳贞——妇好娩嘉？王乩曰：其惟丁娩，嘉；其惟庚娩，弘吉；三旬有一日甲寅娩，不嘉，惟女。大致的意思是说殷王问妃子分娩一事是否吉利。占卜师就根据甲骨文的占卜结果列出了几个吉利的时辰。同时他还充当了史官的责任，把事情最后的结果记录了下来，他记下了此次分娩的具体时间，并说"不嘉"，因为生了个女儿。

早期汉字的另一个形式是金文，也就是刻在青铜器上的文字，

图 12

比如出土文物西周大盂鼎（图 13）。一般认为，甲骨文是最原始的中国汉字类型，但严格来说，最能代表中国汉字的图画属性的文字是金文，确切地说是族名金文。什么是族名金文？在商周时期，铸造青铜器是一项复杂而昂贵的工程，只有贵族阶层才有能力完成。当他们铸了一个大鼎的时候，往往会在上面刻上金文，说明这件大鼎是本族的东西，希望世代流传下去。假如我的家族是虎族，那我就会特别隆重地把这个"虎"字刻在青铜鼎上，如同今天商品的商标一样，会刻得特别象形，特别庄重。甲骨文就不一样了，因为大量占卜的需要，刻在龟甲上的文字不可能做到每次都精益求精、庄严慎重。大家看图 14 甲骨文与金文的对比，可以看出，族名金文是最象形的。

图 13

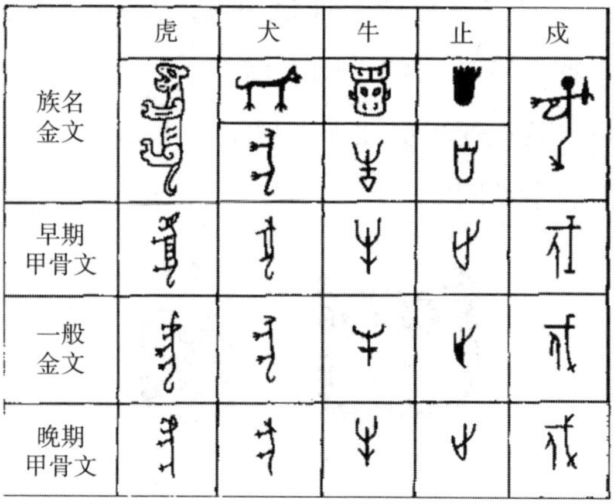

	虎	犬	牛	止	戌
族名金文					
早期甲骨文					
一般金文					
晚期甲骨文					

图 14

不管是甲骨文还是金文，古文字阶段汉字的总体特点是：字形不固定，方向不固定；从排列上来说是自上而下，自右向左；字形不断趋向方正。脱胎自图画的文字其线条圆润弯曲变化多，慢慢地趋向横平竖画的方正，方便书写，是文字发展成熟的一种表现（图 15）。

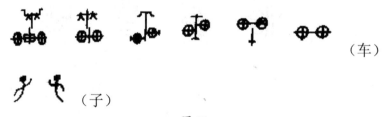

（车）

（子）

图 15

2. 小篆

汉字接下来的发展形式是"小篆"。小篆是秦始皇统一中国后实行"书同文"政策时所采用的标准字体。《说文解字·叙》记录了这一史实：

"秦始皇帝初兼天下，丞相李斯乃奏同之。罢其不与秦文合者，斯作《仓颉篇》、中车府令赵高作《爰历篇》、太史令胡毋敬作《博学篇》，皆取史籀大篆，或颇省改，所谓小篆者也。"

　　小篆的特点是，字形趋于规整匀称，形声字增多，比如图16的"齿"字，在原有象形的基础上增加了一个声旁"止"，变成了形声字，同时线条也变得更加平直规整。再比如以"言"字为形旁，发展出很多形声字（图17）。

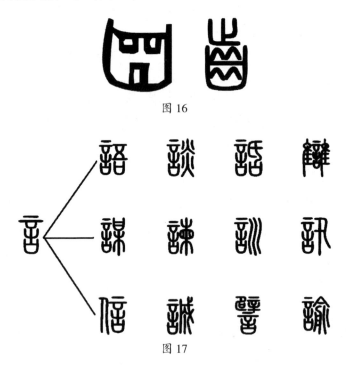

图16

图17

　　再看图18，这是一个出土文物，叫作"阳陵虎符"，是秦始皇统一六国后，颁发给阳陵驻守将领的铜制兵符。阳陵虎符可中分为二，虎的左、右颈背各有相同的错金篆书铭文12字："甲兵之符，右才（在）皇帝，左才（在）阳陵。"

　　这里向大家介绍一本非常重要的字典——《说文解字》。该书是我国语言学史上第一部分析字形、说解字义、辨别声读的专书。作者是许慎，东汉著名的经学家、文字学家。《说文解字》全书分15卷，其中1～14卷为本文，15卷为叙。每卷分上、下。书中收正篆9353个，重文1163个，共收字10516个。该书首创部首编字法，按所收字字形，分540部。《说文解字》的最大特色是以形释

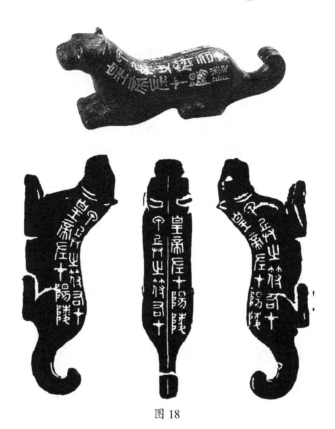

图 18

义，是求本义、辨通假的重要依据，因而是学习文言文必备的工具书。图 19 是《说文解字》的一页：

《說文》二上　口部
九

吾　我自稱也从口五聲切　五乎切
哲　知也从口折聲陳列切　古文哲或从心悊　古文哲从三吉
君　尊也从尹發號故从口羣云切　古文象君坐形
命　使也从口从令眉病切
咨　謀事曰咨从口次聲即夷切
召　評也从口刀聲直少切
問　訊也从口門聲亡運切
唯　諾也从口隹聲以水切
和　相應也从口禾聲戶戈切
唱　導也从口昌聲尺亮切
咥　大笑也从口至聲詩曰咥其笑矣許既切又直結切
啞　笑也从口亞聲易曰笑言啞啞於革切
唾　大笑也从口瘱省聲一曰痛也一曰哀痛不泣曰唖應豆切
喋　笑兒从口束聲詩曰...
嗿　多言也从口世聲詩曰無然畟畟余制切
唬　笑兒从口斤聲宜引
听　笑兒从口斤聲宜引
喻　喘息也从口庸省聲其虐切
吨　...聲...古克切
鳴　鳥聲也从口从鳥
呰　相謂也从口出聲富沒切

图 19

199

3. 隶书

小篆之后的汉字阶段是隶书，隶书可说是小篆的简化体，产生于战国晚期的秦国，是为了应付繁忙的官狱事务而造的简便文字，是篆文的俗体。《汉书·艺文志》记载了隶书的产生过程：

"（隶书）起于官狱多事，苟趋省易，施之于徒隶。"

隶书的正式成熟在汉朝，它是汉代官方的正式字体，所以隶书也称"汉隶"。它也标志着古文字阶段结束，今文字阶段开始，也称"今隶"。隶书用方折的笔法改变了篆书的圆转笔道，动因还是为了方便书写。图 20 括号里是小篆写法，中间是隶书写法。

图 20

众所周知，隶书也成为一种重要的书法形态，直到今天还广受人们的喜爱。结构上，中宫紧收，笔画向左右开展，呈左右对称的"八字形"，故有汉隶"八分"的称法（图 21）。

图 22 展示了隶书"横"的一种写法。一般逆锋起笔，折笔重顿，

图 21

形成蚕头，然后提笔运行，至收笔处顿挫出锋，形成燕尾。波横一般要写得厚重圆润，蚕头、燕尾都要饱满，横中略向上弯，即所谓的"一波三折"，如同中国建筑里的"飞檐"：利用往上升起的斗拱，把屋宇尾端拉长而且起翘，如同鸟飞翔时张开的翅翼，形成东方建筑特有的美感（图23）。

图 22

图 23

隶书作为书法艺术，也发展出了很多不同的风格。比如东汉148年的摩崖石刻《石门颂》，可以感受到汉隶豪迈奔放、洒脱自然的风格（图24）。而后世公认最能代表隶书风格的书法是东汉169年的《史晨碑》，被誉为"庙堂之品，八分正宗"（图25）。《曹全碑》有"汉碑之秀，当以曹全为最"的美誉（图26）。《张迁碑》则被称"严整凌厉，大巧若拙"，笔画虽然朴拙，但整体很有霸气（图27）。

图 24

图 25   图 26   图 27

4. 草书

隶书接下来的发展阶段是草书。草书出自隶书俗体的草率写法，秦时已经出现。草书对隶书的改造方法是：省去部分，描摹轮廓，改变笔法。比如：

古：古   舍：舍   合：合   谷：谷   君：君

我们现在所使用的简体字很多是采用了草书的写法。比如：

"長"长：

我们再来欣赏几幅草书作品：图 28 是皇象的《急就章》，这幅草书是章草，字形还比较工整；图 29 是陆机的《平复帖》，是章草向今草过渡的代表作品；图 30 张旭的《肚痛帖》堪称是狂草，字体的艺术性很强，辨认比较困难了。

唐代的张旭被称作草书圣手，草书书法成就很高，图 30 的原文是："忽肚痛不可堪，不知是冷热所致，欲服大黄汤，冷热俱有益，如何为计，非临床。"字形简洁，线条如行云流水，气势酣畅淋漓，一气呵成，是狂放大胆书风的代表。明代王世贞评论说："张长史《肚痛帖》及《千字文》数行，出鬼入神，惝恍不可测。"

图 28   图 29

图 30

5. 行书

　　草书之后又产生了一种新的字体—— 行书，出现于东汉晚期，是介于隶书和草书之间的一种"风流婉约"的字体。最著名的行书书法家是东晋的王羲之，他创作的《兰亭集序》被后世誉为"天下行书第一"（图 31）。这幅行书是内容与形式的完美统一，不论是语言、思想还是书法艺术都达到了高峰。王羲之的书法特点是：结字遒美，骨格清秀，点画疏密相间，行笔潇洒飘逸，笔势委婉含

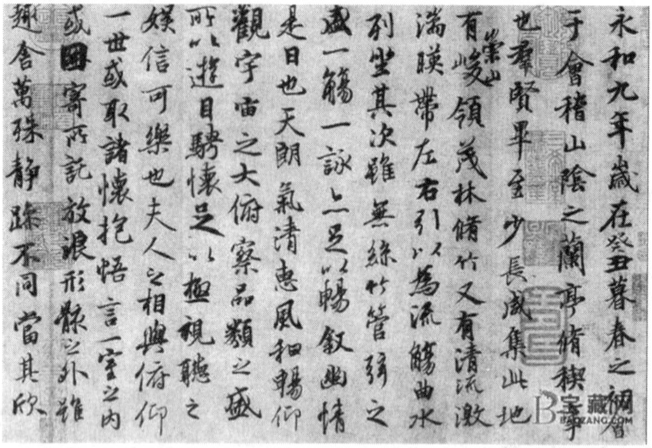

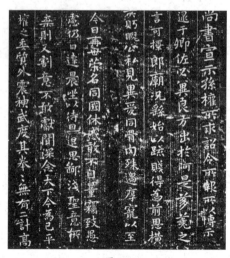

图31

蓄，有如行云流水。章法巧妙，在尺幅之内蕴含着丰裕的艺术美。

6. 楷书

最后出现的一种书体是楷书。楷书脱胎于早期行书，是行书"规整而端庄"的写法，形成于汉魏之际，南北朝之后开始流行。楷书的改造之处在于：彻底摆脱了篆书的影响，点画形态比隶书丰富，增加了斜勾（隶书用波磔）、挑（隶书是横画斜写）、折等基本点画，而且每种基本点画的"个性特征"都比隶书鲜明。今天见到的最早的楷书是钟繇的《宣示表》（图32）。

图32

今天有很多楷书的经典代表作品传世，如唐代颜真卿的《多宝塔碑》（图 33）、柳公权的《玄秘塔碑》（图 34）。如果大家要学习楷书书法，这些都是非常优秀的临帖典范。

图 33　　　　　　　图 34

汉字进入楷书阶段以后，字形还在不断简化，但是字体没有什么大的变化了。接下来讨论汉字的造字法。

三、汉字造字法

《汉书·艺文志》最早提到了汉字的"六书"造字法："古者，八岁入小学，故周官保氏掌养国子，教之六书，谓象形、指事、象意、象声、转注、假借，造字之本也。"《说文解字》里也说，汉字有象形、指事、会意、形声、转注、假借六种造字法，即为"六书"。但是，今天从汉字是意音文字性质的角度讲，汉字的造字法主要有三种：表意、形声、假借。

表意字，即用符号来描摹形态，字形与字的意思有直接关系。如"山、龟"：

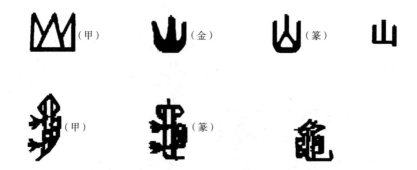

有时候，会将几个表意部分结合在一起，表达某个事物或行为。如"鬥"字，描摹两个人在打架的样子，表示争斗；"宿"是一个房间里，有一个人躺在席子上，表示睡觉的意思。

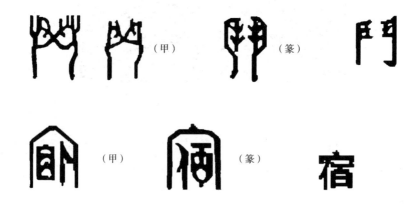

再看同样都是"宀"偏旁的三个字。首先是"家"字，从造字法上来看是有个房子，并且养了猪，就叫有了家。和养牛马羊的游牧生活不同，养猪就意味着过定居的生活，所以"家"一字还可以看出古人生活方式的变迁。再看"安"字，是房子里边有一个女人，所以古人认为有了房，娶了妻就是"安"。"宁"在今天的意思和"安"差不多，但是看小篆体的"宁"是一个房子，下边有一个"心"，和一个盛满事物的器皿，可见古人认为，有房子，并且衣食无忧，心情愉快才叫"宁"。可以说，"安"是"宁"的基础，"宁"是"安"的高级境界。所以，从造字法中我们还可以看出古人的生活哲学。

形声字，就是在表意字上加注声旁，如"星"字，本来是一个表意字，后来为了表音才加了个"生"字在下面。有时候加注声旁是有意义的，如"驷"，四匹马拉着的马车叫驷，这个"四"字既表音也表意。"嫁"字也一样，给女子找一个家叫嫁，"家"既表音也表意。

假借字，根据《说文解字》："假借者，本无其字，依声托事，令长是也。"也就是借字表音，如用"女"字来表示"汝"——你的意思，过去这两个字发音相同。又如"鲁"字，本意是上面一条鱼下面一张嘴，但其意义与字形没有任何关系，纯粹是借这个字的读音。

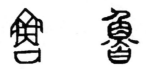

综上所述，汉字是当今世上唯一一个还在使用的意音文字。它独立起源于绘画，在漫长的发展历程中不断演化，凝聚着中华文化的精髓，诞生了多种书法艺术，并且深刻地影响了中国人的审美。

汉字有精妙的造字法，从中体现了中国人民对世界和人生的理解。所以，汉字就是历史，汉字就是文化，汉字是美的哲学。

今天，汉字的形体和构造还在源源不断地为我们提供创意。下边是两例基于汉字的平面设计案例，其体现的创意和美感就根源于汉字本身。

　　吕君忾，广东著名词人、词理论家朱庸斋（分春馆）嫡传弟子，传承为掌门人，中山大学中国古文献研究所特聘研究员，广州诗社副社长，中华吟诵学会专家委员，副理事长，原《诗词》报专责编辑。

拾 格律诗词艺术风格的异同

吕君忾

　　首先要明确，格律诗词既不包括新诗，也不包括古体诗，也不包括歌行体，就是符合格律的诗词。因为今天讲座的重点不是讲格律而是讲艺术风格，所以我只简单介绍一下格律诗与格律词的体裁有何不同。大家知道，中国传统文化博大精深，但我们公认中国古典文学艺术皇冠上的两颗明珠，一颗是唐诗，一颗是宋词。由于历史的原因，今人很难超越唐诗和宋词这两座高峰，但我们可以用旧瓶装新酒，那么首先就要懂得诗词的格律。如果有时间有兴趣学习，诗的格律几星期就可以学完，词的格律复杂些，但找准切入口也不难。下面我简单介绍一下。

　　诗的格律很简单，主要体现在以下几个方面的规定：（1）定字——七言、五言，每句诗的字数是固定的，七个字或五个字，这是诗最基本的体裁；（2）定句——四句（绝句）、八句（律诗）、排律（超过八句的律诗）；（3）定声——句中平仄有序安排；（4）定韵——逢双数句叶平韵。首句加叶一韵为副格。所以说诗比较简单，今人学习起来也是比较快的。下面给大家举例。唐代李白《下江陵》："朝辞白帝彩云间，千里江陵一日还。两岸猿声啼不住，轻舟已过万重山。"唐代杜甫《蜀相》："丞相祠堂何处寻？锦官城外柏森森。映阶碧草自春色，隔叶黄鹂空好音。三顾频烦天下计，两朝开济老臣心。出师未捷身先死，长使英雄泪满襟！"前者是七言绝句，后者是七言律诗。

词看起来很复杂，但是也有格律可循。词有八百二十多个调，每调都有规定的句数，每句都有规定的字数，且长短不一，可由一个字到七八个字组成。每字都有基本固定的平仄，每调都有规定的叶韵位置，且十分复杂。句子的组联结构亦变化多端，各个词调的组合都不相同，只能按调填写。所以词的格律是不用记的，总归一句话，按调填词。说词复杂，是因为词的调太多不好记，说它简单是指不用记，直接拿前人一首出来按调填词就行了。

词牌，就是词的格式的名称。词的格式和律诗的格式不同：律诗只有四种格式，而词则总共有八百多个格式，因为词是用来唱的，其格式也就是调，每一首词也就是调都有规定的做法，这些格式称为词谱。人们为了便于记忆和使用，给它们起了不同的名字，这就是词牌。例如中小学语文课本中常见的《卜算子》《念奴娇》《菩萨蛮》《西江月》《水调歌头》等。有时候，同一个格式有几个变体，这些变体就是在基本词牌上多一字或少一字，或在断句上有小差异，或在叶韵上多一个或少一个等，这样的变体与基本格式合称一个词牌；有时候因为各家叫名不同，同一个格式又有几个词牌名称。变体亦叫作"又一体"，八百多个词牌变体有两千多个，所以词的格式是不需要死记硬背的，直接拿出来填词就好。这是词最大的特点。

下面重点讲诗词艺术风格的异同。诗和词这两种体裁的风格，在写作者看来是截然不同的。我会举例让大家对比，就可以切实体会比较这里面的异同。首先简单介绍一下诗和词的功能和风格。

诗言志，就是说诗可展示作者的理想抱负，直抒胸臆。诗最主要的风格可以用四个字概括——"雄、深、雅、健"："雄"就是雄浑壮阔、境界宏大；"深"就是深厚沉着，内涵丰富；"雅"就是雍容高贵，谦谦君子；"健"就是笔力遒劲，语句铿锵。

格律诗产生于约一千五百年前，词稍晚五百年。唐诗发展到了一个巅峰的高度，格律诗的格式、创作风格、创作技巧等在唐代都高度成熟了，后人很难超越，只能运用唐诗已经高度成熟的格律诗形式来抒发寄托自己的新感觉而已。紧随唐代，宋人都已经觉得唐诗的成就高度不可攀越了，同时因为宋代社会经济发展、第三产业繁荣这样的客观环境和需求，就产生了词这种新的体裁。词是在格律诗的基础上转变而来的，最初的词与诗有若断若连的关系，后来词的路越走越宽，就演变成宋代独有的一种文体。这是怎样一种文体呢？

词抒情，淋漓尽致地表现人类活动中的生离死别、爱恨情仇。写作手法大多迂回曲折。可以用四个字概括它——"婉、丽、精、微"："婉"就是婉约含蓄；"丽"就是温馨旖旎，清丽动人；"精"就是笔触细腻，精致巧慧；"微"就是以小喻大，取象轻灵。

打个比喻，写诗就像武术中的洪拳、南拳，一拳一腿虎虎生威，很有力量。写词像打太极，形式是柔和缓慢的，力量是暗藏而不是爆发式的。这个比喻可以比较形象生动地区分诗词风格的异同。诗的"雄、深、雅、健"与词的"婉、丽、精、微"一对比，完全是截然不同的两种风格，这就决定了诗与词在立意、用字、造句上走的是两条路。

但它们也有共同之处：诗词的语言不能粗鄙庸俗，也不宜用白话文和口语，应该用经过文雅化了的文字去叙述情节，在行文造句中没有现今语法的规定。它是意象和感性的句子，往往要由读者在解读的过程中去补充和串接。

诗是雄壮激昂的，很正能量，其所言志是比较容易看出来的。词往往把许多感情埋伏在种种情景当中，一眼看过去摸不着头脑，要抽丝剥茧才知道作者想表达什么。词这种婉约含蓄的风格使得其很难捉摸，好像一眼就能看明白的词句，要讲析其中的意思又不好把握，只可意会难以言传。正因如此，想欣赏词，说不出它好在什么地方；想学写词，找不到入门的路径。词的迂回曲折的表现手法和婉约含蓄的艺术风格，让我们如入《红楼梦》中的大观园。大观园占地并不大，但用了写词的手法来建造，一进门一座假山挡在前面，假山上有座亭子，可以走到亭子上放目流连，看一下远处，然后顺着假山有小路下来，一条小河又横在前面。河面不宽，但河上的小桥九曲十八弯。这就是写词的手法。所以读词一定要让自己的思想感情进入到作者所构设的情景当中，跟他同呼吸共命运，才能把握词所要表达的感情，才能读懂作者。所以词比诗稍难，学诗一年半载很见成效，而要写出好的词作品，真不容易。女性普遍感情细腻，写词比较适合。

下面用诗词作品对举，给大家展示一下格律诗词艺术风格的异同。唐宋诗词流传于世的作品数量巨大，所能举例也只是沧海一粟，而且我也只是选取部分主题来对格律诗词进行对比。另外必须提示，诗和词虽然格式与风格迥异，但毕竟词源于诗，是一脉相承的，有着天然的联系，大家也不能用完全割裂的态度来看待二者的异同。

首先，对历史的理解，诗人与词人的眼光和表达是不同的。唐代陈子昂《登幽州台歌》："前不见古人，后不见来者。念天地之悠悠，独怆然而涕下。"幽州台在哪？在燕京，古代燕国的首都，也就是今天的北京地界。在春秋时代，中国的版图还没有今天这么辽阔，燕京已经接近边疆了。幽州台是当时燕王用黄金打造的一座高台，于此宣布重金招募天下贤才。试问历史上有几位帝王能如此重视人才呢？所以陈子昂登幽州台的时候感怀身世，为自己生在盛唐而得不到重用感慨万千。"前不见古人，后不见来者"，短短十个字，历史跨度极为悠远；后一句"念天地之悠悠"中的"天地"二字，又把横向的空间涵盖进来了。所以说这首诗所呈现的境界极其辽阔苍凉，个人在如此的历史时空之下，多么渺小，多么孤独！不用多说，只一句"独怆然而涕下"，诗人对历史之理解与感慨跃然纸上。再看唐代王昌龄《出塞》："秦时明月汉时关，万里长征人未还。但使龙城飞将在，不教胡马度阴山。"唐代开国的时候版图不大，西边在玉门关以内，基本是秦始皇所修筑的万里长城以内的疆土。首句"秦时明月汉时关"，又是把从秦代到汉代数百年的历史容纳在一个简洁的明月关塞的情景之中。作者感叹的是，秦时修建的万里长城到了汉代仍然是一个重要的军事要塞，这里的战事几百年间没有停止过。唐代征兵很重，最多的时候四户抽一丁去从军。当时的征兵赋役不设年限，家中的丈夫、兄弟、儿子一旦被征从军，去多久，能不能回来，真是无人知晓。一句"万里长征人未还"，这感慨多么的深重悲凉！所以后两句诗人发出感叹，要是我们有汉代李广那样百战百胜、让匈奴闻风丧胆的大将军坐镇，敌人就不敢越过我们边境一步。也就是说，虽然征兵让民间疾苦深重，但我们保家卫国的忠心热诚也依然豪迈。这首诗是多么铿锵有力、掷地有声！

所以说诗人理解历史的眼光是这样的，非常远阔，言语简洁洗练却意境深远，非常有力量。而词人表达对历史的理解，婉转细腻，有更多具体的情景。

下面看一首词，明代杨慎的《临江仙》："滚滚长江东逝水，浪花淘尽英雄。是非成败转头空。青山依旧在，几度夕阳红。白发渔樵江渚上，惯看秋月春风。一壶浊酒喜相逢。古今多少事，都付笑谈中。"战火千年不休，可歌可泣的历史故事和英雄事迹说不尽道不完。但是作者说，长江滚滚千年流逝，这些英雄的光辉事迹最后都如浪花一样湮灭在历史长河中，是非成败最后都是空的，只有山水永恒，所以人生百年苦苦争个什么呢？"青山依旧在，几度夕阳红"，这声感慨一语道破人事历史的空性。"白发渔樵江渚上"，一位打鱼的，一位打柴的，都是白发满头的老人家了，有什么春风秋月没见过？没什么可新奇诧异的，他们在长江边上相遇了，就高高兴兴地坐下一起喝杯小酒，"古今多少事，都付笑谈中"，多么豁达的心情！所以说，词有更委婉的表达方式和更丰富细腻的情景。

下面我用粤语给大家吟诵一下这几首诗词。吟诵是中国传统的读书方式，大家听听，看有没有耳目一新的感觉。

……

通过吟诵，大家应该更能感受到诗和词的差异，词的音调听起来都是婉约的。如果有机会大家应该学习一下吟诵，因为吟诵是中国人读中国书的方式，更是读格律诗词的方式。用朗诵的方式来读，读不出吟诵的味道，因为从西方传来的朗诵方式不像吟诵一样按汉字本身的平仄格律规则发声，没法表达中国文字所蕴含的深厚感情。

其次，对春天的理解。人生虽然苦短，但大多数人所经历的春秋也有几十个轮回。诗人写春天，一定不只是为了描绘景物，而是要寄托诗人的世界观、情感或志向。诗言志，诗人所描写的景物、人事，一定有其寄寓在内。当然这个寄寓有可能明显，有可能含蓄。我们看唐代白居易的《大林寺桃花》："人间四月芳菲尽，山寺桃花始盛开。长恨春归无觅处，不知转入此中来。"当时白居易被贬到江西九江做官，有一天他到郊外游玩，时值农历四月，也就是现在阳历的五六月，当时郊外已经没什么花开了，快到夏天了绿树快成荫了。大林寺在庐山脚下，白居易转到这里的时候看到了一片桃林才刚刚开花，马上产生了一个奇思妙想：春天就像个调皮的孩子，以为他回家了找不到他了，结果他是转到这里来了。这是一个充满诗意的想象，这首诗好像是诗人叙述他当时所遭遇的一件小事，但大有寓意在。人生遇到困境的时候，换一个地方，换一个时间，可能会发现春天还在，柳暗花明又一村。所以同学们将来走入社会，感到人生迷茫时，记起白居易这首诗，你就会对自己的前途充满信心，不会因为偶然的事故或失意，放弃了自己的理想和抱负。这就是这首诗对我们的启发：只要心里有春天，春天就永远在我们身边。

再看辛弃疾的一首词《鹧鸪天》："陌上柔桑破嫩芽，东邻蚕种已生些。平冈细草鸣黄犊，斜日寒林点暮鸦。山远近，路横斜，青旗沽酒有人家。城中桃李愁风雨，春在溪头荠菜花。"这首词里，辛弃疾把春天描写得很细腻很精彩。前面说过词的风格是"婉、丽、精、微"，这首词完全体现了这些风格特点。辛弃疾当时被贬官了，几乎没有俸禄，但他在农村乡野的生活悠然自得。阡陌是纵横交错的道路，从北到南叫"阡"，从西到东叫"陌"。辛弃疾就是在这些纵横交错的小路上走着，把一路所见记录下来。"柔桑"，枝条很柔软的状态。为什么说"破嫩芽"？桑树很有特点，它像大自然的一个温度计，它的嫩芽刚长出来的时候是裹着一层薄膜的芽苞，只有感应到大自然的气温越来越暖和，到了一个合适的温度，里面的嫩芽才会挣破这层薄膜，破空而出。所以春天有没有到来，桑树是一个准确的预报者。如果没有细致入微的观察，写不出这样的风物景致。桑蚕是共生的，所以当"柔桑破嫩芽"，蚕种就慢慢开始生长了。辛弃疾还看到山岗上小草开始长出来了，小牛看到草长出来就高兴了，"鸣黄犊"很传神，牛被关在栏圈里一个冬天了，春天出来看到有新鲜的嫩草，吃上一口就高兴地鸣叫起来。大自然中所有的生命都在蓄势待发，迎接这个生机勃勃的春天。辛弃疾就这么走着走着，到傍晚了，树林还带着早春的寒气，乌鸦三三两两归巢，就像山水画中的墨点一样，所以"斜日寒林点暮鸦"很有画面感，笔触多么精彩细腻。"山远近，路横斜"，山由远而近，小路纵横交织，在外一天，旅人累了，正想休息的时候，前面有一支酒旗在飘扬，赶紧走过去沽酒吃饭，歇歇脚，好舒心。作者看了一天的春景，把自己的想法集中在最后两句"城中桃李愁风雨，春在溪头荠菜花"，意思是我干吗在城里做一棵忧愁风雨的桃李呢？不如在农村乡野悠然自在，不惧风雨，因为春天就在乡间的野菜里。这就是辛弃疾的心声：既然自己抗金的主张得不到朝廷的重视，那就退居山林村野，自有悠然之趣。

我们看，词里的用字造词多么细致，取景取象都是从细微处着笔，你们把这首词中的形容词、动词找出来，细致、生动、具体。如果用这种标准写诗就不对了。用词的这种造句方式来写诗，也不对。这就是诗词的对比，大家仔细体会。

再次，对爱情的理解。唐代李商隐《无题》："相见时难别亦难，东风无力百花残。春蚕到死丝方尽，蜡炬成灰泪始干。晓镜但愁云鬓改，夜吟应觉月光寒。蓬山此去无多路，青鸟殷勤为探看。"这首七律爱情诗传诵了一千两百多年，即使不是读中文系或没接触过古典文学的同学，恐怕也没有几个会不知道这首诗。为什么这首诗这么有魅力？这八句看起来很浅，但意味很深。后人讨论这首诗的意见大概有七八种，有人说这首诗的主角是个男孩子，也有人说这个主角就是李商隐自己，他在说自己的故事。我判断这首诗的主角是个女孩子。总的来说，这首诗的风格非常婉约，更接近词。这是可以理解的，尽管说诗词的风格迥异，但是在表达绵长的深情时，一些艺术表现手法是相通的、一致的。首句"相见时难别亦难"，我认为是一个女孩子在倾诉，我们能够相见就很难了，见到再让我们分开就更难了，这个"难"字在诗词艺术里相当出彩，前一个"难"说的是不容易，后一个"难"说的是舍不得，相见不容易，分别的时候更是难舍难分。"东风无力百花残"，如果东风无力，百花都无法盛开而枯萎，譬喻的是男子不得志就没有力量保护好柔弱的女子，让一朵鲜花无法盛开。尽管如此，这个女孩子说我知道你是上进的、努力的，你尽管去发愤考科举，我对你的依恋终生不变，正如"春蚕到死丝方尽，蜡炬成灰泪始干"。这两句誓言很决绝，如果我像春蚕死了就没有思恋了，像蜡烛烧完了就不再流泪了。正因为我对你一直怀抱思念和依恋，相信我们终有一天再见，所以我每天都"晓镜但愁云鬓改"，郑重地梳妆打扮，希望留住青春，担忧自己的容颜衰老。这既是女子对自己的一种珍视，也是对对方的一种尊重。后面一句"夜吟应觉月光寒"，更是温馨之语，因为这是推己及人的一种想法，女子意思是我知道你也会常常为我作诗，那么夜晚你在吟诗作对或发愤读书的时候，记得多添衣，月夜寒凉啊。此句是很体贴入微的温馨叮咛。最后两句是说，虽然我们之间隔着千万里，就像蓬莱仙山离人间那么遥远，但是王母娘娘有信使——青鸟可以探路，你也可以托信鸽传书，或者找媒人上门提亲呀。这是女子在提醒所思念的男子。这首诗把一个女子的深情写得执着又决绝，相当精彩。

再看晏几道的一首词《少年游》："离多最是，东西流水，终解两相逢。浅情终似，行云无定，犹到梦魂中。可怜人意，薄于云水，佳会更难中（有版本作：佳会再难重）。细想从来，断肠多处，不与这番同。"晏几道是个风流才子，出身宰相之家，却不靠家世，自己出来在社会闯荡，描写了民间社会的许多爱恨别离，相当出彩，很受时人的追捧。在这首词里，他用了两个意象做比喻。第一个意象是不管向东还是向西的流水，终归要流到海里去，终归会相逢。第二个意象是来无影去无踪的行云，尽管它捉摸不定，但它会在我们的梦中出现。意思是什么呢？云水行踪这么不靠谱，它们最终都有相逢的机会。但是"可怜人意，薄于云水"，我与你之间连云水都比不上，因为我们永别了，这种永别不是死亡，而是生离，这比死别更痛苦。知道你在这个地方，却没法相会相见，更觉凄凉。

而且"细想从来，断肠多处，不与这番同"，意思是自己经历了多次断肠之痛的离别，都不能与这次相提并论，作者无以复加的凄凉和痛苦之情跃然纸上。词里的这种爱情之痛表达得比诗更委婉、更哀痛，有一种悲戚、幽怨在内。

最后，风雨意象的运用。所有诗词的创作，都要选取意象，我们要表达感情，寄托志向，都要通过外在的东西表现出来，这叫作情景交融。如果只有写实写景，没有作者的情思在内，那么这篇文字就不能叫诗词。反之如果直白写情，没有景物烘托，没有意象来传达情思，那就无法让读者进入你的情景，这样的诗词也没有艺术性。不论写诗还是写词，总得要求情景交融。想要表达什么样的情，就从世界万物中选取合适的意象来传达，请一些景物来做我们情感的代言人，这是写诗写词共同的艺术表现手法。现在我就风雨这个意象来给大家对比一下诗词的风格异同。

先看宋代陆游《十一月四日风雨大作》："僵卧孤村不自哀，尚思为国戍轮台。夜阑卧听风吹雨，铁马冰河入梦来。"老年陆游在一个风雨大作之夜失眠了，写下了这首诗。这个已处晚年的老人一生都主张积极抗金，主张南宋朝廷打过长江黄河，把侵略者驱逐出中原，收复北方失地，晚年病重之际他都记挂着收复祖国河山。"僵卧"说的是他自己老病在身。"孤村"是说当时陆游被贬官后一直住在农村，据说有时朝廷的津贴未到，其家穷困到揭不开锅的地步。尽管如此孤寂清贫地在一个山野村庄度过自己的晚年，余生悲凉，但是陆游"不自哀"，并且喊出响亮的心声"尚思为国戍轮台"。轮台是西域的一个地方。陆游如此老病穷困不得志，仍然想着为国效劳，戍守边疆。风雨大作让他辗转难眠，这风雨声就像战场上铁马过冰河的声音，他梦里都是驰骋沙场的情景。这一句深刻表达出他的爱国热忱、报国之心在梦里都没有放下。在这首诗里，风雨作为千军万马的意象，非常刚健。

我们再看陆游的另一首诗，这首诗写在他的弥留之际，感人至深。陆游《示儿》："死去元知万事空，但悲不见九州同。王师北定中原日，家祭无忘告乃翁。"其爱国之心至死不渝，弥留之际最记挂的不是凡情俗事，而是祖国的光复大业。不得不赞叹，陆游真是一位伟大的爱国主义诗人！

再看词里的风雨意象，是凄婉柔美的风格。唐代皇甫松《忆江南》："兰烬落，屏上暗红蕉。闲梦江南梅熟日，夜船吹笛雨潇潇。人语驿边桥。"作者晚上睡不着，点着的蜡烛是加了兰香味的，烛芯烧成了灰，微风吹过就落了，主人公也想睡了。床前有屏风挡着，上面画的美人蕉随着烛光的黯淡也渐渐暗了下来。这是一个很具有梦幻气氛的场景。渐渐地作者也睡着了，就梦到了在江南离别的一段往事。梅熟日是五月天，那时候江南的天气一般是飘飘细雨。这段往事在词里被浓缩成这样一个场景："夜船吹笛雨潇潇，人语驿桥边。"夜船、笛声、细雨、人语、驿路、桥，词的味道就被浓缩在这六个意象里。有两人远远地站在桥上说话，听不清具体说什么。这桥在哪呢？驿路上。驿路就是交通要道，也就是说这座桥的两边就是分开的方向。"驿"是诗词中常用的重要意象，也是这首词的词眼，没有这个字这首词的感情就没有了着落之处。桥在驿路上，就暗含着分别，"人语"说的肯定是离别的话语。正在这时候，船上灯火晃动，有一个人即将要坐夜船走了，另一个人是要从陆路走。此时不知从何处传来了笛声，夹杂着斜风细雨的潇潇声，这种幽怨缠绵的离别情景，仿佛就在眼前，我都似乎触摸得到这潇潇细雨落在皮肤上微凉的感觉。这六个意象，就是一些景的串写，有风有雨有人声，就是这样轻轻地、不露痕迹地把离别的场景和气氛烘托出来。这首词里的风雨意象与陆游诗中的风格大不相同。诗人很善于用合适的意象为自己的情感代言。

诗就是诗，词就是词，两者是不同的文学体裁。有个说法，写词用一下诗的手法，词就有了骨力，不会过分软弱萎靡。但写诗绝对不能用写词的方法去写，因为这样写出来的诗就没有骨气。写诗就是要铿锵有力，有大丈夫之气，有理想抱负，有风骨。而写词可以抒发个人情感，婉约柔软。

今天所讲，只是诗词艺术中的沧海一滴，诗词的艺术真是一辈子都学不完。在古典诗词的海洋里畅泳是非常愉快的，会对身心大有裨益。

　　薄克礼，文学博士，现为天津城建大学教授，燕山国学馆馆长，中国古琴研究与发展中心主任，兼任中国民族器乐学会常务理事、古琴学术委员会常务理事（兼艺术委员会委员）、中国散曲研究会理事、中国城市社会学理事、天津写作学会副会长、历届中国古琴幽兰阳春艺术节专家评委。擅长弦歌和诗词吟唱，著有《中国琴歌发展史》《中国古代琴歌精华校译》《元散曲艺术特征研究》《中国文学六种》《历代帝王罪己诏书译著》（第二作者）《中国传统文化导论》等，在《光明日报》《文史知识》等刊物发表学术论文数十篇，主持省部级研究课题 5 项。

拾壹 中国古代的吟唱与弦歌

薄克礼

讲到中国古代诗词曲的吟唱，就要弄清楚一些很重要的问题，一方面我们的诗词曲应该怎样唱？另一方面我们认识的诗词曲应该是怎样的？

最近这几年吟唱（吟诵）又重新为大家所关注，也有不少吟诵方面的专家。其实吟唱是过去读书人很自然的一种行为，过去读书人都会吟唱诗词曲，尤其是读过私塾的人，会吟唱并不是什么绝活，只是到了今天一不小心就成绝活了。"五四"新文化运动给我们带来了许多新的东西，比如民主与科学，同时丢掉了很多传统文化的东西，当然比起"五四"新文化运动，对传统文化影响、破坏更大的是我们的十年浩劫——"文化大革命"。譬如我家里当时祖辈的许多线装书，都沉到池塘里去了，如果不把这些书处理掉家里可是要倒霉了，这些都是让人非常难受的特殊历史时期的事情。传统断了，我们现在要做的就是接续传统。所以社会上有人对我说：你会古诗词吟唱，这是绝活。我说这不算是我的绝活，这是我们断了的传承，我只是小时候听爷爷嗯嗯啊啊地背书，我不知道那是干什么，上了大学才知道那是吟诵。所以说，会吟诵、吟唱是读书人本来就应该具备的能力，不能把它当作绝活，一旦把它当作绝活，我们就永远落后于古人了。

说到中国古代诗歌吟唱，我想大家也有一些了解，例如有些诗歌经过现代谱曲后，大家都会唱，如《水调歌头·明月几时有》，《满江红》，电视连续剧《三国演义》里的主题曲《滚滚长江东逝水》等，这些古代诗词的典范，被流行歌手演唱之后，成了普罗大众所熟知的经典。但是，在古乐还活着的时代，这些古诗词演唱都属于"赝品"。为什么这样说呢？我曾经做过很多次实验，就是我给大家吟唱古诗词，结果大家说，老师您唱的比他们的感觉要古老、典雅，其实我的曲调也是现在做的，没有什么古谱，比他们的流行曲还新，但为什么大家会有古典的感觉呢？因为我是用古音来演唱的，而且我对古代的音乐更熟悉而已，这是一种技巧，并不是什么特殊的能力。我们今天吟唱古代诗歌难，就难在这里——传承断了，并不难在别的地方。所以我想说的第一个问题是，中国许多现代的歌曲跟古代其实有很多渊源，例如我几年前打谱的一个歌曲叫《清江引》，在宋代是词牌，元代是曲牌，到明代的时候福建出了个杨表正，他编撰了一部《重修真传琴谱》，里面也有《清江引》。我把这首《清江引》打谱后吓了一跳，这不是西北风音乐吗？西北风音乐是 20 世纪 80 年代中后期我国很流行的一种音乐，很多当时有名的流行歌手都唱过这种曲风的歌，如程琳、杭天琪、田震等。大家可能会有疑问，古琴的感觉怎么能跟西北风这样的民间曲调沾上边？古琴本是雅乐，但元代的词曲都比较俗，所以明代的古琴曲也难脱俗，明代的时候把古琴曲批评得很厉害。我给大家演唱一下那首《清江引》的前两句，听听古琴曲里边的西北风元素——"走尽了天下路，都是知音的少"，怎样？是不是感觉很相似？我国最早演唱并引发"西北风"流行音乐的是歌手程琳，其代表性歌曲是《信天游——寻觅》，这首歌是广东著名音乐人解承强先生作曲的，他根据客家小调创作了这首歌曲，虽然不知道解先生根据的是哪首客家小调，但明代的杨表正就正好居住在福建客家族群生活的区域中，所以说西北风小调是如何传到古琴里，又如何通过客家小调影响到中国 20 世纪 80 年代中后期的流行音乐歌坛，这里面有丝丝缕缕的关系，因此我总说我们今天的流行歌曲其实与古代曲调有着密不可分的关系。

中华文明上下五千年，说中华歌声穿越了五千年也是有根据的，当然不是指从颂歌《南风》开始，因为那距今只有四千多年。是从哪开始的呢？根据袁行霈的《中国文学史》记载，中国最古老的诗歌是上古时期的《弹歌》，也就是一首上古时期狩猎时代的八字歌谣："断竹，续竹，飞土，逐肉。"这要感谢清代乾隆时候有个苏州人沈德潜，他慧眼独具，将载在《吴越春秋·勾践阴谋外传》中善射者陈音应对勾践询问时引用的古歌——"断竹续竹，飞土逐肉"，作为上古时期的优秀诗歌，收入其所编著的《古诗源》，并题名为《弹歌》。从此，这首"断竹续竹，飞土逐肉"的八字《弹歌》，才得到了广泛的流传，并引起了学者的注意和研讨。后来中国音乐家协会在考察江苏河阳这个地方的时候，发现就有这么一首山歌叫《斫竹歌》，歌词与《弹歌》一致。现在一般对这首小诗的解释是说，"断竹"就是砍竹子，"续竹"就是把竹子做成弹弓，然后用弹弓发射泥丸来打猎。我觉得这解释过于牵强，仅靠弹弓和泥丸能狩猎？也许打一下鸟还差不多，但依我小时候拿弹弓勤学苦练学打鸟也屡屡不中的经验来看，这事不太靠谱，因为弹弓声音大，发射速度比不上鸟的反应，所以"续竹"应该是把竹子削成箭状做弓箭或竹矛用，总之是锋利的。而"飞土"不是弹泥球，是指狩猎过程中跑得飞快把土带起来了，是一种追逐的状态。这首中国最早的诗歌，虽然十分简短，但押韵有了，节奏有了，诗歌的雏形有了，语言还很形象生动。这首距今五六千年的诗歌，在江苏河阳的山歌里现在还有人唱着。

尧舜时期距今四千多年，历史上认为尧舜时代是大同社会、太平盛世，是任人唯贤的时代，尧帝的儿子丹朱无能、无才、无德，所以尧帝把首领之位禅让给了舜。《史记·五帝本纪》："尧知子丹朱之不肖，不足授天下，于是乃权授舜。"同时还赐给他两件物品，琴和绨衣，琴是古琴，绨衣是粗葛布做的衣服，这两样相当于传位的凭证、信物。《礼记·乐记》曰："昔者舜作五弦之琴以歌南风。"《南风歌》相传为舜帝所作。古琴本来只有五根弦，宫、商、角、徵、羽，后来到了周文王、周武王，作欢快之歌、悲哀之歌、鼓舞战士伐纣之歌，所以每人增加了一根弦，所以古琴又称为"文武七弦琴"。古琴的弦数和形制变化也挺大的，到宋代时还有过九弦琴，据说宋代皇帝赵匡胤下令将文武七弦琴再加两弦，以显自己的文成武德可比尧舜，于是就出现了九弦琴。当时他请宫廷乐师朱仁济来弹奏，朱仁济说他弹不了，赵匡胤就让蔡裔弹，蔡裔想总得有人弹，然后他就弹九弦琴，得到了皇上赏赐的紫衣，朱仁济就不理蔡裔。有一次赵匡胤急了，他说朱仁济你如果不弹我就斩了你！朱仁济没办法了，心想我要是不弹就没法活着离开京城了。于是施展身手，弹得热热闹闹的。此事过后，他就找借口离开了京城。其他人不解，就问他，你那天弹九弦琴不是也弹得挺好的吗？干吗非得跟皇上较劲？朱仁济说，你们不知道，那天我其实弹的还是七弦琴，那两根弦我压根没用，只是做做样子罢了！所以保命的时候还是可以糊弄一下的，但是还是要守住琴人的操守。我见过九弦琴的琴谱，大家找《琴学集成》这本书也可以见到。

说起五弦琴、《南风歌》之事，当时尧的都城在现在的山西临汾，现在临汾还称为尧都。舜为了避让尧的儿子丹朱，迁到了山西南部的运城。运城解州那里有一个古老的盐池，是中国内陆最有名的盐池，相当于世界闻名的死海。它那里有个特点，必须是刮南风的时候才能晒盐，基本就是5～8月这段时间，还得是晴天。舜迁都到此地后，一直连日阴雨没有晴天，晒不成盐。一方水土养一方人啊，靠盐业吃饭的当地百姓怨声载道，埋怨说：自从舜你做了部落首领迁都到此，我们连饭都没得吃了。那舜该怎么办呢？他其实也没办法，但古人很有智慧，求老天爷帮忙啊，舜想起了尧赐给他的琴，就弹了首《南风歌》，与上天沟通，让上天感应到人的想法而降雨。祈天求雨这种事情中国历史上很多，第一个做此事的就是舜。《中庸》说："仲尼祖述尧舜，宪章文武。"儒家从哪里开始？就从遵循和效法尧舜、周文王、周武王开始。舜边抚琴边唱："南风之熏兮，可以解吾民之愠兮；南风之时兮，可以阜吾民之财兮。"（《孔子家语》）意思是，温暖的南风快来吧，可以解除老百姓的怨气，正合时宜的南风快来吧，可以让老百姓的财富丰足起来。古琴里也有《南风歌》，明代的曲谱里记载了《南风歌》，我给大家示范一下，大家可以听一听。

由此可见，当时的诗可以用来歌，边弹边唱，与神人沟通，这说明在上古时期舜的时代，我们的琴与歌都是为上天和百姓服务的。我常说一句话，琴与歌最早是敬天事神的工具。这种事还有很多，商汤灭夏之后天下大旱，商汤打赤膊坐在柴堆上，吩咐大臣说，如果我在此祈雨三天都不下雨，那么就把我当作祭品一起烧了敬天祈雨，结果三天后天阴了，雨来了，商汤也就活下来了。后来敬天事神形成了传统，历代封建帝皇都很注重大自然的异常活动，认为某些自然灾害和表象是对当局政治不清明的警示，如天现异象，日食月食，水灾旱灾地震等。如今会因为自然灾害反思自己的行为以及为此向老百姓道歉的政府或个人，恐怕几近于无了吧。

再给大家举一个例子来讲讲琴歌。在舜时期还有一首有名的诗歌，叫《湘江怨》，又名《湘妃怨》，湘妃是指舜的两个妃子——娥皇和女英。传说舜到湖南九嶷山考察民情，在那里制服了九条孽龙，使九江恢复了平静，但舜自己因劳累过度，重病不起，他的两个妃子娥皇和女英就赶去探望他，结果到的时候舜已经死了，埋葬在苍梧之野，这两个妃子伤心欲绝，一直在哭，哭啼极哀，哭到后来眼睛由流泪变滴血，血泪落到竹子上，就长成了斑竹。我们现在常见的琴歌《湘妃怨》是古琴大家吴景略先生打的谱，老先生已经不在世了，他是古琴虞山派的领军人物。江苏虞山是中国的古琴之乡，吴景略、管平湖、查阜西这些老前辈们弹琴的水平是超一流的，代表着古琴艺术的一个高度，但我认为，吴老先生这个琴歌之谱打得不好。大家可以感受一下他所打谱的《湘妃怨》（讲者示唱了一小段），这个节奏大家感受如何？是不是过于欢快了？更像上山劳作而不是女子在悼念亡夫吧？所以说，我们要正确认识，琴弹得好，不等于琴歌就唱得好。后来有学生向我来请教这首琴歌的时候，我就把节奏变了。在古代，弹琴的人得有文化，除了宫廷里的琴师、琴官是极其专业的琴人，其余的会弹琴的必然是有文化的读书人。但现在的琴人，素质就没这么讲究了。我前几年打谱了蔡邕的《蔡氏五弄》。隋朝第二任皇帝隋炀帝很喜爱音乐，他说最喜欢"琴曲九弄"，"九弄"就是《蔡氏五弄》加上嵇康的《嵇氏四弄》。前几年琴界说要给这"九弄"重新打谱，其中五弄的歌词乐谱都在，当时在场有一位琴人，第一个为"五弄"中的《游春曲》打谱。大家试听一下，是不是这个曲调跟前面吴老先生所打谱的《湘妃怨》风格很相近？是一种欢快民俗小调的感觉。我不太认同这个打谱，因为蔡邕是士大夫，虽然在江南颠沛流离，但他作为士大夫的气质气势还在，所以其《游春曲》不该是类似民俗小调的短平快。我给大家示范一下我给《游春曲》所打的谱。大家可能已经感受到了，我这首曲子的风格比较悠远深长。所以弹琴者一定要多读书，才能准确地表达出琴歌的内涵。

再举一例，相传舜的父亲——瞽叟、继母、异母弟——象，对舜都很不好，父亲和继母多次想害死他，把财产全部留给象。虽说舜屡次遭受陷害和虐待，但他仍对父母恭顺，对弟弟慈爱。传说舜在历山耕地的时候，因思念父母，作了一首《思亲操》，其孝感动天，大象来替他耕地，小鸟来代他除草。华夏文化很注重孝道，古代《二十四孝》所辑录的第一个故事就是舜这个"孝感动天"。《思亲操》如此唱道："陟彼历山兮进嵬，有鸟翔兮高飞。瞻彼鸠兮徘徊，河水洋洋兮青泠。深谷鸟鸣兮莺莺，设罥张罝兮思我父母力耕。日与月兮往如驰，父母远兮吾当安归。"当然，这个文本是唐代文豪韩愈所整理编撰出来的《琴曲歌辞·思亲操》。我给大家示范一下。我的治学专业是中文，又喜欢古琴，喜欢中国古代诗词歌赋，所以我很享受吟唱的乐趣。

上古时期是尧舜时代，下面讲春秋战国时期的孔子。据说孔子弦歌三百，《史记·孔子世家》记载："（诗）三百五篇，孔子皆弦歌之。"边弹边唱谓之弦歌，《诗经》又叫《诗三百》，是孔子根据周朝以来所流传下来的三千多首歌曲，选取其中三百零五篇辑录而成。孔子选诗的标准有两个，第一要符合儒家礼仪，所谓"诗三百，一言以蔽之，思无邪"，第二是能够演唱。据《论语》记载，孔子几乎是无日不歌的，只有遇上邻居治丧这样的事，孔子才不歌。孔子不但精于琴，还精于瑟，瑟是一种非常古老的乐器，现在祭孔的地方都会有瑟，但一般人是不会弹了。弦歌或鼓瑟而歌，都是孔子的拿手好戏，用今人的话说，孔子不仅是一位教育家，也是一位音乐家，但古人并不这样随随便便冠这些头衔，因为这些都是读书人应该具备的综合素养，素养与谋生技能是两码事。譬如，现在我们称苏东坡为散文家、诗人、词人、书法家、画家等等，我们不要忘了他最重要的社会身份是政治家，一生从政，在杭州西湖建有苏堤，历史上记载他善于治水，如此说来还可以说他是水利专家；杭州美食里有东坡肉这道菜，那苏东坡还可以有个头衔叫美食家；发生瘟疫的时候，苏东坡能给老百姓诊病开药方，还是个医家呢！但古人不会给苏东坡冠这么多头衔。说回孔子，他不仅能够弦歌，还会创作歌曲，其中创作了一首《将归操》："翱翔于卫，复我旧居；从吾所好，其乐只且。"孔子当时周游列国没什么人理他，但赵国君主赵简子以玉帛为礼，请他到赵国做官执政，当孔子在上任途中经过狄水的时候，突然听到了赵简子把当初辅佐他上位的大夫窦鸣犊杀了的消息，这事也就是我们现在所说的卸磨杀驴，孔子叹息道："赵国之所以治理得好，这是鸣犊的功绩。（赵国）杀害鸣犊而聘请我，我孔子为什么要去？焚烧了树林打猎，麒麟就不会来；倾覆鸟巢毁坏鸟蛋，凤凰就不会飞翔。鸟兽都厌恶那些伤害其同类的事，何况君子呢？"于是孔子拿过琴来，一边弹奏，一边唱道："还是在卫国自由自在地遨游，回到我的故乡去吧。按我自己的意思行事，这才令人有许多快乐。"当然我们现在所看到、吟唱的琴曲是经过韩愈改造所撰的《琴曲歌辞》里的《将归操》："秋之水兮，其色幽幽，我将济兮，不得其由。涉其浅兮，石啮我足，乘其深兮，龙入我舟。我济而悔兮，将安归尤。归兮归兮，无与石斗兮，无应龙求。"

孔子之后的弦歌吟唱，就要讲到汉代的司马相如与《凤求凰》。汉代的琴歌我刚才给大家提到了蔡邕，但汉代真正的文人代表首推司马相如。在他之前，已经有了很有名的琴歌《垓下歌》《大风歌》，前者是西楚霸王项羽败亡之前吟唱的一首诗歌，后者是汉高祖刘邦创作的一首诗歌，这点值得大家注意，以前的琴歌都是帝王圣贤创作的多，先秦的时候也有少数老百姓创作的琴歌，但这些老百姓其实不是一般人，如《百里奚》这首琴歌当时是谁创作吟唱出来的？百里奚的结发妻子杜氏，而百里奚是春秋秦国著名宰相。大家对《垓下歌》可能会比较熟悉："力拔山兮气盖世，时不利兮骓不逝，骓不逝兮可奈何，虞兮虞兮奈若何！"我们一起来听听这首琴歌是怎么吟唱的，这是我从明代的琴谱里整理出来的。目前，我整理并出版了的琴歌有一百零八首，现在尚在整理的琴歌大概还有五六十首。

西汉的文人代表司马相如作了一首后世有名的琴歌《凤求凰》，这是一个真实的事件，《史记》里有记载，司马相如很有才气，他是四川人，到长安给汉景帝做保镖，官职是"武骑常侍"，可见司马相如是有武功的，但他传名于后世的是《子虚赋》《上林赋》《长门赋》，以及一首古琴曲《凤求凰》。话说当时司马相如做着这武官，感觉很不得志，因为他很有才情，有一个机缘转折是梁孝王带着他的梁园文人代表们如枚乘、邹阳等人来朝拜汉景帝，司马相如得以结交这些辞赋家。后来司马相如就以病退职，到梁地去和这些文人墨客共事，也就是在此期间为梁王写了那篇有名的《子虚赋》。但好景不长，汉景帝与梁王先后过世，司马相如也失去了依靠，他离开梁地，回到四川临邛，生活十分清贫。临邛县令王吉与相如交好，对他说："长卿，你长期离乡在外，求官任职，不太顺心，可以来我这里看看。"于是相如在临邛都亭住下，临邛富人卓王孙得知"（县）令有贵客"，便设宴请客结交，相如故意称病不能前往，王吉亲自相迎，相如只得前去赴宴。这位卓王孙到底有多少财富？历史上没有具体的记载，但《史记》里说，这位卓王孙家中"童仆八百"，那么这是多么富有便很清楚了，卓王孙有个女儿，名文君，新寡在家。因久仰相如文采，遂从屏风外窥视相如，司马相如佯作不知，而当受邀抚琴时，便趁机弹了一曲《凤求凰》，以传爱慕之情，因司马相如亦早闻卓文君芳名。这就是历史上有名的典故，司马相如琴挑卓文君，就是以琴曲传情挑逗文君的芳心。文君听出了司马相如的琴声情愫，偷偷地从门缝中看他，不由得为他的气派、风度和才情所吸引，也产生了敬慕之情。宴毕，相如又通过文君的侍婢向她转达心意。于是文君深夜逃出家门，与相如私奔到了成都。后来人们又伪造了一段歌词来配这首古琴曲，词曰："有一美人兮，见之不忘。一日不见兮，思之如狂。凤飞翱翔兮，四海求凰。无奈佳人兮，不在东墙。将琴代语兮，聊写衷肠。何时见许兮，慰我彷徨。愿言配德兮，携手相将。不得于飞兮，使我沦亡。"

司马相如的家境穷困不堪，家徒四壁并非虚言。卓文君在成都住了一些时候，随身带出来的细软也用完了，她对司马相如说："其实你只要跟我到临邛去，向我的同族兄弟们借些钱，我们就可以设法维持生活了。"司马相如一介书生，哪里会经营生活，就听文君的话，跟她一起回到了临邛。他们把车马卖掉做本钱，开了一家小酒馆。卓文君当垆卖酒，掌管店务；司马相如系着围裙，夹杂在伙计们中间洗涤杯盘瓦器。卓王孙闻讯后，深以为耻，觉得没脸见人，就整天大门不出。他的弟兄和长辈都劝他说："你只有一子二女，又并不缺少钱财。如今文君已经委身于司马相如，司马相如一时不愿到外面去求官，虽然家境清寒，但毕竟是个人材；文君的终身总算有了依托。而且，他还是我们县令的贵客，你怎么可以叫他如此难堪呢？"卓王孙无可奈何，只得分给文君奴仆百人，铜钱百万，又把她出嫁时候的衣被财物一并送去。于是，卓文君和司马相如双双回到成都，购买田地住宅，过着富足的生活。所以说读书人可以没有经商的头脑，但必须有读书人的才气。下面我给大家示唱一下《凤求凰》琴曲。可以说，司马相如为古琴做出了极大的贡献，琴能传情。后来昆曲里有个曲目叫《琴挑》，说的就是这个典故。

下面我想给大家说说吟唱的问题。《康熙字典》里提到《四声歌诀》："平声平道莫低昂，上声高呼猛烈强，去声分明哀远道，入声短促急收藏。"吟诗是有规律的，人发音会有地域的差异，有方言的差异，也有个体的差异，但规律是一致的。平声是走平路，不高不低，不往上走也不往下走。平声分第一声调和第二声调，所谓阴平阳平之分，但古音里没有第二声，有第二声是从元代音韵学家周德清开始的，也就是元代以来人们说话与今人差不多了。如果这《四声歌诀》大家能够熟练掌握的话，那诗歌之吟唱一点都不困难。明代释真空《玉钥匙歌诀》对四声调型的描绘是："平声者哀而安，上声者厉而举，去声者清而远，入声者直而促。"意思跟《四声歌诀》

是一样的。

汉代以后不得不提到中国古代诗词曲吟唱史上最重要的一个时期——唐代。为什么要专门讲唐代？因为从唐代开始近体诗产生了，诗词创作有了格律，吟唱也就有了基本的规律。唐以前的诗歌形式都是自由松散的，没有明确的格律，那么吟唱也可以自由随意、没有多少规律可循。近体诗的出现使唐代的诗歌艺术达到了一个高峰，主要是从艺术形式、熟练程度、表现内容上有所突破。我们现在很多教诗歌艺术和创作的课程，不教诗歌形式，这就如同丢掉了基本功的训练。譬如中国乒乓球运动员，常常能拿世界冠军，据说他们从小是拿铁球拍进行训练的，当拍子那么重都能保持动作不变形，那球技自然稳定并且动作质量高。而没有经过专业训练的业余人士，打球的水平永远带着随机性，不够专业不够稳定。专业运动员怎么打球都不走板，这是怎么出来的？就是长期的形式训练出来的，这点大家一定要清楚。所以，我们今天忽略了中国古代诗词曲的形式，很多大学老师一上课就讲思想内容，学生连诗歌是什么都不知道呢，讲思想内容有什么意义呢？这是很糟糕的事情。

唐代诗歌能达到一个高峰，诗歌格式的突破和确立有着非常重要的作用和意义。对唐代诗歌的发展起到较大促进作用的主要有两个人——沈佺期和宋之问。唐代元稹在《唐故工部员外郎杜君墓系铭并序》写道："唐兴，官学大振。历世之文，能者互出。而又沈、宋之流，研练精切，稳顺声势，谓之为律诗。由是而后，文变之体极焉。"他这段话确立了沈佺期和宋之问在唐诗发展史上的地位，除了这两位对唐诗的形式发展贡献巨大，还有三位大家——王维、李白、韩愈，不仅对诗歌发展有贡献，更主要是对诗歌的吟唱发展有极大贡献。启功先生曾说：唐以前的诗是长出来的，唐人的诗是嚷出来的，宋人的诗是想出来的，宋以后的诗是仿出来的。为什么唐人的诗是嚷出来的？因为有很多边塞诗，多表达杀敌报国的志向，描绘大漠边关的烽烟。为什么说宋人的诗是想出来的？因为宋人看重理趣，而理趣之诗的传统是从唐代诗人王维这里接过去的。这种想不是冥思苦想，而是一种很精妙的思考。正如王维号摩诘居士，此名号源自佛教的经典《维摩诘经》，当时唐朝佛教兴盛，禅宗对王维影响颇深，禅宗讲明心见性，理趣之诗其实就是一种明心见性，当然理趣之诗还是拐了弯的，王维的诗是不拐弯的明心见性，极富禅意。回到王维之诗《阳关三叠》上来，"渭城朝雨浥轻尘，客舍青青柳色新。劝君更进一杯酒，西出阳关无故人"。本来只有简单的四句，但人们认为这首诗是送别诗中的绝品，遂演绎开来，制成古琴琴曲，曲词大大地被丰富了。下面我们来听两个版本的《阳关三叠》，一个是明代的琴歌，另一个据说是唐代传承下来但实际到清代才正式形成的琴歌。

第二位要提到的是唐代大文豪李白，李白不仅作诗，还善琴歌，他登泰山的时候都佩剑抱琴。他的琴别名绿绮，跟司马相如当年所弹的绿绮琴名字是一样的，那首著名的《幽涧泉》琴歌就是李白创作的。他还写过很多琴歌，就不一一列举了。

第三位要提到的是唐代大儒韩愈，韩愈的诗歌比较难背诵，多诘屈聱牙，韩孟诗派的美本人不是很欣赏，正如唐人贾岛之名句"鸟宿池边树，僧敲月下门"，据说是用"推"还是用"敲"字，诗人自己斟酌良久，"两句三年得，一吟双泪流"。我认为这样还能称之为诗人吗？这个字诗人需要如此推敲？诗人应该才情横溢，下笔如有神的，而且作诗是当下的，不能时过境迁。再回到韩愈这里，他对琴歌做出的杰出贡献是亲自创作了十首琴歌——《琴操十首》。

近体诗相对于古体诗，有几个重要的区别。第一，从字数上看，近体诗为五七言，古体诗字数不定，有四言的诗经体，有歌行的长短句。从句数上看，近体诗为四句绝句或八句律诗，古体诗则没有句数限定。第二，平仄的规范，近体诗每句文字的平仄排列有严格的规律，古体诗则不讲究。所以通常会觉得写古体诗比较容易，写近体诗比较难，困难的一个重要原因是，我们所缺失的知识和训练太多了，很多年轻人连平仄声都分不清，写格律诗根本没基础。第三，从文字发音上看，古汉语有平、上、去、入四声，现代汉语则只是汉语拼音的四个声调，文字声音表意的作用和意义几乎被彻底忽略了。第四，押韵的问题，近体诗通常押平声韵，韵部是唐宋规定的《平水韵》，古体诗押韵没有固定法则，可以押平声，可以押仄声，还可以平仄通押，韵脚多以作者自己熟悉的方言为主，不如唐宋韵部那样严格、规范。

下面要讲一下近体诗的体格特征，可称之为"四体十六式"。近体诗又叫格律诗，格律诗分为四种基本"体"，即：五绝、五律、七绝、七律。每一体又分为四式，即平起首句不押韵、平起首句押韵、仄起首句不押韵、仄起首句押韵。所以古代诗歌有"四体十六式"之说，俗语"没有这一式"的原意，就是用来嘲笑出格诗人的。

第一种体制是"平起首句押韵式"，如唐代杜牧的《泊秦淮》："烟笼寒水月笼纱，夜泊秦淮近酒家。商女不知亡国恨，隔江犹唱后庭花。"大家要特别注意一点，是平起还是仄起要看首句的第二个字，而不是第一个字。此诗第二个字是平声字，所以此诗是平起。中国古诗有"一三五不论，二四六分明"的说法，讲的是每句诗中文字的平仄规律，也就是近体诗中每句第二、四、六位上字的平仄必须严格按照平仄法则。此诗所押的韵脚是"纱""家""花"，首句就押韵。

第二种体制是"平起首句不押韵式"，如唐代杜甫的《江南逢李龟年》："岐王宅里寻常见，崔九堂前几度闻。正是江南好风景，落花时节又逢君。"

第三种体制是"仄起首句押韵式"，如唐代李商隐的《夜雨寄北》："君问归期未有期，巴山夜雨涨秋池。何当共剪西窗烛，却话巴山夜雨时。"这种体制跟第一种的区别在于，首句第二个字是仄声字。

第四种体制是"仄起首句不押韵式"如杜甫的《绝句》："两

个黄鹂鸣翠柳，一行白鹭上青天。窗含西岭千秋雪，门泊东吴万里船。"首句第二个字"个"是仄声，"柳"不押韵，"天"和"船"押韵。

以上是吟诵当中平仄和押韵的规律，吟诵的节奏也是有规律的。格律诗吟诵的节奏是固定的，除了韵脚的字一定要吟之外，还有一些固定位置上的字需要吟。以首句平起的七言绝句为例，首句平起，吟的位置在"二四四二"字，也就是第一句的第二个字、第二句的第四个字、第三句的第四个字、第四句的第二个字，再加上结尾押韵的字，都要吟。吟就是模仿人哭泣的哀声，拉长低沉，犹如古琴中的指法"吟"和"猱"，大吟、长吟叫猱。如唐代李白的《早发白帝城》："朝辞白帝彩云间，千里江陵一日还。两岸猿声啼不住，轻舟已过万重山。"注意，这首句平起的绝句"二四四二"字都是平声字，所以这四个字要拉长来吟。而首句仄起的绝句，其吟诵规律会发生变化，如唐代张继的《枫桥夜泊》："月落乌啼霜满天，江枫渔火对愁眠。姑苏城外寒山寺，夜半钟声到客船。"首句吟的是第四字，因为此诗的平仄不同，所以变成了"四二二四"字要吟，也就是第一句第四个字、第二句第二个字、第三句第二个字、第四句第四个字要吟。绝句的吟诵节奏就是这两种规律。

那七言律诗的吟诵规则如何？首句平起式，吟的位置就是"二四四二，二四四二"；首句仄起式，吟的位置就是"四二二四，四二二四"。现在示范一下唐代李商隐《锦瑟》的吟诵："锦瑟无端五十弦，一弦一柱思华年。庄生晓梦迷蝴蝶，望帝春心托杜鹃。沧海月明珠有泪，蓝田日暖玉生烟。此情可待成追忆，只是当时已惘然。"这首诗是首句仄起式，所以吟的位置是"四二二四，四二二四"，也就是"端""弦""生""心""明""田""情""时"这些字要吟。

吟诵是有规律的，但曲调可以不同。正如同古琴的指法是规律的，同一把琴弹每首曲子的音色是一样的，但音调可以不同，可以变调。

再看五言绝句，五言与七言有很大的区别。

第一种规则首句平起式五绝，吟诵位置在首句与尾句的第二字上，当然韵脚也是要吟诵的，如唐代王维的《山中送别》："山中相送罢，日暮掩柴扉。青草年年绿，王孙归不归。""中"与"孙"字需要吟，还有韵脚"扉""归"需要吟。

第二种规则首句仄起式五绝，吟诵位置在第二句和第三句的第二字上，韵脚也要吟诵，如王维的《红豆》："红豆生南国，春来发几枝。愿君多采撷，此物最相思。""来"和"君"要吟，韵脚"枝"和"思"要吟。

五言律诗跟五言绝句差不多，绝句又叫"截句"，古人有"截律诗之半"说，有截前四句者，有截后四句者，有截前后两句者，有截中间四句者。所以五言律诗首句平起式，吟诵位是除韵脚外，在首句、四句、五句、尾句的第二个字，如唐代孟浩然的《过故人庄》："故人具鸡黍，邀我至田家。绿树村边合，青山郭外斜。开轩面场圃，把酒话桑麻。"

所以当我们拿到一首古诗，首先要看它是律诗还是绝句，然后看是首句平起式还是首句仄起式，就这么简单的几条规律，就能吟诵古诗词了。我们用唐宋音的《四声歌诀》，就可以吟唱出来，配上丝竹乐器伴奏，是精神享受的一件乐事。

近体诗的演唱要靠谱，要照着古谱演唱。如果没有古谱，就要按照古法造谱，吐字发声按古音的规律。造谱，为近体诗量身定谱，这个古人常做，今人多拟古，有做得好的，但很少能做出古曲的韵味。例如现代流行歌曲《明月几时有》，唱着也悦耳，但没有古曲的韵味。王维的《送元二使安西》有两个吟唱的版本，一个是经改编载录于清代张鹤所编的《琴学入门》的曲谱，也是现在古琴界常弹唱的版本。另一个是出现在《魏书乐谱》里的版本，二者完全不一样，大家可以仔细听听对比一下。这个乐谱还流传到了日本，我国原来只有这个版本的其中一部分，其余是从日本复印回来的，我自己有这个复印本，让我惊叹的是，日本人的复印本都做得比我们的印刷本精致，质量好，真叫人感慨万千。我们不够重视自己的传统文化，很多传承搞丢了，而别人比我们自己还珍视这些东西，这是要反思的。

下面讲唐宋诗词和元曲的吟唱。吟和唱是有区别的，吟是文字本身发出来的音，唱是有曲调的。唐宋词主要也是唱出来的，只是因为它还是唐宋音符合吟诵的规律，所以也能吟诵。前面我们讲了近体诗的体格，那么关于词，我们先得弄清楚词牌名代表什么，词牌非常重要。例如，我们看温庭筠的《菩萨蛮》："小山重叠金明灭，鬓云欲渡香腮雪。懒起画蛾眉，弄妆梳洗迟。照花前后镜，花面交相映。新帖绣罗襦，双双金鹧鸪。"再看李白的《菩萨蛮》："平林漠漠烟如织，寒山一带伤心碧。暝色入高楼，有人楼上愁。玉阶空伫立，宿鸟归飞急。何处是归程？长亭更短亭。"每一首《菩萨蛮》的字数、平仄、句法、章法都一样，没有区别。另外，词牌首先是词调，是词音乐性的体现，一个词牌可以写很多歌词，前提是这些歌词必须符合这个词牌的音乐，音调可以调高，但是乐谱是不能变的，这是最基本的原则。所以说"词有定调，调有定句，句有定字，字有定声"，它的前提是词有定调。那么词是如何定调的？按照同一词牌的音乐和调性填写唱词，唱出来是同一个味道，这就是倚声填词，所有的音乐元素都需要保留不能更改。我们听一下两首词的吟唱，一首是范仲淹的《渔家傲》："塞下秋来风景异，衡阳雁去无留意。四面边声连角起，千嶂里，长烟落日孤城闭。浊酒一杯家万里，燕然未勒归无计。羌管悠悠霜满地，人不寐，将军白发征夫泪。"另一首是李清照的《渔家傲》："天接云涛连晓雾，星河欲转千帆舞。仿佛梦魂归帝所。闻天语，殷勤问我归何处。我报路长嗟日暮，学诗谩有惊人句。九万里风鹏正举。风休住,蓬舟吹取三山去!"大家听到的是曲调一样词不一样的两首词。同一首词有不同的版本出现也是可能的,因为宋代的歌曲只有姜夔的《白氏道人歌曲》存留下来,里面有十七首歌词有旁谱,就是旁边注了乐谱,其他的都没有,那怎么办?到了元明时代,有很多就被重新谱曲,所以会出现同一首词有不同的演唱版本。

需要注意的是,词有些是用古琴来伴奏,叫琴歌、琴趣,又可以用笛箫来伴奏,自弹自唱的话只能是弦歌。"调有定句"不难理解,《渔家傲》上下片各四句,凡是用《渔家傲》填词的,不能例外,不多不少。"句有定字",就是句子字数是固定的,《渔家傲》上下片句子字数分别为七、七、三、七,"字有定声",词为诗余,也讲究文字的平仄格律固定,讲究押韵,可以押平声韵,也可以押仄声韵,还可以平仄互换,与近体诗相似。范仲淹的《渔家傲》上片句句押韵,下片也是句句押韵。

再看陆游的《卜算子·咏梅》:"驿外断桥边,寂寞开无主。已是黄昏独自愁,更著风和雨。无意苦争春,一任群芳妒。零落成泥碾作尘,只有香如故。"一个版本是吟诵的,一个版本是吟唱的,大家感受一下它们之间的区别。再如李清照的《一剪梅》:"红藕香残玉簟秋。轻解罗裳,独上兰舟。云中谁寄锦书来,雁字回时,月满西楼。花自飘零水自流。一种相思,两处闲愁。此情无计可消除,才下眉头,却上心头。"也是两个版本对比欣赏一下,一个是吟诵的,一个是吟唱的。吟和唱的区别,大家感受到了吗?吟是吐字发声,发文字自己本身的声音,唱是音乐、乐谱发出来的声音。所以"吟"可叫"吟咏""吟哦",不能叫吟唱。

总的来说,词的唱也有规律,随句法结构的不同,各个词牌均有不同,但也大都遵循吟诵规律——"平声长、仄声短、奇数短、偶数长",长短是指演唱时候每个字的时值,奇偶是指每句中的文字次序,还有"韵脚必吟"。

　　关于元曲的演唱，有以下几点基本规则需要注意。第一，元曲是唱的，不能吟，本身有曲牌，演唱的时候用的是中原音韵，最大的特点一是平分阴阳，二是入声派入了平、上、去三声，不能用唐宋的平水韵为标准，也就是说不能用平水韵来演唱元曲。第二，元散曲主要对应的是小令，体制庞大的套数尽管能唱，但套数的数量少，且谱很少。第三，元曲演唱的时候要注意衬字的处理。

　　元曲演唱的时候还要注意几个问题。

　　第一，把握宫调的声情。据元人周德清《中原音韵》所言，仙吕是清新绵邈，南吕是感叹伤悲，中吕是高下闪赚，黄钟是富贵缠绵，正宫是惆怅雄壮，道宫是飘逸清幽，大石是风流蕴藉，小石是旖旎妩媚，高平是悠扬宛转，双调是健捷激袅，商调是凄怆怨慕，角调是呜咽悠扬，羽调是典雅沉重，越调是陶写冷笑。周氏所说，一般认为大体上符合实际情况。但我们对此有所了解就可以了，因为传世的曲谱中出现了很多搭配错乱的情况，如果按错配的宫调生搬硬套很不合适，除非你看到的是真正的元代曲谱。

　　第二，遵循"靠谱"原则。同一曲牌，基本是同一曲谱。要按照古人传下来的曲谱。

　　第三，宽容对待同一曲牌的不同曲谱，因为地域不同，传承失序。例如，我们来听一下马致远《天净沙·秋思》的两个不同版本："枯藤老树昏鸦，小桥流水人家，古道西风瘦马。夕阳西下，断肠人在天涯。"都是清代保留下来的曲谱，但大家可以听到风格完全不同。

　　问：刚才听薄老师您为我们示唱元散曲的时候，感觉与昆曲有些相像，它们之间有什么联系吗？

　　答：其实元曲与昆曲之间的关系还挺大的，北方的杂剧用的是弦索，南方用的是鼓板，在元代顾坚创造昆曲的时候，他用的是江苏太仓那个地方的小调来唱的。到明朝正德、嘉靖年间清曲唱家魏良辅，他原来是唱北曲的，后来研究南音，在研究南音的过程中他融入了许多北曲的东西，如把笛箫、笙、中阮等乐器都加进来了，另外，他觉得江苏太仓的清新小调作为舞台表演的戏曲情致有些别扭，于是他融合了北曲、南音，改良昆山腔，采用中州韵系，依字声行腔，"调用水磨，拍挨冷板"，使原来直白的、拗口的昆腔变得富有细腻婉转的特色，即所谓的"一唱三叹"，因之昆曲又有"水磨调""水磨腔"之称，因其行腔优美、婉转、细腻，又被称作"曲中幽兰"。所以实际上昆曲是吸取了北曲的一些特点。

当然，元代的谱子我们没有看到直接传世的，清代乾隆年间的周祥钰在皇帝的授意下编订了《新订九宫大成南北词宫谱》，这是关于歌曲的"四库全书"，记录了四千六百多首歌词，都有谱，有些谱是古代流传下来的，有些谱是他与几个乐工创作的，是赝品，所以可能会存在"昆化"的现象，因为明嘉靖到清乾隆年间，前后两百多年为昆曲全盛时代，一直影响到清朝中叶，那么大的全国性的曲种对当时歌曲的影响也是必然的。

所以，如果说元散曲被"昆化"那是因为传谱年代在后，如果说昆曲有元曲的影子，那是因为昆曲形成本身融合了北曲的要素。

问：现在有种说法，西洋音乐能够比较好地演奏和重现古代的乐曲，是因为他们一直使用五线谱，而中国音乐乃至东洋音乐，之所以很难重现古曲，是因为曲谱记载与传承的关系。那我们古代的曲谱为什么会造成中西音乐传承中这么大的区别呢？

答：中国的记谱法其实比西方高明得多，但是我们传统的记谱法都是没有节奏的，很多都是口传心授的，例如古代学琴，都是弟子跟着老师具体操作学习弹奏。那高明在哪呢？中国最早的记谱法是律吕谱，借用了我国十二律（即一个八度之内分为十二个半音）的名称（黄钟、大吕、太簇、夹钟、姑洗、仲吕、蕤宾、林钟、南吕、夷则、无射、应钟）来记谱，告诉你在哪个位置上是哪个调。我们出土过一套春秋战国时期的编钟，上面还写着太簇之羽，太簇之角，也就是说明这套编钟的音调是什么。第二种记谱的方式是五音谱，或叫五声谱，借用古代五声音阶的音名（宫、商、角、徵、羽）来记谱，比律吕谱简易了许多。到汉代出现了"声曲折"，这些"声曲折"是歌或歌诗演唱时的曲谱。后来唐代出现了笛谱等记谱法。

不仅如此，我国民间还曾用多种字谱记录音乐，如减字谱、宴乐半字谱、锣鼓经、工尺谱、方格谱和二四谱等。例如南北朝时所传琴曲《碣石调幽兰》中用文字记述了弹琴手法，而文字谱到隋唐年间仍是琴人通用的谱式，由文字谱发展为减字谱，是古琴记谱法一个极为重要的革新，这一变革是在唐代完成的。

五线谱的历史我不了解，但简谱传入中国也就一百来年的时间，而且还是从日本传过来的，但日本过去所使用的也是中国传统的方格谱。五线谱便于直观地表现，上加一线下加一线，高八度低八度等都有相应音符标示，但如果用西方乐谱的标准来生硬地比较中国传统记谱方法，未必合理。例如，古琴的曲谱没有节奏，只是记录指法，古琴演奏中有许多所谓的"杂音"，这些因为指法过渡所产生的音响很难以西洋乐谱的方式用音符一个个对应写出来，而古琴的韵味往往在于这些"杂音"。如果我们请几位古琴大家同时且各自独立地打同一琴谱，出来的音调都差不多，因为指法是规定的，可见只用文字记载指法的记谱方式也很靠谱。

五线谱比我们传统乐谱产生的时间要晚的多，它的记谱方式比较简单，我们的比较复杂，所以历代王朝都设有专门的乐工，而且在我们的过去音乐不是一般的老百姓能掌握的。

问：有评论说，王维是伪隐，陶渊明是真隐，因为王维身为仕途颇得意的士大夫，他的物质生活非常富庶，他自号摩诘居士，意思是可以在富足的俗世生活中保持清净超脱的精神追求，但有人会认为像陶渊明那样过着"种豆南山下，草盛豆苗稀"的归园田居生活，才是真隐，您怎么看待这个问题？

答：这的确是一个很有意义的问题，我没有直接思考过，但有一个观点可以跟大家一起分享探讨。如果说王维是伪隐，那说明唐代政治还是很开明的，他可以一边做官，一边找地方清修隐居。所以我们总希望能重回汉唐，而汉唐都不是中国古代文明发达的时代，宋代才是文明发达的时代。

再说回陶渊明，在我看来他的归园田居生活是一种无奈，从某种角度上来说，陶渊明还很可能是一种伪隐，他是日子实在过不下去了，历史记载他是当了县令十三年，他自己说是"误入尘网内，一去三十年"，如果一个人真的误入尘网，他能待上三十年，那说明他自己恐怕不太想摆脱这个尘网。就算是十三年也够长了，正如一个人认为自己上了贼船，十三年都不跑，那不是自己有问题了吗？我的这种观点可能跟历来教科书灌输给大家的关于陶渊明的说法差距很大，我们极富革命性的文学评论家们说陶渊明讲气节，因为他爱菊花，证据是陶渊明写诗说"采菊东篱下，悠然见南山"，其实是他爱吃菊花，因为吃菊花可以使人长寿，他有首诗就直接说"酒能祛百虑，菊为制颓龄"；或者是什么都没得吃了，只有采菊花吃来充饥。所以我们的教科书、研究者，语文、历史、政治等研究成果，可能都有一些时代的局限。文学和历史，应该脱离政治而存在，不应该为它们服务，也不能统一答案。

所以，我认为王维之隐有其真，陶渊明之隐有其伪。

问：诗与曲是从来都不分开的吗？也就是古人作诗都是用来吟唱的，所以有诗都有曲？

答：最初词曲是不分家的，我们中国的文学讲究文史哲不分，还讲究诗乐舞一体，诗歌必须加上音乐，是可以歌唱出来的，后来又加入了舞蹈。以前诗、歌、舞这些都是被统治阶级垄断的特权，天子八佾，士大夫六佾，老百姓无佾，都是有明确的阶级分层的，老百姓们不闻钟鼓之乐，歌舞由朝廷乐坊、乐工承担，所以过去是诗乐一体的，有诗就有歌，到唐代很多时候还是这样，但到了唐代后期，由杜甫引领后来由白居易倡导的"新乐府运动"，写了大量的诗歌，像杜甫的《茅屋秋风所破歌》，白居易的《长恨歌》，这些乐府文章都很长，用于唱的话能把人累死。所以诗曲开始分离，当然诗歌成为案头文学还有其他原因。

明代保存了历代的许多琴曲，但是词比较少，都是后人为曲子填词的多。唐代中期以后的诗，宋代中后期以后的词，都是案头文学多，这都是文人玩出来的。

　　朱立侠，字履儒，号愚斋，云南罗平人。本科毕业于中央民族大学少数民族语言文学系，硕士毕业于中山大学中文系，研究方向为诗文创作与批评，博士毕业于北京语言大学，研究方向为汉语韵律诗学。现在首都师范大学中国国学教育学院任教，并任中华吟诵学会副秘书长，信古堂私塾堂主，三易书院主讲。研究领域涉及文言诗文创作、传统吟诵、私塾教学方法、朱子学、周易等方面，近年来致力于中华吟诵之抢救、研究与推广，尤其钟情唐调吟诵。著有《唐调吟诵研究》及《吟诵与诗律之关系》等。

拾贰 吟诵的老先生和老先生的吟诵

朱立侠

今天要跟大家分享老一辈人读书的事情。正如题目"吟诵的老先生和老先生的吟诵"所言，当读书达到一定境界的时候，这二者是不分的，所谓人如其文，文如其人。但目前二者离我们都有点远，他们是正在逝去的老先生，逝去的读书人。

先简单介绍一下，我在中华吟诵学会里主要负责采录的工作，就是去寻找那些读过私塾、会吟诵的老先生，把他们读书时的腔调和状态录下来，这就是吟诵采录。为什么要做这样的事情呢？这得从 2007 年讲起。当时我跟随中央民族大学的徐健顺老师，到云南参加一个活动，叫"飞越彩虹计划"，主办方是广东深圳的一个慈善基金会，这个计划是做什么的呢？是帮助少数民族学生树立民族自豪感，传承他们的民族文化。我们看到少数民族的很多孩子不愿意说本民族的话，觉得土，不传承自己民族的文化，没有民族自信心。有鉴于此，这个基金会就找了一些老师去做这方面的工作。当时我也参与其中了，主要就是做采录工作，把当地民族的传统音乐通过影像保留下来。我们在每个少数民族中选出一些学生，让他们唱自己的民歌，学本民族的语言。结果在丽江纳西族的地方，遇到一件让我很震撼的事情。某天我们去采访一位老太太，因为我们要请人来教当地的小孩子唱当地民歌，就要选择和邀请本民族的人来做老师，打听到这位老太太民歌唱得很好，很有名气，还到过国外去演出。著名的摇滚歌手崔健曾拜访过她，拜她为干妈，说这才是真正的摇滚音乐啊。我们去找这位老太太的时候，她正背着个篓子去割猪草，过着普通农妇的生活。我们说明来意，老太太换了身服装，就给我们唱了首诗，也可以叫歌，其实本来诗歌是不分的。这首诗是即兴的七言诗，我不懂纳西话，但通过翻译我知道她唱出来的这首诗歌是即兴的，是针对我们北京来的人即兴编的一首诗，符合他们山歌的调子。我很震撼，一位农村老太太出口成章，还能唱出来，这不就是活着的诗人吗？那首诗歌说，"门对金沙江水滔滔，天上有着白云飘飘"，这都是现实的意境，非常贴切，伴随着高腔吟唱出来，在那高山深水之间回荡，摄人心魄。后来徐老师跟我讲，实际我们汉民族以前也这样，也是能歌善舞的民族，大诗人李白、杜甫，难道他们作诗的时候是拿着笔在那写吗？不可能，而是马上吟出来的，这就是诗。古人经常说口占一绝，所谓出口成章，一首诗词就吟诵出来了，所以说古代的读书人都是歌唱家，都会作诗，都会吟诵。我是中文系毕业的，自己也作诗，但是我们现在作诗已经变成拿纸笔在那写，跟传统的吟诵作诗不一样了。后来我们找到中央音乐学院的老师来介绍这方面的情况，才开始了解到，以前人读书都是吟诵的，有腔调的，读书就像唱歌一样。于是渐渐觉得这个吟诵的传统很好，有必要去挖掘和传承下来，所以我们就成立了中华吟诵学会，2011 年申请到国家社科基金重大项目，专门去做这个事。截至今年暑假，我们已经去过二十七个省，采集了六百多位老先生的吟诵录像，其中有一半以上的老先生都是读过私塾的，所以连带吟诵，把私塾教育的状况顺带发掘了，发现以前的教育跟今天也有很大的不同。

稍后我会给大家播放一些具有代表性的吟诵录像，可以看到老先生身上所体现出来的一种精神，这种精神在今人身上很难看到。一个民族文化的传承需要时间，一种精神的形成也需要时间，这批老先生是历史最后的沉淀了。不知道各位有没有机会见到九十多岁、一百多岁的老先生摇头晃脑读书的样子。先看看周作人先生的《论八股文》，这是他在新中国成立前写的文章，里面说到了读八股文的情形，他自己也不会读了，但他听过他叔叔读，我们看看这篇文章里是怎么写的。

其次，我们来看一看八股里的音乐的分子。不幸我于音乐是绝对的门外汉，就是顶好的音乐我听了也只是不讨厌罢了，全然不懂它的好处在哪里，但是我知道，中国国民酷好音乐，八股文里含有大量的音乐分子，知道了这两点，在现今的谈论里也就勉强可以对付了。我常想中国人是音乐的国民，虽然这些音乐我个人偏偏是不甚喜欢的。中国人是戏迷是实在的事，他们不但在戏园子里迷，就是平常一个人走夜路，觉得有点害怕，或是闲着无事的时候，也不知不觉高声朗诵出来，不知是《空城计》，还是《四郎探母》，总之是唱着什么。昆曲的句子已经不大高明，皮簧更是不行，几乎是"八部书外"的东西，然而中国的士大夫也乐此不疲，虽然他们在默读脚本时，也一定要大叫"不通"不止，但等到在台上一发声，把这些不通的话拉长了，加上丝弦家伙，他们便觉得滋滋有味，颠头摇腿，至于忘形。我想，这未必是中国的歌唱特别微妙，实在只是中国人特别嗜好节调罢了。从这里我就联想到中国人的读诗、读古文，尤其是读八股上面去。他们读这些文章时的那副情形大家想必还记得，摇头摆脑，简直和听梅畹华先生唱戏时差不多，有人见了要诧异地问，哼一篇烂如泥的烂时文，何至于如此快乐呢？我知道，他是麻醉于音乐里了。他读到这一出股，"天地乃宇宙之乾坤，吾心实中怀之在抱，久矣夫千百年来已非一日矣，溯往事以追维，曷勿考记载而诵诗书之典要"，耳朵里只听得自己琅琅的音调，便有如置身戏馆，完全忘记了这些狗屁不通的文句，只是在抑扬顿挫的歌声中间三魂渺渺七魂茫茫地陶醉着了。

　　这段话的主要意思是中国人读诗、读古文甚至读八股文，都是摇头摆脑地读，简直跟唱戏差不多，很陶醉其中，周作人说这种琅琅的读书声调如同音乐，很让人麻醉。这样的情形不知大家是否有缘见过。反正我是见过，但在我所采录的六百多位吟诵老先生当中，还没见过一位会吟诵八股文的，所以估计中国现在这传统也绝了，那也就是世界上再没有人会吟诵八股文了。曾经，我们把八股文批判得一无是处，但里面也有优秀可取之处，现在无人会写、无人会读了，很遗憾！周作人就还见过，他写道："从前的一个族叔，文理清通，而屡试不售，遂发愤用功，每晚坐高楼上朗读文章，半年后应府县考皆列前茅，次年春间即进了秀才。这个很好的例可以证明八股是文义轻而声调重，作文的秘诀是熟记好些名家旧谱，临时照填，且填且歌，跟了上句的气势，下句的调子自然出来，把适宜的平仄字填上去，便可成为上好时文了。中国人无论写什么都要一面吟哦着，也是这个缘故，虽然所做的不是八股，读书时也是如此，甚至读家信或报章也非朗诵不可，于此更可以想见这种情形之普遍了。"古代考八股文比较严格，跟我们今天高考写作文不是一个概念，八股文出题是从四书五经中选，文章出处不会告诉你，所以你得背得出四书五经知道考题中那句话是谁说的。等你自己写的时候，要符合题目的语气，文章要与命题文气贯通，中国文化传统中叫"为圣人代言"，古人读书有一种精神在，圣贤已死，精神永在，读书人就是做圣贤，要代圣人说话。所以出的题目如果是孔夫子的语录，你就要代孔夫子说话，如果你说得像孟子，那就搞错了。所以古人读书要进入场景，做到身临其境。

现在我们提倡国学复兴，怎样读书是个很重要的问题，其实我们有非常宝贵的经验。第一文派——桐城派为什么做得好？因为他们的秘诀是"因声求气"，讲究口气，他要求你读谁的诗就得把自己想象成谁。如你读李太白的诗，你得知道并了解李白。如果你读了《论语》《孟子》，这孔子是什么形象你清清楚楚，孟子是什么形象你清清楚楚，那么考八股文的时候，你自然能接着题目的语气为圣人立言，才有可能高中。所以，古人读书要熟知作者说话的方式和语气，当你读一段古文，不用看出处就能凭语气知道是谁写的，那才是真正的高手。所以周作人说"八股是文义轻而声调重"，"中国人无论写什么都要一面吟哦着"，"也是这个缘故，虽然所做的不是八股，读书时也是如此，甚至读家信或报章也非朗诵不可"。可见中国人很注重腔调音韵。我们今天读书已经不出声音了，很多人都是默看，南怀瑾先生说：读书要是不出声，充其量只是看书，不是读书。古代人读书不发出声音的真不叫读书，"读"字本来就是言字旁的，以前的有些先生看报纸都要念出声来。我小时候老师也要求我们读书要念出声来，那时虽然已经不叫吟诵了，但老师还是要求我们唱读出来。结果我发现自己看书就比别人慢，因为我就算不真发出声音来，在脑海里也是发声读一遍的，所以速度不快。我看一本书的时间可能人家已经看完好几本了，但我发现只要我认真看，一篇古文读个三五遍我就能完整背出来了。所以所谓的效率不在于速度，在于方式和效果。叶圣陶老先生在《精读指导举隅》前言里说："语文学科，不该只用心与眼来学习；须在心与眼之外，加用口与耳才好。吟诵就是心、眼、口、耳并用的一种学习方法。从前人读书，多数不注重内容与理法的讨究，单在吟诵上用工夫……吟诵的时候，对于讨究所得的不仅理智地了解，而且亲切地体会，不知不觉之间，内容与理法化而为读者自己的东西了，这是最可贵的一种境界。学习语文学科，必须达到这种境界，才会终身受用不尽。"意思是从前人读书不注重内容和结构，不注重对文本细节内容的分析，而是在吟诵上下功夫，从整体上对其含义进行涵泳和体会，自然而然地对文本掌握得清清楚楚。就像我们刚才所说的，你读谁的书能把这人的音容笑貌都读出来了，读书达到这种高境界，才会终身受益不尽。以前的读书人能做到这点，这是他们的目标，就是拿出一段古文、一首诗或一首词，把作者名抹去，水平高的读书人一看就知道是谁的作品。就像孔子听人弹琴，就知道这首曲是文王所作，天下人皆有知音，能达到这样的境界，才算是把书真正读进去了。所以以前读书人吟诵的方法，的确值得我们探究。

朱自清先生是 20 世纪新文化一派中对吟诵研究最深的一位，他提倡在学校里推行吟诵，他在《论朗读》一文中说：

> 古文和旧诗、词等都不是自然的语言，非看不能知道它们的意义，非吟不能体会它们的口气……桐城派的因声求气说该就是这个意思。钱基博先生给《朗诵法》作序，论因声求气法最详尽，值得参考。他引姚鼐的话："大抵学古文者，必要放声疾读，只久之自悟；若但能默看，即终身作外行也。"又引曾国藩的话："如《四书》、《诗》、《书》、《易经》、《左传》、《昭明文选》，李、杜、韩、苏之诗，韩、欧、曾、王之文，非高声朗读则不能得其雄伟之概，非密咏恬吟则不能探其深远之趣。二者并进，使古人之声调拂拂然若与我之喉舌相习，则下笔时必有句调凑赴腕下，自觉琅琅可诵矣。"这都是很精当的。现在多数学生不能欣赏古文、旧诗、词等，又不能写作文言，不会吟也不屑吟恐怕是主要的原因之一。……这是实在情形，正是没有受过读的训练的结果。作者主张小学的国语教学应该废诵重读，兼学吟和说；大中学也该重读，恢复吟，兼学说。

　　这口气很重要，我们就是要揣摩文本的口气，而这恰恰只有通过吟诵才能体会到。所以我们要注重老先生的吟诵来揣摩口气。民国三十五年也就是 1946 年曾开过一个很重要的会议。国民政府要发展国文教育，就组织了一批北京大学的学者开会，讨论怎样开展国文教学，其中得出一个很重要的结论就是：国文必须注重吟诵。后来这个方案在台湾地区得到了落实，所以台湾地区学生基本上还是会吟诵，大陆有些地方反而把这个吟诵的传统断掉了。

　　这几年有本书挺火，叫《逝去的武林》。武林是一种精神，读书更是一种精神！我想有时间可以写本《逝去的读书声》。逝去的读书声不仅是一个声音的问题，它还是一种精神，等会儿我们看到那些老先生吟诵的视频就明白了。赵元任先生是吟诵采录的先驱，在 1920 年代他就呼吁过："令人遗憾的是，吟诵诗和散文已很快变成一种无望的艺术。……立即到野外去，在那些快要消亡的传统灭绝之前进行采集和录音工作，这也是一件重要的事情。"他是常州人，常州吟诵因他得以保留，后来周有光等人的加入，使得现在常州吟诵成了国家级非物质文化遗产。我们现在所做的吟诵采录推广工作，实际上就是继承了这些前人的愿望。唐文治先生是清末重要的经学家、古文大家，而且我认为他是 20 世纪中国最伟大的国学教育家，因为他培养了两千多名国学人才，延续了文脉，这成就很了不起。他曾说过："十数年前，读国文者，多沿袭八股调，萎靡不振，毫无生气。近则学校中以诵读为耻，并八股调亦不得闻，可叹！"他说这话的时候是 1948 年，他也批判八股文，但认为今人丢掉了吟诵那是连前人都比不上了。原来人吟诵八股文，方式方法是对的，这个传统不能丢。所以，我们中华吟诵学会始终呼吁大家一起抢救吟诵，提供相关的信息，做采录保存工作，做吟诵志愿者！这次我到广东来也肩负着采集的任务，到处收集一些关于吟诵的信息和视频。

　　前面所说的是关于吟诵采录的一些起源，稍后我会挑选一些我在采录和研究工作中所保留的这种老先生的吟诵录音或视频给大家展示。先看第一位老先生的吟诵。

　　唐蔚芝，原名文治，号蔚芝，现在好像这位老先生的名气不大，我想慢慢地很多人将会对他很熟悉，国学之复兴非借鉴他不可。大家看，唐老先生的双眼炯炯有神，能看出来他是盲人吗？他确实双目失明，因为小时候看书太用功了，他一直在月光下看书，十四五岁的时候就能够把《十三经》连注疏一字不误地倒背如流，要知道《十三经》正文六十四万字，加上注疏上千万字，可不是容易的事情。他考中进士后做了高官，担任过户部、商部、外交部的副部长，不管是国家文化、外交政治还是经济法律，他都主持过，可说是中国近代重要的政治家。然而他后来弃官从教了。茹经堂，在太湖边上，是他的弟子所捐献的一个纪念馆，以后大家去无锡可以到这个地方参观，里面有唐老夫子的一些遗物。这位老先生了不起在哪里？对我们今天的国学有什么借鉴意义？如今国学成为一种风气，爱好者也越来越多，教育部也颁发了纲要，要把国学做起来，这是大势所趋。百年前也是这样，但我们现在做的与百年前不太一样。国学热不是最近这几年才兴起的，最早的国学热在 20 世纪二三十年代，当时有很多大师出来提倡国学。但那个时代与我们现在情况正好相反，那时国学正在走下坡路，这些大师出来是为了拯救国学、保留国粹。我们现在是国学没有了，要把国学恢复建立起来，这样的状况也许会有些交会，只是方向不同。国学复兴当从何起？中国最早提出"读经救国"这一概

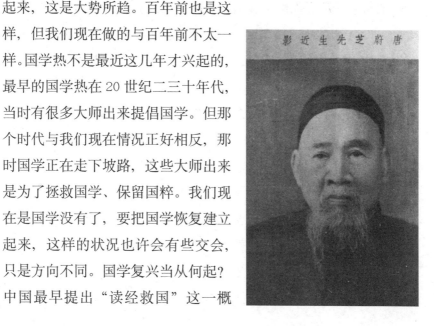

影近生先芝蔚唐

念的先驱正是唐文治老先生。要知道，唐老夫子最早是开展实业建设的，因为清末有识之士都看出来，中国要兴邦必须要发展近代工业，办洋务，清代的官员都在做这些事情，所以他也接手掌管了一个工业部的实业学堂，叫南洋大学，就是后来上海交通大学的前身，他是第一任校长，也是任职最久的校长。后来上海交通大学成为世界一流的大学，跟他的功劳是分不开的。中国最早的铁路和电机都是在他带领下做出来的。这位工业先驱后来转到了教育救国的道路上，他看到实业救国只是物质方面的一种提升，还不足以救国，所以转到文化复兴、教育救国上来。他在大学里提倡国学，在工业大学里提倡读古文、写古文，成为当时的一种时髦。唐老先生精通易经，懂得要跟随时代发展不断变化的道理，所以他后来又从提倡国学救国变为提倡读经救国。因为国学的范围太广，没有针对性。1919年，"五四"运动爆发。这对唐老先生确实很有冲击，因为"五四"运动一开始，传统文化尤其是儒家的圣贤文化都被当垃圾扫出去了，唐老夫子痛心疾首，把宣称打倒"孔老二"、参加新文化运动的学生开除了，比如入学时第二名后来任过中共江苏省委第一书记的侯绍裘就被以"举动激烈、志不在学"为名开除学籍。但是这也不能挽救学风日下的局面，就算能把上海交通大学管理好，但是也管不住北京等其他地方的学校。于是他就再次转变，提出要从人心出发，救心以救国，那过去什么教化人心最好呢？就是经学。所以他就直奔经学救国，主张读经。为此他辞去了上海交通大学的校长职务，专门开了个国学学校，以培养国学人才为中心的学校——无锡国学专修学校。据说入学考试非常严格，当时有一千九百多人去参加，结果只录取了正额二十四人，附课生八人，可谓精挑细选。老师呢，只有三位。他当校长，外加两个老师，就这样他们三人挑起了六年的教学课程。第一批学生毕业时都出类拔萃，多数留校任教，如王蘧常、唐兰、唐景升、蒋庭曜等。该校抗战期间辗转上海、江西、湖南、广西，一路文化长征，最终保留了文脉，如此坚持了三十年，直到新中国成立后被国家取缔，共培养了两千多名优秀的国学人才，江南的国学大师大都出其门下。20 世纪的国学摇篮有两个，在北方是清华国学院，在南方就是无锡国专，但就整体的质量和水准来讲，还是以无锡国专为最高。只要进去读了几天的人，后来都成国学大师了，例如冯其庸先生。以后如果大家看到近代国学大家简介的时候，可以留意一下他们是否在无锡国专读过书。如历史学家和古文字学家唐兰、著名书法家王蘧常、历史学家吴其昌，都是无锡国专的学生，都曾跟随唐老夫子读经。唐老夫子的教育非常成功，他自己也曾说，如果科举考试还在，那么鼎甲的三名都出其门下：状元王蘧常、榜眼钱仲联、探花蒋天枢。这所学校的成就很了不起，其对我们最大的启示在哪？在于它有一种精神传承。在 20 世纪国学热的时候，广东的康有为先生也在上海办了一个国学院，叫天游书院，他在报纸上刊登了招生信息，结果报名的只有八九人！章太炎先生也出来办了一个苏州国学讲习所，有一百多人规模。当时国学大师们都出来办学堂，但普遍招生状况不理想，办校并不成功，要么是经营不下去，要么是人少，没有风风火火干起来，只有唐文治老先生办的无锡国专屹立三十年，最后被外力解散了，在这期间他培养的人才数量是最多的，水平也是最高的，最难得的也是它与清华国学院及其他国学院之间不同的是，他们的师生之间有一种国学情怀，有传统文化的情怀。无锡国专对抗新文化，成为 20 世纪坚守中国传统文化的阵地，肩负保存国学的使命，受到全世界的高度评价。20 世纪 30 年代国联教育科代表唐克尔·培根来考察中国的学校，得出结论：我们来中国看过很多学校，读的是洋装书，用的是洋笔，充满洋气；只有无锡国专才是纯粹的中国文化的学校，才看到线装书和毛笔杆；并赞扬说"贵校为研究国学之最高学府，妇幼保存固有文化之责，与普通学校之使命不同"。可见无锡国专师生的国学情怀与外面的不一样。无锡国专的口号是"正人心，救民命"。唐文治老先生本人对古代经学非常熟悉，所以他节选四书五经中的文本做了一个"大义"系列的教材，例如《大学大义》《中庸大义》等，在教学方法上，还是传统的书院教法，讲经学、理学、吟诵、音韵学、训诂学等，其高度和深度都是当时一流的。

我们今天的国学复兴从哪里开始呢？大学有国学院就是国学复兴了吗？小孩子会背《论语》就是国学教育了吗？国学的复兴一定要与时代趋势相结合，正如唐文治先生由实业救国转到文化复兴、国学救国，由国学救国转到读经救国，到三四十年代当他发现正人心的读经救国也逐渐难以落实之后，又转到了性情教育。性情教育通过读文来开展，选择经典的文本用优美的方式读出来，在优美的境界中陶冶人本来具有的良知心灵，然后再引导你慢慢走向国学，所以读文是第一步。他所谓的读是有腔调的，实际上就是我们所说的吟诵，他对吟诵认识的高度我们现在很少有人能及。他在1947年《无锡国专校友会春季大会训辞》中提道："读文一事，虽属小道，实以涵养性情，激励气节。诸同学注意读文，则精神教育即在于是。他日家弦户诵，扩充文化，为文明教育最盛之邦，其责任实在于我诸同学。"涵养性情、激励气节就是他的办学宗旨，反观我们今天的大学校长们，大多是搞大项目，多赚钱，或者抓就业率，鼓励同学们将来找份好工作。但唐文治先生不是，他对教学宗旨的定位是从人心出发的，这与他的国学素养及思想境界的高度是密不可分的。所以他的训辞中会请同学们注意读文，精神教育是终身教育。我们讲传统文化的核心在于儒家，儒家文化有很多种表述，但万变不离其宗，就是解决人的精神问题，唐文治先生是用了更浅白易懂的词语来概括——性情教育，说得非常好！若无精神，人很难立起来。然而精神从哪来？要从读文、从经学中开拓出来，最落地的基础的一步就是读文，所以他对学生读文是非常重视的。但如何读？不能空谈，他就带着大家读。大家看屏幕上这张图片，大家仔细看，唱片上写着什么？——唐蔚芝先生读文灌音片。这是中国发行最早的读书声录音唱片，唐老夫子是中国最早进行吟诵录音的人，1934年出过两张唱片，是读四书的，1948年则出了十张，读诗词古文各种文章。为什么要出录音呢？唐老夫子从实业救国到教育救国，从国文救国到读经救国，最后提出性情教育，他最后落实性情教育的办法就是读文，通过吟诵涵泳性情、感化人心，进入文章境界要通过声音，这叫"声入心通"，这是从桐城派因袭下来的高妙办法。这种方法既能直入人心，又具有操作性。所以那个时代唐文治先生办国学最成功，跟他这种方式方法的高明密不可分。

下面我们来听一下唐先生的吟诵，他的吟诵是我们目前所采集到的最古老的读书声了。各位能够听到出生在一百五十年前的老先生读书的声音，也是难得的缘分。他八十多岁还在坚持讲学，底下几百人上千人在听，那时候没有话筒，双目失明的他给学生吟诵古文，声如洪钟。这是桐城派的特点，吟诵的时候一定要把气格提起来，古人通过吟诵能够涵泳性情砥砺气节。气有三层，人体的发声是丹田之气，这是生理上的，天地之气是理学上的，还有人心的精神之气，这三者是能够相互感发的。唐先生提出三步走次第：运气、炼气、养气。说到底就是要在读文中展现这种气格。他说近代以来读书读得最好的是谁呢？曾国藩。他说曾国藩是三百年来读书方法最好的人。吴汝纶先生说，曾国藩读书声音也很大，而且坚持每天晚上读书自强不息，子时才入眠，寅时又早起，戎马一生皆如此。那他读书的声音大到什么程度呢？声震屋瓦，音传十室，字字如履危石，读得着实。唐文治八十多岁也是如此。我们着重听一听唐老夫子的腔调，高低音怎么处理的，还有"之乎者也"这些语气词他如何处理的。如果大家是第一次听到，有个感性认识就可以了。

大家能感受到唐老夫子吟诵这篇古文时的一些主要特点吗？第一，他的口气恰如其分，快换气的地方都落在了文意的转折点上；第二，他遵循了"平长仄短韵回环"的吟诵规则；第三，高低声的处理与文意所表达的情绪相符合，如悲壮哀伤激昂等转折。唐先生有"三十遍读文法"的提法，对此论述得很清楚，大家以后学习唐调我们会介绍。所以善听的或善读的能把这文章通过声音表现出来。过去私塾的老先生不讲课的，不像我们现在上课拿个粉笔在那里写板书，把段落大意中心思想什么的一点点抠着讲。古人上课不这样，先生念，学生们跟着读，先生的理解全部放在吟诵里了，你每天都跟着吟诵，自然而然有天就体会到了。这是中国式的吟诵教学法。

吟诵学会每年开中级班的时候，会把唐调列为一个重点。今年北京中级班开班，我们还是请了陈以鸿老先生去讲。陈以鸿先生，字景龙，是唐文治夫子的第一代学生，今年九十三岁。唐夫子在世的弟子还有十多位，陈先生的吟诵是最好的，因为他的机缘比较特殊，在唐校长办的两个学校都读过书。当时他考进了上海交通大学的电机系，这很难啊，这是当时全国最好的电机系，读书期间上海沦陷了，日伪接管了大学，他们也是比较有气节的学生，直接罢学回乡，他对父亲说不读书了，父亲说那就送你去学古文吧，刚好有认识的人在无锡国专教书，就去报考，结果如愿地考进去了。所以他在唐校长的两所学校里都读过书，都听过唐文治老先生的吟诵。后来他从事的事情都与这两段学习经历有关，他会英、法、德、日、俄五国语言，做自然科学的翻译，涉及的学科既有理工科又有文科，他的翻译做得很好也很了不起，把国外的先进技术引进来，把中国的诗词歌赋送出去。他吟诵得好还有一个重要的原因是，他保留了一套唐文治先生吟诵的唱片，刚才我们见到的那套唱片现在全世界也只是存留了几套而已，我们这套就是陈先生提供的。由于黑胶唱片会磨损，现在这套唱片也只有三分之一能听清了。但陈景龙老先生得了唐夫子的真传，我们就请陈先生来教，也是很正宗的。我去过老先生家，他的生存状态与生命境界、精神境界让我震撼。他家总共约一二十平方米的面积，老夫人也在，比先生年纪还大两岁，九十五岁，都是唐老夫子的学生。我们进门没看到两位老人家，只听到书堆里传出吟诵之声。屋子里挂着古琴，挂着他父亲的一幅字，他父亲陈季鸣有"铁线篆圣手"之称。屋子里还摆着各个时代的儿童玩具。他们两位老人家的生活就是听听评弹，读书吟诵，很自得其乐。他儿子在清华大学任教，可两位老人不愿搬家，因为新中国成立前就在这老房子里住着，斯是陋室，惟吾德馨。这两位老人家也有着颜子的生活境界。陈先生今年九十三岁，每次见他他都声如洪钟，每年请老先生到北京给吟诵中级班学员讲课，不用话筒，在大学里的阶梯教室，后面的学员都听得见。他说，唐老夫子吟诵声音比他还大，如果他自己再年轻一些，一定到处出门推广吟诵，现在有我们在做这个事情，他很欢欣。像这样的老先生，跟他交往的时候你会感受到他那种精神气质跟当代人真的很不一样，淳朴善良又有文化，今世难遇。2009 年我们在北京做了一个唐调吟诵的专场，请了一批唐门弟子到场，其中陈景龙老先生吟诵了《岳阳楼记》。唐调吟诵建立在桐城派的吟诵基础上，古人读书不是拿过文字来就乱读一气，要分文章的气质、文体等，具体细分起来有很多考究。比如说此篇文章是阳刚还是阴柔的性质，同是阳刚，还要仔细体会是少阳还是太阳。下面我们听听陈老先生的吟诵，看看把书读进去了的人是什么状态。大家可以感受到，这样的吟诵跟我们默看或者平时的念书很不一样，该悲该喜，必须融进去跟作者一样才知道。

这是唐文治先生第一代弟子的吟诵，我们再看看他第二代弟子陈少松先生的吟诵。陈以鸿老先生擅长读少阳之文，陈少松先生擅长读太阴之文，如《前出师表》，这么好的文章大家读的时候感动过吗？哭过吗？古人说：读《出师表》而不下泪者，其人必不忠，读《陈情表》不下泪者必不孝。所以文章能够感动性情，声入心通，必须要进到这个文章的境界。这是一篇太阴之文，要求声音缓慢低沉。先听一段唐文治老先生 1948 年原音吟诵的《出师表》。再听其第二代弟子陈少松先生吟诵的《出师表》（节选）。大家体会到了吗？其中感人的地方，老先生真是吟诵得催人泪下。这是诸葛亮即将北伐不知道是否能成功而预先留下的遗言，但文章悲到极致的时候又要重新振奋起来，这是古人的为文之道，也是儒风气节的体现。当读书理解到这个境界，我们自然与古人文气相通了。

再看这位老先生，周有光，百岁学者，今年一百一十二岁，是我们采录对象中年纪最大的，每天看书读报，上网写文章，我们笑称老先生是世界上年纪最大的网民，这个说法也许没法确定，但周老先生是中国最早使用打字机的人，理应不错，因为他是汉语拼音之父，日本人以此造打字机的时候使用了汉语拼音，送了老先生一台，所以他是最早使用打字机的中国人。他是江苏常州人，与赵元任、瞿秋白号称常州三大才子，他的夫人前几年去世了，是著名的"张家四姐妹"中的二姐张允和，两人都是名门之后。这位老先生让我比较震撼的地方在于他讲了很多教育的东西，他的教育背景比较特殊，小时候上过几年私塾，后来去洋学堂读过书，再后来在华盛顿工作，是美国著名的经济学家，回国之后安排他去搞语言，负责我国的语言文字工作。老先生回忆新旧学的时候我请他做评价，他说，现在教育中有许多浪费时间的地方，有些学科战线拉得太长了，小学就开始学英语了，大学以后还在学，可是依然不会说，没法跟外国人交流。他们以前小学时候也学英语，但学了就能用，能跟外国人交流，后来读大学就不专门学了，除非是读英语专业的，但上其他课程如工业、经济需要学外国理论的时候都是拿英文原版教材直接用，所以大学时候学得很专。古文也是，在小学阶段就完成了基本的学习，后面继续要学习的人会专门进入书院来学，以前的教育是要达到这种效果的。后来谈到具体细节的时候，我问周老：私塾先生怎么教读书的？怎么讲课的？就拿"床前明月光"这首诗来举例，老先生说，私塾先生先是带着学生们读两三遍，然后就要求每个人轮流背出来，大家都能背出来了，就再教下一首诗，老师是不讲解的。新学堂的老师是怎么讲的呢？也会在黑板上写背景介绍、中心思想、段落大意等，跟我们今天差不多。我就问，这两种教学方式实际上很不一样，您觉得哪种对您影响大？周老先生就开始给我吟诵他小时候学过的课文，告诉我当时学生们吟诵到这里的时候他们的私塾先生哭了或笑了，老师的音容笑貌记得清清楚楚，学过的东西也记得清清楚楚，越老越清楚。但当我问其新学堂老师是怎么讲解中心思想段落大意，黑板上写了些什么的时候，周老先生却回忆不起来。这就是教育方法不同的结果，在什么年龄段要用相对应的教学方法，感性教育不能一味被理性教育所取代。我还请教过一个问题：私塾老师不讲解，那学生懂不懂文本呢？周老先生说什么叫懂什么叫不懂？《大学》开篇就讲"大学之道，在明明德，在亲民，在止于至善"，这一百多年过去了，我还是不懂啊！可见，以前的教育跟我们今天的教育是不一样的，古人的教育是先给你一个经典，然后让你反复涵泳体会原典，在人生中再慢慢感悟其深刻含义，跟今人给你不断地分析告诉结论很不一样。下面我们听一下2010年我带队去采录的周有光老先生吟诵的唐诗人李白的《月下独酌》，一百多岁的老人家在吟诵，很传统的原汁原味的旧式读书法。

下一位老先生——苏民，大家有看过他的话剧吗？他曾出演李白，原名濮思荀，是著名演员濮存昕的父亲，出身书香门第，他们家以前有很多古籍，在"文革"期间都被抄走了，现在还保存着旧时的书箱，上面刻着"古庆斋藏书"，还刻着一些篆体铭文，从这些生活用具上我感觉到我们现在日常生活中几乎不讲究什么文化底蕴了。他还介绍了以前私塾里面用的点读工具。他们家族里女性的文化教育程度也很高，苏民说自己几乎是祖母教育出来的。在过去，蒙学阶段的教育主要是由母亲来完成的，父亲负责做官经商、谋差事养家糊口，除了经、诗这些父亲会教，童蒙教学都由母亲来承担。大家可以在网上找到相关的资料来看，他们有很多关于回忆家族中老一辈女性的事迹，其中有很多深明大义的人。他是以《左传》开蒙，比较深奥，我们听一听他吟诵的《郑伯克段于鄢》，其语气、停顿都比较讲究。

再看宗九奇老先生，也是有家学渊源的，2012 年江西南昌吟诵家宗九奇先生出版了《楚调唐吟——歌吟艺术的活化石》，他的这派吟诵是从张之洞传下来的，大概传承如下：张之洞—湖北张幻尘—胡蕙园（1889—1971）与黄侃（1886—1935）。黄侃当时把这派的吟诵调在北京大学推广开来，所以时人称之为"黄调"，与当时唐文治的唐调形成一南一北两大吟诵调。胡蕙园这支后来传给了宗远崖（1918—2011）先生，也就是宗九奇的父亲，于是宗先生就从他父亲处学到了这个吟诵。陈寅恪在日本时听到过宗先生的吟诵，很欣赏，回来后打算推广开来，最后并不十分成功。宗先生与陈家多位诗人等在庐山结社，名曰"宛社"，取义"家不成家，死不能死"，便以"家"字一半和"死"字一半合成了"宛"，可见那个时代知识分子的思想抱负。听一听宗九奇吟诵唐王勃的《滕王阁诗》以及宋柳永的《雨霖铃》。《雨霖铃》是一首词，能够听到老先生吟诵词很难得，从目前采录的状况看，词的吟诵的传承是最不好的。的确，词原先并不是吟诵，词本来就是用于唱的，词牌就是曲调，但是怎么唱，现在成了问题，我们看不到听不到了，词属于音乐，但我们今天对传统音乐的理解和破译也有问题。以中国音乐的方式看，没有什么东西是完全一样的，就算是同一个人两次演奏同一首曲子，都不可能完全相同。另外，中国古代音乐记谱的方式也比较特别，例如古琴的减字谱、古筝的工尺谱，都是记录弹奏指法的，不是用于唱的曲谱，并且没有节奏，所以很多人就认为我们的音乐不如人，这恰恰是因为不懂，当你明白中国人是怎么唱歌的时候就知道有多了不起，因为中国人唱歌"不靠谱"，意思是不需要谱，不需要专门有人写个曲子来规定旋律，规定长短高低，中国汉字有平上去入声的区别，基本的发音规则是文字字音本身规定了的，汉字的声调决定了我们的旋律，有字就有调，有调就有旋律。所以说我们唱歌不靠谱，而是靠字，有字就有歌，这叫依字行腔，这是汉语的特色和了不起的地方。《雨霖铃》是宋代柳永的名作，这位柳才子很受欢迎，我们都知道当时有句俚语说：凡有井水处，皆能歌柳词。只要有人烟的地方，都能唱柳永的词，这是怎么回事？在那个年代，通信手段并不发达，为什么他在首都作的一首词能够传遍大江南北，大家都会唱呢？不懂吟诵你就百思不得其解，懂了吟诵你就知道，文字是载体，诗词的文字因为有格律吟诵的规则，古人不仅不会在传播中传错文字，而且只需要传播文本，大家都能依字行腔唱出来。歌的载体就是字，以字传歌，而不像我们今天一样要用光盘、胶片等。文字是个载体，你要还原到它的声音形象，读字就像我们现在读光盘、听演唱一样。所以汉字很了不起，诗人不需要亲自给别人唱，只需要把自己唱得好的写下来传文本就可以了。宗九奇老先生吟诵的时候有个特点，有如歌、如泣、如怨三种风格，用不同的共鸣腔，鼻腔共鸣、颅腔共鸣和胸腔共鸣，在吟诵里以鼻腔共鸣为多，但宗先生的特色是颅腔共鸣，在现场听很震撼，你不知道声音是从哪冒出来的，但整个空间都是。大家听他的吟诵，严格地遵循平长仄短的吟诵规则，哪些字是声音拉长的，哪些字是发短促音，都很真切分明。词比诗吟诵起来感情更浓烈，还可以加些语气词，比如说你看到词发展成曲的时候，文本里面常见"喏""哪""啊"这些词，无法理解这些意思的时候你就可以想到是声音吟唱的需要，原文本是没有这些字的。古人教授吟诵规则的时候只传《四声歌诀》，首先平上去入声字你分得清，读的时候"平声平道莫低昂，上声高呼猛烈强。去声分明哀远道，入声短促急收藏"。明白了这个吟诵规则，拿到什么文本都可以吟诵了，见到什么就能唱出来了，不用谱子，这样才能表达你的真性情。所以，通过私塾教学、吟诵教学，你会发现中国真正的艺术。

刘梦芙老先生也是家学典范，他是当代比较懂得作诗的先生。老一辈作诗，吟诵成诗，不是今人拿笔在那写的，这不是学校里学的，是他父亲教的。他父亲刘凤梧是清末人，他小的时候父亲年纪比较大了，卧病在床，他就照顾父亲，父亲就教他读书，老一辈人什么都能背，所以就口授，都是吟诵，所以他的学问做得好都是家传口授得来。在过去家学传承者比较多，如今的很多官二代富二代，都没有家传文化，所以文化的整体衰落可见一斑啊。但因为社会因素等原因，吟诵旧学的传承也是到他们为止，如宗九奇老先生、刘梦芙老先生的后代都不学吟诵了，甚至有些根本不知道自己父亲会吟诵，老先生一辈子都没有显露过，这是时代原因，非个人能力所能逆转。现在我们大环境好了，国家提倡恢复国学，所以希望我们这一代能做踏脚石，到两三代之后能够在中国再开创一个文化辉煌的时代。

诗人情性的周笃文老先生是屈原沉江处——湖南汨罗人，他的祖父、父亲、叔父，都是清代、民国高官，但那时候的官员比较清廉，家中清贫如洗，他们家有很多关于当时文人文化的回忆录，当时的官员也是文人，因为清朝还是沿袭了古代学而优则仕的传统，官员的文化程度普遍较高，其实也就是读书人，整个修身养性的过程一以贯之。他的诗也作得很好，对诗的理解很到位。这是于右任的一首近体诗《南山》，以前人吟诵的时候有情感会感动，今人读书只是过过脑子而已并不感动。大家看到了吧，周笃文老先生读诗会这样，悲从中来，感佩诗人，被于右任的情怀和境界所感染，我们今天的人读诗还会如此感动吗？周老先生是自然而然的情感流露，所以说诗能持人性情，《文心雕龙》说"人禀七情，应物斯感，感物吟志，莫非自然"，如果你读完之后一点反应都没有，那就是没读懂，读懂了才能与作者相共鸣，做异代知音。我在做老先生吟诵采录的时候，有些文章就是没办法收录齐全，如唐代韩愈的《祭十二郎文》，不同的老先生念，不管采录到多少，吟诵到感人至深处，老先生泣不成声，说不录了吧，反复休整，录着录着又泣不成声，没法录下去。有些文章是读不完的，正如鲁迅先生说王粲《登楼赋》开了头就结尾了，读文章也一样，读着读着读不下去，情感上很强烈，这是把书读进去了才有的体会。

在我们采录过的老先生当中，有家学渊源的占了大多数，有来自父亲系统的，有来自母亲系统的。华锋先生是我们吟诵学会副会长，他既有父亲系统又有母亲系统的家学，他父亲是华钟彦老先生，是最早进行吟诵研究的学者，也是《周易》大家，唐代文学学会会长，古典文学专家。他母亲孙叔容是孙氏太极拳的掌门人，他母亲的爷爷是孙禄堂，民国武林的第一高手，打遍天下无敌手的神行太保。现在华先生是掌门，他是文武兼备的。我们来听一段他的吟诵，要注意听他对每个字发音长短的把控。近体诗是有格律的，吟诵也要按照格律有规则地吟，分平仄押韵。我们现在听华锋先生吟诵唐李白《赠汪伦》，东北吟诵调。今人读书只是按字面意思来断句，完全不顾及文字声律，但古代吟诵是要遵循文字的声音规则以及字面意思一起来进行高低抑扬顿挫的吟诵，诗是有声音的，它是歌，吟诵与看读所理解和表达出来的诗歌味道是很不一样的。

听完老先生们的吟诵，再给大家讲讲私塾。

私塾跟我们今天的小学不一样，传统私塾现在已经消失了，只有少数新开的私塾。传统的私塾教学跟我们现在的教育方式有很大不同，除了文献记载，目前还有少数读过私塾的老先生存世，所以我去采录的时候都有意识地问一下当时私塾教学的细节和情况，以弥补我们现在教育的不足。其中，最难得的是遇到了曾经教过私塾的几位老先生。先介绍一位安徽安庆太湖塾师殷阮东老先生，今年他还不到八十岁，在我采访的人当中算年轻的，那他怎么还教过私塾呢？大家可能很奇怪，不知道过去私塾传承的系统是怎样的。现在我们的老师都要经过国家的统一培养，执教资格由国家统一考核颁发，但过去私塾的先生怎么来的？那时候没有统一的师资培训，没有统一的国家教学大纲，在那样的制度环境下居然能培养出这么多人才，读过一两年私塾的人可能比我们大学毕业生还厉害，能够写一手好字，作一手好诗，读得懂四书五经，这是如何做到的？用那么短的时间完成了我们这么长时间教育都做不完的事，现在小学识字三千要花六年，过去最多是一个学期，半年内基本要解决所有自学的难题，因为后面基本上都是自学，因此读了一两年私塾的学生就基本自立了。这说明我们现在的教育跟过去有隔阂。我问殷老先生，您那时候怎么这么年轻就做上了私塾的老师呢？"十四岁就当老师了呀"，他说，他从小跟哥哥读书，他哥哥是私塾的老师，跟着哥哥读了七八年书之后哥哥参加革命去了，这些学生就由他接过来教。我问他会教吗？他说会，其实任何一个读了这么几年私塾的人都能教，因为私塾上课有固定的程序，他天天跟着哥哥读书自然明白，其他学生也知道，读多了就会发现，过去的老先生教学跟我们现在不一样，我们今天教多学少，过去是学多教少。我的疑惑终于解除了，我以前总是疑惑，私塾先生是怎么上课的？怎么教学生的？怎样讲一篇文章的？结果了解到的答案令我大吃一惊！私塾老师不讲课！这答案是很让人震惊的。我们今天的学校一直要求要大力提高老师讲课的水平，而过去私塾老师基本都不讲的，居然培养出这么好的学生来，好像很不可思议，仔细想想却很在理。《周易》

里有个蒙卦，蒙就是指童蒙，里面卦辞说，"童蒙求我，匪我求童蒙"，学生来求老师教，是这种心态和状态下老师才教的，而不是老师求你来学，只有来学没有往教的，学习是主动的事情，所以老师只负责答疑而不是讲课。其实大家想想，讲课怎么能讲呢？在私塾里，也许一个班里的人年纪都不一样，来学习的时间长短也不一样，学习能力和水平也不一样，那怎么讲？干脆就不讲。但是老师会给学生规划，就看你来的目的是怎样，是想以后考科举还是回家种地还是做木匠，等等，私塾先生就根据你将来要做的事教你不同的东西，给你设计好路线，比如说这个从《三字经》开始，那个从《四书》开始，然后每天考察你读书的状况，先生拿个朱笔就给你圈点。等你背会了这部分再开始下一部分的学习。天天如此，所以古人十年寒窗就把十三经和诗词歌赋全部学会了。你从上学到读博士要读个二十五六年，都搞不清这些东西，所以讲课和学习还是两个概念，过去的人注重学不注重讲，当然你不懂去问老师他会给你讲。但这也是少数的，因为同学之间、师兄弟之间讨论，就把你学习的疑问解决了。问先生可能被训斥呀，就问师兄弟了，所以这里又会发展出兄友弟恭的礼仪来。所以说私塾教育确实有它的好处。

给大家看一个文物，句读工具，像一根竹签，一头大一头小，一头空一头实，所以我们看到过去老先生批注的圈点都很规整，原来是有工具的。每天给学生上课的时候，既是在布置学习任务，又是在断句带着大家读。原来我们以为古书都是没有标点符号的，后来我收集了很多明清的私塾用书，不是没有标点，有比我们现在复杂得多的标点，有二三十种，今人不认识，问过一些私塾先生也没有全认识的。那为什么给学生学习的文本里不要句读呢？后来我想可能跟我们学习的个性化有关系，有人说古人私塾教育很死板很封建，那也是偏颇之见，传统的私塾教育，其实是因材施教的，没有学生读废了，至少整体来说少得多，私塾教学的成功率比较高，是因为他重视因材施教。例如，孩子进到私塾学念《三字经》，背一遍不会，没事，老师再带你读第二遍，反正就是这样慢慢背，他培养你的自学能力，不会盲目追求你的进度，不盲目拿你与其他学生做比较，因为大家读的文本可能都不一样，所以很少有攀比和损害自尊心这种行为。老师也不是现在我们这样规规矩矩严格地站在讲台上，可以走动，可以摇头晃脑，鲁迅在《从百草园到三味书屋》文章里写道：

于是大家放开喉咙读一阵书，真是人声鼎沸。有念"仁远乎哉我欲仁斯仁至矣"的，有念"笑人齿缺曰狗窦大开"的，有念"上九潜龙勿用"的，有念"厥土下上上错厥贡苞茅橘柚"的。

这才是古代私塾教育里活泼泼的生动景象，没有那么多逼迫和硬性竞争，跟我们今天的体制不太一样。因材施教的思想其实还体现在印书上，没有句读，老师给两个学生打同一文本的句读不一样，或者老师给同一个学生不同时期打的句读不一样，原来我想这不是乱套了吗？毕竟我们还是西方思维，一定要统一一个模式出来，后来看文献，知道说这是为了要根据孩子的特性来教学。比如说读《孟子》，气短的孩子先生给他断句就会短一些，并不影响句意。如果有些孩子比较精力旺盛，或者年纪大一些，那可以给他断长句。等到那个气弱的孩子经过训练能够一气呵成读下来了，那么先生就会让他读长句，其就与孟子的浩然之气相接了！当你读书的气息都跟古人的气息相接了，就是声入心通了，这就是吟诵的高招、妙招！通过跟私塾先生接触，可以了解到很多细节，因为这些在书本上看不到，我们从前灿烂辉煌的文明是怎么缔造的，很多细节不为人知。

再看这位广东梅州的钟红梅老先生，一位客家人，我们去采录的时候偶然遇到的，他看到我们拿着那些古文的书，说现在还有这种书啊，一拿起来就能读，我们也很惊奇赶紧录下来。因为他读过一两年的私塾，后来就出去打工，参加革命，到国民党的军队当兵去了，一辈子再没读过书，后来回乡了就当农民了。他没怎么接触过书籍，现在已经九十多岁，隔了这么多年他还会按照以前吟诵的方式把书读出来，就知道这种方式如何能进入人心，记得牢靠了。以前要参加科举考试的学生，可是要背好几百万字的书呢，用我们今天的方法很难实现。

再说说读过私塾的农民。我在采录过程中发现不少挺有文化的农民，跟我们今天的农民不太一样。两年前我到广州白云区的一个镇采访过一个农民，也会吟诵，吟诵到后面他说他吟诵一首自己的诗吧，回到屋里就开始翻，结果翻出了一沓子诗的手稿，我看这些诗写得合律，还会吟诵。农民都会写诗吟诵，让我很震撼，后来接触到越来越多这种案例，原来我们传统的读书人都会作诗，并不像我们今天所认为作诗是一个另类的话题。作诗就是古代读书人修心养性的一个方法，什么时候起兴了就赋诗一首，我们今天培养诗人走的是很不正常的一条道路。我们来听一听这种原生态的吟诵，这是一位浙江的农民吟诵的《陋室铭》。从这位老先生身上，我们可以看到，私塾的教育方法是很培养自学能力的，哪怕读一两年私塾日后都能自我学习，终身不忘这种方法，不像我们现在九年义务教育结束了，学生的自学能力可能还很差。以前问读书人的学习程度，是问读到什么书了，读过哪些书才说明一个人的水平，而不像现在我们是问读到几年级了。因为以前读书会有一个体系，有阶段，例如说读完《大学》《孟子》了，别人就知道你前面还读了哪些书，并且因为几乎是自学得来，所以但凡读过的是真学进去了。而我们现在，告诉你读完三年级的语文课本，与读完四年级的语文课本几乎没有什么差别。私塾里的学生从入学的第一天开始就是在自学，不认识字也要自学，甚至识字的过程就是自学，这个方法其实很高效，快则一个月慢则半年，认识四五千字不在话下。古人是把认字和写字分开的，一入学不会教孩子一笔一画学写字，而是先认字，等长大到八九岁骨骼成型了，先生说可以写字了，行过开笔礼之后才开始学写字。现在我们的教学方法是把孩子可以自学的能力都破坏掉了，例如一些幼儿园里四五岁的孩子就开始写硬笔书法，一点感觉都找不到，结果终身都写不好字了。把识字写字分开有什么好处呢？先识字不写字，哪怕是看繁体字都不会觉得复杂，一眼就认出来了，不会因为学写的时候太困难而让孩子早早生起厌学情绪。另外，不管在家还是在私塾，都可以用吟诵的方法来读书，像唱童谣一样学习三百千千一类，吟诵的时候先生一字一音，并用手指出对应的那个字，他不要求学生强硬认字，只是要求学生不停反复地看着文本能背出声音来，慢慢地孩子自然就能把文字和声音对应起来，就认得字了，顺利完成童蒙教育，后面就轻轻松松自己念书了。私塾先生更像是一个监护人，在那看管着。懂得吟诵教育法，懂得传统的私塾教学法后，学生和老师都会轻轻松松。不像现在的老师备课这么累，想着怎么讲才能兼顾各个不同层次的学生等，应该从根源上解决问题，这是传统私塾教育给我们的启示。所以读书要抓住它的本质来教学，读书是要用耳朵听的，好多以前的人不认识字但是能背四书五经，乍一听不可想象，但其实就是声入心通这个道理。以前文化传播和教育的方式很多，有很多妇女在村头洗衣服，旁边有家私塾，每天吟诵声就像唱歌一样，还有孩子从学堂回来吟诵，妇女们也跟着唱，久而久之就会了，别人说的时候她也知道这个文本是什么意思。我们搜集文献的时候看到过很多这样的事迹，有资料记载皖南有个叫小霞的姑娘，每天听到村塾里读千家诗，她觉得很好听，就经常去听，她不认识字，把它当歌一样地学会了，后来有一天她上山采桑脱口而出，吟诵出一首自己作的诗，别人听到了赞扬她有天赋，就给她买了本唐诗来教她，从此小霞成了当地著名的女诗人。

我们来听一首词的吟诵，这位老先生——王更生，河南人，新中国成立以后居台湾，2009 年的时候我们请他到北京来参加一场吟诵演出，这是他最后一次在大陆的留影，和他夫人一起来的，当时八十八岁。王先生是著名的古典文学专家，研究《文心雕龙》

的大家。这位老先生非常和蔼可亲，一点都没有大学者的架子，我们那时候办活动都是大学生志愿者来组织，带着活动参与者跑七所高校轮回演出，有个晚上我们十点多给老先生房间打电话询问票务，他夫人接电话说先生在洗澡。可过了一会儿，老先生就下来大堂找到我们工作人员，他又换上了西装，打着领带，非常正式。可见其礼节之严。后来我发现在后面的活动中很多时候老先生都是这样正式认真地对待的。这是老一辈读书人的风范，很注重待人的礼仪，这已经是他日常的生活习惯。今人看了只会汗颜。下面听王老先生吟诵一下宋苏轼的《水调歌头·明月几时有》，这吟诵的效果一点不亚于邓丽君、王菲所唱的这首流行歌曲，并且流行歌曲唱的与原文的词意不吻合，但吟诵不是，每个字的长短高低是作者原意要表达的。这是老先生最后一次登台露面，回到台湾后不久就去世了。他的吟诵很好听，而且你看他的这个动作，他是完全理解了这首词，有他自己的体会在里面。传统的教学就如此，实际上他通过学习把他自己的人格修养已经修炼好了，这就是《大学》说的："大学之道，在明明德，在亲民，在止于至善。"做教学的人你必须自己先搞清楚，自己能够言传身教，荀子说"学莫便乎近其人"，也就是跟什么样的老师就能出什么样的学生，举手投足之间都有老师的影子，所以对老师的要求在品德上更高。学生看着老师是这么吟诵、这么理解的，你说这还需要讲解吗？自然而然地学会了也就明白了。

再看看当代还有一些擅长吟诵的隐士。王财贵先生，台湾人，著名的古琴家，与宣扬读经的那位王教授同名同姓，但不同人。这位王财贵年纪不大，在台湾的一座山上隐居，虽然是隐士，但很平易近人，古琴弹得尤其正宗。我们大陆的琴家，现在把古琴当作艺术，而不是日常生活的一部分，是为艺术而艺术，所以我看到王先生的时候，心里非常欣慰，原来还有真正的琴家在，你随便拿一个文本给他，马上就能弹了。我采录过一些古琴家，很多需要先作曲，再用笔纸把谱子写出来，这不是传统的做法，古人的做法是见字就能吟诵，知道吟诵之后古琴配什么曲调，就像我们拿到文章就能吟诵。我拿了《秋声赋》给王先生，他拿过来就能边弹边吟诵，我听他弹完之后请教，王先生就给我讲了一套平上去入四声所对应的古琴音阶的关系理论，原来这背后的学问是一套系统的理论，清清楚楚，所以他一拿到文本马上能吟诵，还能马上弹古琴配乐。我们来看一下他的边弹边吟。弹琴和吟诵规则的道理是一样的，琴和吟诵是搭配得最紧密的，能描摹人声，在所有乐器中古琴最接近人声，别的乐器难配，古琴有吟猱之声，跟吟诵可以配得很好。传统的文人为什么别人一唱他马上能把乐器声配上，就是因为真正懂得吟诵。

再听一位福建老先生的吟诵。福建的吟诵颇有历史的渊源，广东话比较古老，相当于宋代的语音，福建闽南话就更加古老了，大概是唐代的语言。吟诵史上一个非常有名的人叫谢安，大家以后可以留意历史记载，吟诵得好的文人一般会把吟诵作为此人特长记录在册，谢安是洛阳人，能用洛阳话来吟诗，因为他有鼻窦炎，吟诵之声比较浑浊，但当时的文人就喜欢他这样的吟诵，甚至是捏着鼻子学谢安的吟诵，所以谢安的吟诵自成一派，还传承保留了下来。我在福建那里，看到很多拥鼻吟的现象，吟诵有很多鼻音共鸣。可能也与福建话中大量鼻音字的保留有关。

再看吟诵《蜀道难》的一位老先生，叫赵玉林，这位老先生也很令我感动，九十六岁刚做完手术回来，我们事先不知道，还是按照约定的时间去采录。老先生说机会难得，还是要给我们读一读，所以就吟诵了一小段。他擅长写诗，诗写得好，还是著名书法家，而让我最有感触的是老先生的至情至性。他送我一本诗集，里面都是毛笔字写的，有一百首诗，都是悼念他妻子的。他妻子在年轻的时候就去世了，后来他一直没娶，他说当年跟妻子结婚的时候，说过作一百首诗给她，后来妻子去世了，他就很后悔没有履行这诺言，就陆续地作了一百首诗，都是悼念妻子的。我去做吟诵采录接触过很多老先生，感觉他们身上都有一股纯朴之气，很有情感，都是很真诚的人。我们来听一下他吟诵的《蜀道难》，这是首古体诗，最难吟诵，近体诗比较好吟诵，古文和古体诗比较难。赵老吟诵古体算是比较好的一位。过去的读书人修身，各个方面都是，吟诗也好、弹琴也好、写字也好，都是修身养性的手段。遗憾的是，现在这些吟诵都成了逐渐逝去的文明。

最后，看一下女先生的吟诵，女先生也有很多吟诵得好的。我们选一位唐文治先生的学生，这位老太太也很让我感动，第一次我们去采录她的时候，她认为自己还是读得不够好。等第二次我们因其他事去到上海，她知道了之后就坚持重录一遍，要读得比上次好。本来我们都认为无所谓，本来吟诵就有即兴性，我们采录是为了做研究不是示范，但老先生很坚持，要把最好的吟诵传给后人。她吟诵的是《前赤壁赋》，当时是八十八岁，唐调吟诵很讲究气，所以大家要好好体会她吟诵时的这股气。她的身体不是很好，当时也是做过手术不久，但这个吟诵的气息，还是体现了出来。其中有一段很特别，就是"歌曰"之后那几句，是唱出来的，很有审美的境界，大家想想我们今天的读书法少了多少韵味！萧老还给我讲过老一辈学者的生活态度，与人交往的正直，治学的严谨等，并以此来鼓励我们，谆谆教诲，时常在耳。我经常回忆起这一幕，从她家出来，她站在木楼的楼梯口送我，说"堂堂正正做人，将唐调发扬光大"。以前读书人的使命感，再一次让我心生敬畏。

这是我们之前去少数民族地区所做的采录，文献名邦——云南大理，很多吟诵保留得不错。大家注意看这位韩国老先生的穿着，真是"宋明衣冠犹在彼邦"，他们读汉字书籍的时候是用宋代的话来读的，因为当时他们的先师是从我国宋代取经回去的，所以一直保留着宋音吟诵的传统。

今天跟大家分享了我在吟诵采录中的一些心得和体会，最后还是要呼吁大家，做吟诵的志愿者，有关于吟诵的信息记得提供给我们。

　　陈琴，小学语文特级教师，浙江师范大学特聘教授，《中国教育报》2008年度全国推动读书十大人物，古诗词吟诵教学专家，中国教育学会传统文化委员会副主任，中华吟诵协会理事。当代素读经典课程创始人，被媒体誉为"百年来素读经典课程第一人"，所教班级的学生皆能达到"背诵十万字，读破百部书，能写千万言"的课程目标。其独创的"素读"经典课程与语文教材相融合的教学体系，已被全国许多学校或教师效仿、移植，影响了一大批语文教育工作者。出版过个人专著《经典即人生——文字是修正灵魂的良药》及诵读教材《我爱吟诵》《中华经典素读范本》《中华经典诵读系列丛书》《汉字里的故事》《中华经典素读本12册》《中华素读教程》《小学生必背古诗75首吟诵法》等，在《人民教育》《中国教育报》等刊物上发表文章近两百篇，2011年及2013年均被中央一套拍摄过个人吟诵节目。目前，"陈琴歌诀乐读法"也正在影响一大批读书人，经由陈琴的读书法，许许多多畏惧阅读的师生乃至家长都开始自信地捧读古今中外的"有种子能量的经典文字"。

拾叁 吟诵与小学教育

陈　琴

　　有人称我为"素读"经典课程的创始人，现在网上有很多这种冠而名之的称谓，让人觉得不胜惶恐，其实"素读"并非我创造的，而是中国文化早已有的传统，我只是于1993年把经典诵读纳入了小学课堂，这个举动源自一个机缘。

　　当时我的班上来了个日本孩子，我发现他会背整本的《论语》，可他一句中文也不会说，但当我在黑板上写下"己所不欲"四个字，他马上就能背出"勿施于人"等下文。于是我跟他父亲交流，他父亲把整部《离骚》在我面前背了一遍。他是日本人，而且是位工程师，并非学文出身。我又问孩子的外祖父，这个孩子是不是看过《论语》？这位老人家告诉我，他们怎么可能看得到这种典籍。的确，当时是1993年，市面上还找不到一本注音版的《论语》，我后来带孩子读，也是到古籍书店买到繁体字版的《论语》，回来自己抄写出简体字版给学生们学习。就因为有这么一个缘起，这位日本家长回国后给我寄来了一整套日本教育学者七田真和加藤荣一教授的文集，在他们的文集里，我读到了一个词——素读。加藤荣一教授是这样界定的："素读"是中国古代两千多年的学法，日本明治维新之前都是沿用中国的教学法，"素读"就是不追求所读内容的深刻含义只是纯粹地读，目的是求记诵，求熟练。他还说：这种不追求理解只追求反复记诵、烂熟于心的学习方法是培养天才唯一的方法。素读法在全世界已经式微了，没几个国家在使用，包括日本也没几所学校在继续使用素读法。他说，日本的铃木教学法，其实就是素读法。我后来去了解过，铃木教学法是日本教小提琴演奏的一种很有名的方法，他们就是让孩子们先把小提琴琴谱背下来，然后才允许孩子们拉曲子。

世界上还有一个民族在使用素读法，那就是犹太民族。犹太民族会在孩子刚断奶时就开始使用素读法教育孩子，为的是让孩子们尽快把《旧约圣经》《希伯来圣经》《塔木德》等经典背得滚瓜烂熟，《塔木德》这部巨著在犹太文化中的地位如同《论语》《老子》《庄子》对于华夏文明的意义。我专门到书店里翻过《塔木德》这部书，发现它的思想内容的水平远没达到我们老庄、孔子的高度，充其量是犹太民族的《孙子兵法》，但尽管如此，犹太民族就是采用素读法，让孩子们很小就开始熟背本民族文化经典。需要背诵到什么程度？孩子十六岁接受牧师洗礼的时候，牧师随便翻开某部经典中的某个章节，然后就让孩子从那里开始背，中途只要停顿背不出来或背不流利，这洗礼就不能进行，还得改天重来。

看到这些记载，我很惊讶，回想起以前外婆带我读书时，根本不需要给我做大量讲解，也不逼着我看书读书，很多时候是她在读我在听，有时跟着读。她读书像唱山歌，后来我才知道那叫吟诵。上大学时我念的是中文系，我发现很多同学根本不知道我小时候就听过的那些书。毕业论文我写的是《论〈离骚〉的艺术特色与时代意义》，这篇文章最后作为优秀毕业论文还获了奖，但从来没有老师要求我把《离骚》背一段或从头到尾背一遍，所以我在那位能把《离骚》从头到尾背下来的家长面前，惭愧得无地自容，因为这是很讽刺的现象。

2005年的时候，我读到了中国工人出版社出版的一本书，作者有两位。这两位作者作为当时中国商务部访问团的代表到以色列做访问学者，进行商务考察，回来之后需要向国家递交访问考察报告，他们就写了几十万字的报告。当时这份报告递交给政府作为内参使用，最后有人截取其中的十余万字编成了一本书，叫《世界上最成功的教育——犹太教育揭秘》。在这本书里两位作者写了这么一段话："几千年来一代又一代的犹太人，正是在他们的《希伯来圣经》和《塔木德》等经典的教育熏陶下，才成为能读会写、智力超群的民族。"两位作者肖宪、张宝昆并不是老师，没有研究过教育的现状，但他们在研究以色列这个民族对于世界文化影响的时候，他们认为犹太民族家家户户的教育超出了世人的想象。他们记录并列举了大量的事实，其中一个现象是，六岁以前的犹太人每天要接受6～10个小时的智力训练，他们的智力训练不是我们今天幼儿园里的智力开发游戏，他们只做一件事，让孩子在他们父母或者智者（就是老师，也叫先知）的引导下诵读6～10小时的经典，每天最少要保持这么长的诵读时间。据统计，截至2001年，世界诺贝尔奖的获得者中，犹太人占了32.8%。原因是什么？"正是在他们的《希伯来圣经》和《塔木德》等经典的教育熏陶下，才成为能读会写、智力超群的民族"。

这让我想起苏霍姆林斯基的《给教师的一百条建议》这本书。我曾经对这本书批注了三次，我曾用十五年的时间研究教育学，当年读师范大学时专业是文学，没有老师介绍过教育学方面的书，所以大学毕业之后去教书了，我自己开始去接触教育学方面的东西。苏霍姆林斯基这本书我读过三个版本，批注过三次，我发现像这样的教育大家提出的教学方法很有参考意义。第一，他从不像我们的教研室那样去教老师们怎样备课，他只是提过一个事例：一批教学督导去听一位历史老师上课，这课上得非常好，听课的人就问这位历史老师，你把课讲得这么好，那你备这节课花了多少时间？这位老师想了想说，大概五分钟。大家很惊讶，觉得怎么可能这么大型又讲得这么好的课，才花了五分钟备课？苏霍姆林斯基在旁边说，这位老师是用他的一生在备课。这个细节是苏霍姆林斯基唯一提过的关于老师该如何备课，他没有像我们现在做教研那样来备课，一堂课哪个环节该讲什么，他没有细节指导。第二，他提出了"学困生"和"题海"这两个概念，这两个词我们后来引用很多，但我们不知道是从哪里来的，其实就是从苏霍姆林斯基的文集里来的。他告诉数学老师，如果你的学生不喜欢学数学，那你就在教室里放上关于数学家的书，引导孩子们去阅读数学家的故事、阅读生活中的数学故事。如果你的学生不喜欢画画，那你可以通过美术的故事，让学生喜欢上画画。其他科目的老师也一样。所以他告诉语文老师，如果你面对的是一个学困生，那你千万不要采用题海战术，你所要做的事情是让你的学生阅读、阅读、再阅读。然后他对家长说，如果你的孩子不爱读书，那你就不要采取一对一的帮补方式，不要把孩子放进题海里去泅渡，你要做的事是让孩子读书、读书、再读书。苏霍姆林斯基说过一句话，"要无限地相信书籍的力量"。这句话我们中国人也很熟悉，在《增广贤文》里有这么一句话，"万般皆下品，惟有读书高"，曾经有很多人对这句话批判得一塌糊涂，但事实上如果我们纵观人类历史文明的发展历程就会发现，人与生而来的短和弱，如果不经由文字阅读的修炼，那么人的短和弱，永远都是下品不可能是上品。所以"万般皆下品，惟有读书高"的精神与苏霍姆林斯基所讲的"要无限地相信书籍的力量"是一致的。

在这些教育学家的引领下，我开始反思我们的教育，尤其是我们的语文教学。我再看以前老一辈的、在私塾待过的老师们，哪怕

　　像我外婆这样从来没有奢望过以读书来谋生或谋求官职的女性，哪怕她们只是在私塾里待过一两年，都能够出口成章、下笔成文，就能挥毫成墨，就能腹有诗书、通古博今。而我们现在一个本科大学毕业生，哪怕是中文系的毕业生，恐怕也没有这一两年私塾学习的功底。我就想，可能私塾所读的文本跟我们现在所学习的教材不一样，这是第一个原因。我当时在广州华南师范大学附属小学做语文老师，刚开始推行经典阅读的过程，也是坎坷得不得了，学校不理解，家长不理解，学生不理解，更重要的是我的同行也不理解，他们认为这些东西都是考试不考的，我这样做是在标新立异。但我当时真是忧心如焚，我担心学生学了六年之后，只是读了十二本教材，然后腹内空空就走出了小学校门，也许二十年以后他就会埋怨我这个语文老师，因为我没有给他足够的文学素养，为他以后的成长，为他成年后走向社会奠定足够的心理积累，他们的人文素养不足以面对以后的人生，甚至丧失了对人生的思考力，所以我当时非常的焦虑，尽管一开始做得很痛苦，但我还是坚持了下来。但我发现，当我把三百多首诗歌教给孩子之后，他们开始乱套了，会把这首诗歌的开头串到那首诗歌的结尾去，我就在想，为什么我外婆八十多岁了，她就不会串词？老一辈所背过的书，只要不是忘记了，很少会串词，秘诀是什么？于是我发现了老一辈读书人学习的第二个特点，就是他们从来没有像我们这样来读书，他们读书像唱山歌一样。我就开始回忆，把祖辈们读书的一些方法搬到我的课堂上来，教孩子们像唱歌一样读书。但当时我还没有改成用普通话教学生，也不知道这叫吟诵，只是给这种方法取了个名称叫唱诗，也就是吟诗唱文，当时就是这么说的。一开始教，我的学生全都笑倒了，因为我的调子就是模仿我外婆，因为她是湖南方言，老人家的语气，调子也是湖南山歌的那种民歌曲调，所以孩子们一开始很难进入状态，经常被这些语调逗得哈哈大笑，但我还是坚持引导大家唱诗。渐渐地我发现孩子们串词的现象越来越少了。

2007 年间，中华吟诵协会秘书长徐健顺老师受中央精神文明办的委托，到广东来为中小学生老师宣讲吟诵的知识，广东精神文明办就甄选了五十位老师，大家集中到广州番禺一个宾馆，全封闭式的学三天。但听说学到第二天的时候老师们就走了一大批，大家都说听不懂。我的好朋友汪秀梅老师——她是我最敬佩的广东名师之一，就给身在香港的我打电话，她说要我回来听一位老师的课，这位老师是从中央民族大学过来的，来给我们讲吟诵。我就说吟诵不就是朗读吗？汪老师说不是，她说就是你怪里怪气在课堂上带孩子唱诗的那种方式，很多老师反映听不懂，你应该能听懂。我一听还真有人在做这样的事情，就赶紧把香港的课辞了回来，听到了徐老师讲最后一天的课。那天他讲了古诗词的平仄和格律，我猛然醒悟到，我外婆的读书方式与我们今天的读书方式不同，她是抓住每一个字的字音在读，而我们是抓住字形在记。另外，我们从来没有深入去了解文字学、音韵学和训诂学，而这几大块正是中国古代小学的基础。后来我就把在华南师范大学所读过的有关古代教学理论以及古代小学所要读的文本，梳理了一遍，我发现，我们的语文教学尤其是读书方法真的出了错误！现在徐老师在全国讲，我们读书读错了，很多人不理解，但我是理解的，因为如果我们深入地去研究，就不难发现我们现在的读书方法真的出现了一些错误。当然这些错误不至于万劫不复，因为现代的言说方式发生了变化，比如说儿歌、童谣、现代读本，都拿来按格律诗方式吟诵，那是不对的，但是古文本尤其是古代的近体诗歌，它本身就是按吟诵的规则和方法写的，就好像我们的自行车就是按照脚踏的方式来设计的，你把它当汽车开那就不对了。所以古诗文的诵读方法与我们现代文的诵读方法一定是有区别的。实在不会这个方法的怎么办？现在国家已经在大力推广，有很多志愿者在学习吟诵的方法，包括徐健顺老师的一个团队，他们每年都在做教师培训，这样的机会都很多，所以有心的老师是可以去学的。

另外我对徐老师的研究做了一些跟进，发现我们现在的读书方法确确实实缺失了很多。例如，日本学者把中国古代私塾的教学方法定义为素读法，但在我所接触过的研究古代文学的圈子里，还没有人对中国古代私塾的教学方法做过定义，我们只知道，中国古代是私塾教育，但其实私塾是办学模式，相当于我们现在的公学，私塾不是教学方法，教学方法是怎样的？我们还没有人对它做过定义，反而是日本人总结了。日本学者说，素读是中国两千多年私塾里面所沿用的教学方法，并举了大量的例子。后来我把经典吟诵引进课堂后，我发现学生学习语文是那么的快乐，我们上语文课的方式也完全与现代语文教学的方式决裂开来，一个学期的语文课，我只用两个星期就把教材讲完了，考试之前再用三天复习，其他的时间都在教孩子诵读经典文本，一个孩子一学期的平均诵读量是一万五千字。等到三年级结束，孩子们就已经能够把《大学》《论语》《老子》《中庸》《孝经》《增广贤文》等流利背熟，还包括五十多篇中学阶段才会学习的诗歌和文章，如《阿房宫赋》《滕王阁序》等长文，学生们都滚瓜烂熟了。到四年级的时候，班上诵读能力最弱的一个孩子都能把《离骚》从头到尾背下来。上个月末放暑假之前，我们班上的孩子与家长们一同举办了一场亲子吟诵晚会，两个半小时下来，所有的家长都很惊讶也很开心，他们跟着孩子们一起重新读书、重回经典。因为在课堂上大量引入了阅读经典，课后就不需要孩子们花太多时间去提高阅读了。每天保证半个小时以上的纯粹诵读，一个学期下来你会发现孩子们的阅读量是现在一个本科生都追不上的，并且孩子们对这些经典真正做到烂熟于心，随便抽其中一本都能从头背到尾。至于经典的思想含义，他们可以以后慢慢体会。当然我们的课堂绝非死读书，绝非一味地死记硬背，这里面有音乐、有故事、有天文、有地理、有图画等等，经典诵读课就像一个杂学课，来听课的老师们都很惊奇。上个学期中华书局组织了一个素读经典读书营，每个月都会有一批老师跟在我的课堂1～2个星期，我们的课堂都不需要特别准备，只是日常开课，他们听完之后都说，原来素读并不是带着孩子朗诵这么简单，如果只是简简单单地带着孩子朗诵，孩子是坚持不下来的，这里面有很多技巧，其中包括吟诵，那下面我们就来讲一下吟诵。

今天的语文老师所遇到的一切关于教育的"病症"，其实都可以在中外的历史典籍中找到"处方"。有些人为什么不敢给孩子读经典，有些人为什么不敢把经典放进课堂，这都是有原因的，因为我们都相信当下的力量，包括文字。但事实不是这样的。中国古代把教育放在最高位，君子化民成俗，要由教育完成，建国安民要以教育为先。古代有一本叫《学记》的书，它告诉我们在孔孟时代学生们都读些什么书，他们不是在读老子、庄子、孔子、孟子写的书，而是"念终始典于学"，都是从头到尾要诵读经典，在他们那个时期孔孟可不是经典，孔孟之前的典籍才是经典。孔子说自己是"敏而好古"，老子说"能知古史是为道器"，他们都是在读经典，读夏商周及其之前的书，所以首先在文本上给我们立了一个高度。而我们现代人都很相信当下的文字，很多家长把现在的儿童文学当作经典，虽然儿童文学的确也有经典，但真正能对孩子们的心灵产生重大影响，积累重要力量的经典在哪里？儿童文学的经典，只是沧海一粟罢了。能产生重大能量的是以文字为载体活在每一个民族人民心里的经典，这样的东西才是值得你一辈子去记诵的，有一些是只需阅读的文字。我的学生在课堂上是诵读经典，课后可以大量阅读其他文字，像《东周列国志》、西方的童话等，但在课堂上要坚持古人的做法，"念终始典于学"。

教学中我们常会犯一些错误，古人也犯过这些错误，今人在教学方法上所犯过的错误跟古人如出一辙。例如《礼记·学记》说："今之教者，呻其占毕，多其讯言，及于数进而不顾其安。使人不由其诚，教人不尽其材。其施之也悖，其求之也佛。夫然，故隐其学而疾其师，苦其难而不知其益也。虽终其业，其去之必速。教之不刑，其此之由乎！"意思是说今天的教师，就像占卜的人一样喜欢把每一卦都说得很清楚，多其讯言，就是反复去询问学生、考学生。今天考学生就更加离谱了，古代还好十年寒窗也就考个三四次，现在几乎每周一小考，每月一大考，每学期一个期中期末考，举全校之力布置考场、组织考试，所有学生进入紧张备考状态。古人认为这是不对的，尤其认为在课堂上整天用很啰嗦的语言去跟孩子沟通交流，根本不关注孩子当下的心理状态，结果孩子们会怎样？"进而不顾其安"，这样的教学从短期来看，会让一部分孩子厌学，从长期影响来看，就会使孩子"隐其学而疾其师"，不相信学习并且痛恨他的老师，实际上很多孩子今天的厌学情绪就是这样来的。本来可以去上小学了，兴致勃勃地庆幸自己长大了，结果到小学的头几天，光是学习那几个汉语拼音就觉得怎么学习这么无聊、这么没趣、这么可恶，就开始厌学了。最后，面对学习，"苦其难而不知其益"。这种状态是怎么造成的？就是我们老师上课的方式造成的，因为孩子们不喜欢我们的上课方式，他想要逃避，反过来老师就采取了一系列控制孩子的方法，比如说要求学生上课要正襟危坐。古人不是这样的，他们在教孩子读书的时候，把凳子放得很矮，可以让孩子伸直双腿，只有在写字的时候，要求头正肩平双脚稳，平时没有这么拘束，就像鲁迅先生笔下说的，他的老师带着学生是摇头晃脑的读书，我们现在的学生读书都是嘴皮子在动，四肢被束缚着。西方人也不这样，只要孩子们能够把注意力放在老师讲课上，他们爱躺着也行，坐着也行，所以说我们上课是相当于变着方式来惩罚学生，这是一个极大的错误。

　　而另一个我认为当今教育教学出现了的大问题，用一个词来概括叫"失序"。四时有常，不可逾越，这是《黄帝内经》教我们的方法，任何事情都要遵照时序而行。今天的教育失序在哪里？在《论语》里有子说过一段话，这段话后来成了《弟子规》的总序："首孝悌，次谨信，泛爱众，而亲仁，有余力，则学文。"君子务本，本立而道生，这段话才是正确的教育次第。所以当年我在小学开展经典阅读的时候，也不是一开始就让学生读《论语》，我是编辑了一百多条格言让孩子们背诵，现在这些格言还被华南师范大学附属小学选出来挂在艺术长廊里。这些格言有什么用呢？比如说有学生来我这里告状，当我发现他是在说是非，那我就会跟他说一句话，"来说是非者，便是是非人"。又比如说，"真正的高贵在于超越从前的自我"，这句话谁说的？海明威，是他在自己的文章《超越自我》里面写到的。我会让孩子们阅读这篇文章，然后摘取其中最重要的一句话或一段文字让他们背下来，慢慢地孩子们就能出口成章了，像诗人一样。又举个例子，很多老师会要求学生在上课前做好准备工作，结果总是开始上课几分钟了孩子们还乱糟糟的，这个课本没拿出来那个文具丢了，然后老师就开始训学生，但是大家有没有发现，进行训话最后都没什么作用，而你只要说一句"几案洁"，马上很多孩子就会接着说"笔砚正"，接着开始主动检查自己的东西有没有准备齐全，放置整齐，潜意识里他就会把上课要准备的东西都准备好了。我上课也不喜欢点着名来骂学生，我们有些老师习惯了，把上课不遵守纪律的学生直接点名批评，或者罚他站到一边去，其实这是没用的，对于低年段的小学生来讲，他上课违反纪律并不是故意的，他是忍不住要躁动，因为他这个年纪正是阳气上升的时候，你要把他强硬地压制住这是不对的，你要做的事是把他点醒，你只要说一句"话说多"，其他孩子就会接上"不如少，惟其是，勿佞巧"。说话的孩子也会跟着念，然后马上就变得静悄悄了。以上的句子都出自《弟子规》。再举个例子，之前我在华南师范大学附属小学教一年级的时候，班上的孩子很喜欢捉迷藏，喜欢躲到窗帘后面，会很用力地拉窗帘，我基本每个星期都要搬梯子把掉下来的窗帘重新挂上去，我想过很多办法也用过很多办法，叫孩子们不要用力拉窗帘，不要躲到窗帘后面，但都没有用，一直等到我想起《弟子规》里有一句话，叫"缓揭帘，勿有声"，我让孩子们能反复背诵这句话并且抄下来，最后他们都烂熟于心了。结果有一天一个孩子又跑到窗帘后面捉迷藏，把自己像裹粽子一样裹在窗帘后面，这时候有一帮孩子说"缓揭帘"，另一帮孩子马上附过来说"勿有声"，最后这个孩子轻轻地从窗帘里出来了，满脸通红，再轻轻地把窗帘拉开再合上，从此以后再也没有孩子跑到窗帘后面捉迷藏了。这就是我们古人的智慧，用诗一样的语言，跟孩子们交流。所以曾经有一句名言是这样说的，一个具有诗性的孩子，一定是受了神赐，被神感召过的。这样的孩子将来会有创造力，有诗兴的孩子一定是有创造力的。而读诗的人心不死，这是叶嘉莹先生说的。那如果我们平时能用诗一样的语言跟孩子沟通，那孩子会不会不一样呢？这就是先把本立下。现在的语文教育是一上小学就教孩子识拼音，目的是为了让孩子识字，但是是不是没有学拼音就不能识字呢？我小学的时候没有学过汉语拼音，直到十二岁来到广州上学才接触到汉语拼音接触到普通话，也不影响我现在使用汉语拼音，也不影响我在小学阶段就已经认识了很多字。中国古代的人，是先读书后识字，先读什么书？《百家姓》《千字文》《声律启蒙》，像唱歌一样先会读很多书，再去学写字。但是我们今天的孩子进了小学不多久，老师就开始一笔一画地教写字，这是很糟糕的，因为孩子们根本还没有任何积累，他对文字的书写没有整体认识的感觉和认识，只是机械地拆分，许慎的《说文解字》有没有把文字拆开来一笔一画地写字？没有，他没有把汉字拆开来讲笔画，笔画顺序这些东西都是搞现代汉语的这些人弄出来的，那么繁复的繁体字，古人为什么没有搞一个笔画顺序出来？因为中国人认识世界是总体把握的，认识每一个个体的东西也是整体去把握，是在形而上的基础上去观照形而下的东西。而我们现代的教育擅长拆分，经常把一朵花分成一片片花瓣和花蕊来告诉孩子这是花，把小白兔的爪子耳朵拆开来告诉孩子这是兔子耳朵、兔子爪子，这是由细节向整体追溯。但中国古人不会这样做，你要认识花，就把一朵花放在你面前。中国古代的数学教育也是这样的，古代学两年的数学就可以达到相当于现在大学解析数学的水平。以前古人在学习了大量的经典文本诵读之后还要专门花两年的时间来学数，数从《易经》开始，数的东西在《易经》里解决了，然后从亿位开始计数，算盘上一个小小的珠子它就告诉你，与之对应的天地之间的数位关系是什么，这么抽象这么有开发力的算盘，这样的数位概念，对孩子数理能力开发具有极大的帮助。但这套方法我们现在不用了，现在是从0+1=1，1+1=2开始学习数学，如果在古时候这样教会被别人嘲笑为傻子，因为古人是先认识亿位数再从上往下走，这样学后面就会走得很顺很容易，这叫"会当凌绝顶，一览众山小"，但是我们现在缺乏这样的常识。18世纪德国数理哲学大师莱布尼茨，他发明了数学中的二进制，二进制是现代电子计算机发明与应用的重要基础。莱布尼茨从他的传教士朋友寄给他的拉丁文译本《易经》中，读到了八卦的组成结构，惊奇地发现其基本算符0、1，即《易经》的两个基本元素阴爻"＿＿"和阳爻"＿"，其进位制就是二进制，并认为这是世界上数学进制中最先进的。20世纪被称作第三次科技革命的重要标志之一的计算机的发明与应用，其运算模式正是二进制。它不但证明了莱布尼茨的原理是正确的，同时也证明了《易经》中的数理学是很了不起的。当时是清朝康熙年间，这位数学家看到了排在《四库全书》群经之首的《易经》之后，马上写信给康熙大帝要求加入中国国籍，他认为做一个中国人太幸福了。他的这封信现在在网上都能查到，那个时候是外国人想移民到中国来，而不是现在我们中国人蜂拥移民到海外去，那时候外国人就是看到我们有这样的数理哲学思想，有如此深刻的自然理论和科学，就要求加入中国国籍，认为做一个中国人真是太幸福了。可见我们的传统文化是很了不起的，很多认识古人比今人先进得多。

语文教学的次第应该是："凡训蒙，须讲究，详训诂，明句读，为学者，必有初，小学终，至四书。"（《三字经》）中国古人给孩子训蒙的时候特别讲究，《易经》里有一个卦象叫蒙卦，"蒙"这个字的字义就是人被草覆盖住，当人一层一层把这个草揭开了才能看到自己的家，看到家里面有什么东西。当人被草一层一层覆盖了，光都被挡住了，那要怎样对待被蒙住了的人呢？《易经》里对蒙这个卦象下了一个断词，即"包蒙吉"这三个字像匕首一样非常有力量，可以斩断一切关于教育急功近利的心，意思是对于一个被蒙蔽的人或对于一个认识世界不够还处在童蒙状态的人，要有包容心。如果说你今天教会了孩子汉语拼音你就要他能把汉语拼音默写出来，教会他两个字你就希望他能够写得出来，甚至马上用在作文当中，那你就是没有包蒙心，你获得的就不会是大吉大利的成果，因为急功近利就会让学生倦怠，所有的东西都停止发展那最后只能是死路一条。只有包蒙才能吉，所以古人说要包蒙、训蒙，既严格又要有讲究，那古人是怎样包蒙训蒙的呢？首先就是给孩子讲故事。训诂也是在讲故事，比如说天上这颗星为什么叫牛郎织女星？这颗星为什么叫东方苍龙？为什么毛泽东会说一切帝国主义都是纸老虎，不说他们是纸老龙或纸老狼，因为西方白虎，南方朱雀，北方玄武，这是从观天象中古人代代流传下来的认知和智慧。所以说我们为什么是龙的传人？因为我们就是在天上二十八星宿中的东方苍龙星宿之下生活的族群。从伏羲以来，我们就用"龙师火帝，鸟官人皇"来给官员命名。这些都是训诂学里的内容，因为现代人很多都没有读过古代训诂学，所以也就读不懂古代的典籍了。在古代，有两本书是读书走仕途和不读书不走仕途的人都要读的，一本是《增广贤文》，一本是《幼学琼林》。古代有一句谚语："读了《增广》会说话，读了《琼林》知天下，读了《易经》走天下。"古人认为《幼学琼林》是幼儿的百科全书，而更有积累的人还要读《易经》，读懂了《易经》走遍天下都不怕，因为那时候的你已经博古通今，无所不通，走到哪里都能够谋到自己的位置。以上所说都是古代训蒙学里的一部分。《幼学琼林》里有一节讲神仙："青女乃霜之神；素娥即月之号。

雷部至捷之鬼曰律令，雷部推车之女曰阿香。云师系是丰隆，雪神乃为滕六。欻火、谢仙，俱掌雷火；飞廉、箕伯，悉是风神。列缺乃电之神，望舒是月之御。"雪神叫滕六，因为雪花是六瓣的，所以主管下雪的神叫滕六，可见古人的智慧，这里不是没有科学根据的。望舒是月之御，意思是给月亮驾车的那位神仙叫望舒，所以有位诗人给自己取了一个很有诗意的笔名叫戴望舒，这些名号都是有来历、有典故的。这让我想起，前一段时间我在德国出差，每天早上都会坚持去教堂，有一位精通汉语的德国朋友跟我说，你每天早上坚持去教堂这让人很惊讶，你们中国人不是无神论者吗？我说也许你对真正的中国了解还不多，你了解的是 1919 年之后的中国人，那时候中国人开始变成无神论者，但如果你了解传统的中国历史及中国人文，在那之前几千多年以来的中国人，没有人敢说自己是无神论者，过去中国人也相信神的存在，只不过我们的神与你们所说的神不一样。我们是众神云集天下，星空遍布是神，每一颗星辰都是神的昭示，古书《山海经》讲神怪，我们对神和怪都敬重，孔子说"敬鬼神而远之"，庄子说"六合之外，存而不论"，意思是说我们的眼睛、鼻子、耳朵、嘴巴等感官能够认知到的上下左右前后六方之外那些我们暂时还认知不到的存在，也要承认它的存在，一些看不到的力量，它也是存在的，存而不论就是尽管你看不到感知不到，但你要允许它的存在，不能说你看到的就是存在你看不到的就是不存在。从伏羲开始，太古时代的帝皇官员，都开始用神怪的名称给百官命名，所谓"龙师火帝，鸟官人皇"，以人的名称来命名的地位相对低下都是排在末尾的，以神的名称来命名排在第一位，如"龙师"是三皇之首。所以古时候的中国人怎么会是无神论者？华夏文明怎么会是无神论呢？只是后来我们把传统文化很多都丢掉了，因此今天中国的年轻人一说到神就会想起西方的耶稣基督、太阳神、阿波罗神等，我们自己的神都忘了，一到圣诞节，我们举国上下一片欢腾，比人家西方国家还要热闹，从幼儿园到大学，每一个街道里面的商店，都在拜别人的神，都在祭拜别人的祖先，两千多年前孔子在《论语》里说"非其鬼而祭之，耻也"，不是你家的鬼而去拜祭巴结，这是一种羞耻，所以我都会跟学生说，在我们的传统节日——春节和清明节里，大家要好好祭拜自己的祖先。尼克松曾经写过一本书叫《1999 不战而胜》，这本书是当年尼克松写给美国两会议员的参考书，给他们作为官方阅读的资料。尼克松是搭建中美建交桥梁当中很了不起的一个人物，一个关键性的人物，他对美国人说，以美国为代表的西方文化跟以中国为代表的东方文化，在相当长的时间里谁也不要想着战胜谁，有一种方式可以让我们美国战胜以中国为首的东方文化。是什么方式呢？在这本书的最后，他这样写道：当有一天他们的年轻人不再相信老祖宗的教导，不再相信他们的传统文化时，我们美国就不战而胜了。美国历届政府记住了尼克松这个教导，从我们的饮食到我们的教育，美国有意识地从民族文化、政治、经济等各方面对我们开始进行潜意识的改造，他们希望我们都不再相信自己老祖宗的话，当有一天我们再也读不懂老祖宗的话，我们就不会相信了。所以教师就是一个传递薪火的人，就是让我们能够读懂自己民族的文化，读懂自己的古书能够拜自己的神，如果我们连自己的神都不认识都不拜，那我们的后代就会认为我们老祖宗所讲的东西都是腐朽的，都是没用的，这很可怕，所以这样的书要让孩子从小接触，要去读，要去背，读多了之后他就能"为学者，必有初，小学终，至四书"。

古代的小学不是我们现在的十二册教材，不是两千五百多个字的学习任务，古代小学包括三个方面，音韵学、文字学和训诂学，也就是说，像许慎的《说文解字》也是古代儿童的读本，绝对不是大学老师做学问才翻的工具书。古代的孩子从文字入手学习，但他最后要达到一个学者的高度。你去读《易经》，从宋代朱熹注本开始读，哪怕你从更早的注本开始，如孔子第三十一代孙唐代孔颖达所注解的《易经》，你会发现古代所有注解《易经》的人，他们都不是用其他方式而都是以文字入手去注解的。例如，乾卦，会从甲骨文的"乾"字的本义开始研究，讲述它怎样演变到今天的意思，为什么它会代表天等。坤卦，古代"坤"字是怎么写的，把它的甲骨文或篆体找出来，然后它为什么会代表地，都会讲得很清楚。所有的近代大学者季羡林、钱穆等，只要他不是搞自然科学的，要在学问上达到一个高度最后都会回归到文字上。例如陈独秀，当初他跟鲁迅一样，提出打倒文言文，跟胡适一样主张汉语要拉丁化，但是他在监狱里最后的几年猛然醒悟到中国文化不能断层，断层以后你再有革命热情也改造不了这个国家。他当年说，不可能在一个完全断根的中国的土地上重建一个中国，我们文化的根是连着的，所以他在监狱里做了一件什么事呢？他从许慎《说文解字》里的9353个字中选出3000多个常用汉字编了一个识字读本，叫作《小学识字教本》，每一个字都有形音义及其衍生规律的注解，现在网上都有影印本，据悉中华书局很快会印刷成书发行了。古代小学所学都以文字训诂为基础，我们现在学文字是学它的零部件，而不是全面了解这个字的含义以及来龙去脉。

我是这样教孩子的，到三年级的时候基本班上所有学生都会写格律诗，当一个孩子能够运用文言的时候，他的文字能力的高度已经确立了。我三年级之前都不教作文，但是有一些孩子从二年级开始就能用文言写诗，这不是刻意的，而是自然而然的。我记得很多时候给家长们讲经典诵读，一开始家长真是两眼一抹黑，例如一年级我把《木兰辞》布置给学生带回家背诵，有些家长就有疑问了，他就问我说陈老师，这个文章是初中生才背的，我的孩子连字都认不全他怎么背呢？结果第二天孩子放学回家，能在家长面前用吟诵的方式把整篇《木兰辞》背出来，这让家长惊讶又惊喜，从而对经典诵读有了更深的了解。但是很多家长始终认为教材是第一位的，经典诵读是次要的，他们会说能够在学好教材之外再学一点经典诵读是蛮好的，意思是经典诵读是可有可无的。去年我们二年级开国学班，一位从韩国回来教经典阅读的老师带班，结果全校四百多个学生只有十六个人报名，校长有点急了，这十几个人怎么把班开得起来呢？我说没关系，但考虑到班级组织问题后来学校通过动员，整个国学班就几十个孩子，最后经过一年学习之后，没有人愿意离开这个国学班。等到下学期，一年级升二年级的两百多个学生当中有八十一个学生报名要加入国学班，那我们还要在这个基础上选理念一致的家长，最后选出四十五个学生组成了一个班。那今年有多少人报名大家猜得到吗？也许是国家推行国学教育的这个风气兴起来了，两千五百多个一年级学生来我们学校报名就是冲着这个国学班而来，这一次校长犯难了，这么多人都来报国学班，怎么选家长呢？我说那抽签决定就好了。

今年《中国教育报》让我给老师们推荐五本书，我本来想从经典里找五本书，但他们说之前你一直推荐经典的读本，现在就推另外五本吧。但我一直对老师们讲，有几本书大家一定要读一读，扎扎实实地把它读透，这几本书读透了你的心中才会有底气，才能在经典诵读的讲堂里，给孩子起一个引领的作用。我认为教师的阅读不可缺少儒、释、道、医、诗词之典籍，尤其是最具代表性和高度的一些经典文本。儒家：《大学》《中庸》《论语》《孟子》，要读原典，参考译注，熟知《易经》。道家：背《老子》，通《庄子》。释家：《金刚经》《坛经》。医家：《黄帝内经》。诗词：《诗经》《楚辞》。很多人会说为什么要读《金刚经》《黄帝内经》？你读了就知道，为什么我会要求我的学生背《黄帝内经》。《黄帝内经》对于一个读书人来说是必读的经典，古代的读书人，不读医书不可以为学，不懂医者不可以为相，所以医书一定要去读一下，何况《黄帝内经》还不仅仅是一本医书，它还告诉我们一些教育学的真理，告诉我们一个人的发展有五个阶段。一个孩子生下来的时候是怎么样的呢？"生而神灵"，即第一个阶段，每个孩子都是神灵的，你要尊重每个孩子，顾及他的天性。第二个阶段是"弱而能言", 会说话, 能说话能表达, 通语言懂文字。所以相对应的教育是, 第一个阶段要颐养天性, 保护他的神灵, 第二阶段是开启他的语言关, 实际上就是开智。第三个阶段是"幼而循齐", 也就是说在孩子幼小的时候给他树立榜样, 这个榜样是谁呢? 绝对不是你这个老师, 而是古代圣贤, 要向古代先贤圣人看齐, 见圣贤即思齐。我们今天的孩子为什么难教? 就是因为我们断掉了这一块, 我们没有在孩子们面前为其从小树立一个圣人的形象, 让他向圣贤看齐, 所以我们此后人生都是立小志, 难成大业。有一句话叫"高高山顶立, 深深海底行", 如果一个孩子的境界不高, 你想让他走得深远是不可能的, 所以幼而循齐这个阶段是多么重要。第四个阶段是"长而敦敏"。人长大了要敦厚一些, 看起来要大智若愚, 能够吃得起亏不要总是很精明地去算计。譬如路上有人向你伸手乞讨, 不要总是以怀疑的心去对待, 的确我们也听说过一些乞丐在外乞讨回家却盖上了小洋楼什么的, 但的确也有很多人伸手乞讨的时候是急需求助的。我自己曾经亲身经历的两件事, 令我永生难忘。我从湖南的一个小山村到广东来, 十几岁的一个小姑娘, 背着两袋书, 拿着七块八毛钱的路费, 因为没有多余的钱, 路上一直不吃不喝, 只是背着老师给我的一袋红薯干。由于半路上汽车坏了, 等车到了广西梧州市车站的时候已经是晚上七八点, 没有船到广东, 得等到第二天早上。这样问题就来了, 第一我没有钱吃饭, 只能去车站旁边的水龙头接自来水喝, 结果一个补鞋的看上去三十多岁的师傅, 留意到我一直没有饭吃, 就花了一块八毛钱帮我买了一份当地的特产煲仔饭给我吃。第二我还要住店, 但是车站附近最便宜的旅馆房间也要一块二毛钱一晚, 但我多余能用的只有五毛钱, 住不起店, 虽然是学生就可以打折, 但从山旮旯里出来的学生, 哪里有什么证件能够证明我是学生呢? 我就问旁边一个卖水果的老师傅上哪儿有比较安全的地方, 当时都打定主意要在车站旁的大树下坐上一个晚上, 结果有一个非常年轻大概二十七八岁的男青年，他跟我说他可以带我去住宿。他先给了我一个大铁棒，是东风牌大汽车搅动发动机的铁棍，他对我说如果你遇到什么危险就一棒子敲下去，然后他安排我坐在汽车后座，他在前面开车把我拉到了梧州市体育馆。梧州市体育馆是当时的国家级运动单位，在那里住宿一个晚上需要八块钱，很贵，而这位年轻人就把我安排在那里住了一个晚上，完全免费。这两件事对我触动极深，我上大学的时候还特地回到广西梧州市那个汽车站旁边的宾馆住了三天，算是缅怀往事，感恩曾经对我无私伸出援手的陌生人。所以我们做人要有敦敏心，这样才能够在第五个阶段"长而登天"。所以说像《黄帝内经》这样的书，是医书却不局限在医道，我们应该多去读一读。

下面我们正式讲吟诵。广州有一位我非常敬佩的大力推广经典诵读的老师——泰勒吴老师，我以前跟吴老师聊天的时候曾经说过，我们的素读也就是吟诵课之所以受孩子喜欢，是因为吟诵里面有音乐，孩子天性都喜欢音乐，喜欢唱歌，不喜欢读书，就算有极少数孩子不喜欢唱歌，但也不会厌倦，也不会过于排斥，这是天性。我们的教育就是要遵循天性，《中庸》里说"天命之谓性，率性之谓道，修道之谓教"，天性是天命给你的，所以如果我们的教育不遵天性就不是在修道，充其量只是在学习一些细枝末节的东西。司马迁在《史记·孔子世家》里面说了很多孔子是如何教学生的，包括教育理念、教育内容，他都做过总结和界定，但是对孔子的教育方法他只写了一句话就给孔子立了一个高度，孔子的教育方法是"诗三百五篇，孔子皆弦歌之"。孔子教学生与我们今天教学生不一样，今天教学生老师就没有做到弦之歌之，所以孩子们不愿意读书。现在世界上有一种教学模式很流行——华德福。华德福的创办人及第一任校长，是一位德国人叫鲁道夫·施泰纳，他写了一本书叫《给教师的实践建议》，他说所有学科包括自然科学学科，都必须以艺术的方式开展，没有艺术就没有教育，那我们的语文课也应该是有艺术形式的。那关于吟诵我在我的课堂上是这么告诉学生的，为什么要吟诵？现代汉语说中国的文字是以形表意的，声不表意，但在中国古代不是这样的，古人认为中国文字的声音也表示意义，如果声音没有意义的话，唐人就不会去编一部《平水韵》，按韵来给汉字分类。

先了解一个汉语常识——汉语的音韵特质。每一个汉字的音都具有特殊含义：汉字不仅仅是以形表意的，也以声表意。有时仅仅从声调就可以知道某个字表达的是果断还是委婉，是喜悦还是忧伤，是赞赏还是愤慨，是决然抗拒还是意味深长……如苦、甜、哭、笑，为什么不用说"苦"字的嘴型来发"笑"的读音？例如说这杯水很苦，你能不能用发"甜"字上扬的声调来说"苦"字，试一试你就会知道很别扭，我们说"甜"的时候嘴角是上扬的，声调也是上扬的，传达的意义是喜悦的，所以读什么音读什么调都有讲究，音是可以表达意义的。你是否想过这些字为什么这样读：头、脚、足、手、眼、脸、耳、嘴、口、鼻、舌、牙……比如说鼻子的鼻，为什么要发阳平的音，像春天的朝阳升起，看不见力量，看不见形，但其实极有穿透性，鼻子也是一样，鼻子吸气，你看不到它的形看不到它的力量，但是它能够直冲头顶，然后贯穿身体下沉丹田，这就是阳平发音的意义。如果鼻子的鼻，发上声或去声，那么呼吸的感觉要么是在鼻子面前停住吸不进去，要么就是拐了个弯呼吸，要么是急促的喘气代表人在剧烈运动或者重病，这种感觉都不是正常呼吸下鼻字该有的发音。又比如说足和脚，为什么足是平声，脚是仄声？因为足是指脚掌，静态的，所以我们说足迹。而脚是运动的，人生之路靠你的脚去走，因为脚走路的时候起起落落，所以说脚印。嘴、口、眼、耳都是第三声，都要绕个弯，为什么？干吗不直接读成别的声音？因为话到嘴边留三分，病从口入祸从口出，眼见不一定为实，耳听不一定为真，所以第三声都是代表多思的婉转的意义。当我们深入地去了解一下，就会觉得汉字非常有趣，汉字的声音也是表意的。正因为声音也是表意的，所以我们才会有格律诗词。

格律讲平仄，讲押韵，所以格律诗词的吟诵，要教给学生基本的吟诵规则：平长仄短，依字行腔。基本上我给学生讲的就是这八字要诀，在上课时遇到特殊的文句或特殊的诗词，再讲一些特殊的规则。那这八字要诀该怎样理解呢？还有两个格律诗吟诵的口诀可以帮助我们具体学习该如何吟诵。

吟诵口诀一："一二声平三四仄，入声规则很奇特，平长仄短入声促，韵字平仄皆回缓。"现在普通话的一二声是平声，三四声是仄声，最麻烦的是入声字不好分，那怎么辨别入声字呢？有两个方法，一个是用你的方言去套，例如用广东粤语去读，发音吞进去的不拖声的就是入声字，大家用粤语念数字一到十，不难分辨一、五、六、七、八、十全是入声，三是平声，二、四、九是仄声。"白日依山尽"的"白日"怎么说？也是入声字。"头发"也是入声字。还有一种办法是上网查阅，现在网上有很多便民的声韵查阅工具，你只要把一个字输入进去就可以查阅它是什么声。那学会分辨平声、仄声、入声之后就要记住它们的吟诵口诀——"平长仄短入声促，韵字平仄皆回缓"，平声拉长，仄声读短，入声读得很急促，押韵的那个字不管它是平声还是仄声，都要回缓一下，意思是吟诵时把你肚子里的气荡出去，再把你的柔肠收回来，有个成语叫荡气回肠说的就是这个意思。

吟诵口诀二："一三五字可随意，二四六位须分明。依字行腔气息匀，节奏点上停一停。"意思是指格律诗中的一三五位字，读音可长可短，二四六位上的字就一定要遵循"平长仄短入声促"的吟诵口诀。依字形腔是什么意思呢？就是这个字本身的语调发音不要让它转，只有在唱歌的时候可以变，吟诵的时候绝对要根据吟诵口诀来念。总而言之，依字行腔就是本音决定基础调。依字行腔很重要，为什么古代的通讯不发达，诗人写出来的诗却可以正确的传唱开来呢？就因为古代读书人都知道依字行腔地吟诵，所以大家都会知道他用的是什么字，不会因为字迹潦草或地方方言的差异导致误传。

我们用一首具体的诗来演示练习。唐代张继的《枫桥夜泊》："月落乌啼霜满天，江枫渔火对愁眠。姑苏城外寒山寺，夜半钟声到客船。"一三五不论，二四六位分明，为什么要一三五不论呢？因为即使一三五字都是仄声或平声，但是如果这几个字的发音没有长短的变化，那么诗歌的吟诵就会缺少一些韵味，所以这三个字是可以不论的，可以灵活一些。二四六位分明，是因为格律诗它的平仄在同一句里面必然是相间的。白居易当年在西湖边上种了一排桃树，结果全死了，种了一排柳树，也全没成活，后来他把桃树和柳树间隔开来种，为此他还写过一句诗"间杂桃树间杂柳"，桃红柳绿，结果这些树全部存活了，他就是用格律诗的规则来种树的。再来看押韵，全诗只有"寺"字不押韵，押韵的字不管它是平声还是仄声，都要把气荡出去，把音拉长，形成余音绕梁的韵味。大家跟我一起来吟诵一下《枫桥夜泊》这首诗吧。先看首句，"月落乌啼霜满天"，"月落"两个字是入声字，要念得短促，"乌啼"两个字都是平声，哪个字要念得更长？"啼"字，因为它在第四字的位置，一定要分明。本句念最长的是哪一个字？"天"字，因为天字押韵。我教孩子们念拼音的时候是打着手势的，"一声平又平，二声上山坡，三声下坡又上坡，四声就像下山坡"。我们也可以打着手势吟诵。

我记得有一次去拜访一位老先生，希望老先生可以有腔有调地给我们示范一下如何读书，先生问如何是有腔有调？我说就像唱歌一样，老先生说不会腔调，也不会唱歌。我就对先生说那您就按以前读书人那样念诗就好了，结果就是吟诵，在我们看来像唱歌一样的。老先生说以前读书人不是在唱歌，今人唱歌一样地读古诗才叫有腔调，他们只是把每一个字的发音读饱满而已。后来我请教过南怀瑾先生，我问：南师您常说现在学生读书，读过就忘了，读完大学出来都是腹中空空的，以前人读书是从小就读到肚子里去了，那以前的读书人是怎样读书的？南先生不说话，张口就给我吟诵起来："清明时节雨纷纷，路上行人欲断魂。借问酒家何处有，牧童遥指杏花村。"像唱歌一样吟诵读书，而不是像今天一样不按平仄押韵规律来读书，把诗歌的韵味都丢掉了。譬如现在有些朗诵家在唱"江枫渔火对愁眠"的时候，会把"渔火"两个字拉得很长，这不仅不符合格律诗吟诵的规则——"渔火"都是仄声字应该念得短促，另外还破坏了诗歌本身的诗意和韵味，这渔船上的灯火是一点点的，仄声念得短促刚好表达这意思。与这么一点灯火相对的是可拉长声音的平声字"江枫"，更突出渔船与船客的孤寂。如果把"渔火"拉长来念，这渔船上的灯火都要烧满江了吧。还有最后一句"夜半钟声到客船"，"客"字在唐音是入声字，到今天很多不同的方言里"客"字依然还是入声字，为什么呢？即使你像彭祖一样高寿可活到五百岁，人生百年也不过是历史长河里的匆匆过客而已，但今人不懂，往往把"客"字的音拉得很长，这就失去了文字原本的意义以及诗歌本来的韵味了。

如果不遵循格律诗平仄、押韵的吟诵规则，那么我们读书是读坏了，倒退了。现在有些人反对徐健顺老师这种说法，一开始我也是不理解的，心想不读出押韵的韵味会把一首诗读坏了？经过多年的教学实践，我发现的确是这样的，而且问题很严重，所以很支持徐健顺老师的方法，他确实是深入研究过古人的吟诵方法。我们再用几首格律诗作为案例来揣摩一下平声、仄声、入声的吟诵。唐代诗人王翰《凉州词》："葡萄美酒夜光杯，欲饮琵琶马上催。醉卧沙场君莫笑，古来征战几人回。"很多人按现在汉语拼音的读法，把"催"字和"回"字的押韵发音切掉了，整首诗读出来非常豪迈，结果把原来诗歌的韵味都丢掉了，因为"催"和"回"字这个韵部的发音很低回绵长，这个情绪是柔肠百转的，古代将士有几人是真的愿意离乡别井，抛家离子，不珍惜自己的生命上战场？连辛弃疾这样的大将军，都曾写诗说"赢得生前身后名，可怜白发生"，这里面多少无奈！这首诗如果像今人读书一样读得很豪迈就如同战士很甘愿上战场送死，这与整首诗要表达的意思是完全相悖了的。

下面我们请马凡美老师来给大家示范一下《木瓜》这首诗的吟诵吧，我往往会把这首诗作为第一首教孩子吟诵的诗，因为这首诗很正气，它讲的是滴水之恩涌泉相报的道理。我会告诉孩子，如果你生日的时候同学送了你一个二十几块钱的文具盒，下次他生日的时候如果你送他礼物决不允许自己超过三十块钱，那就不是君子之交。君子之交不是斤斤计较的，如果你有能力就多帮助你的朋友，如果你能力不够也可以心安理得地接受朋友的帮助，这就是君子之交。譬如孔子的学生子贡，他很有钱，经常帮助孔子和他的兄弟、同学同伴们，不求回报的。"投我以木瓜，报之以琼琚"，琼琚就是佩戴在手腕上的玉，琼瑶是脖子上的玉，琼玖是腰间的玉。《诗经·木瓜》："投我以木瓜，报之以琼琚。匪报也，永以为好也！投我以木桃，报之以琼瑶。匪报也，永以为好也！投我以木李，报之以琼玖。匪报也，永以为好也！"这首诗是《卫风》，卫国的国君当时收了周天子的礼，他就借诗传达了自己的心意，回应更丰厚的礼物不是为了回报，而是为了记住这份情谊，永远交好。这首诗歌的感情极其强烈，这几个"也"字形成了同字韵，"也"的发音可以拉得很长，之乎者也，呜呼哀哉，这些虚词都要把读音拉得很长，甚至超过一般的韵字，有回环悠长、情意绵绵的表达作用。

韵字，在诗词中最重要的作用是给情感定调。给大家举一首诗词，让大家感受韵字回环复沓的魅力。毛泽东的《蝶恋花·答李淑一》："我失骄杨君失柳，杨柳轻扬直上重霄九。问讯吴刚何所有，吴刚捧出桂花酒。寂寞嫦娥舒广袖，万里长空且为忠魂舞。忽报人间曾伏虎，泪飞顿作倾盆雨。"先看这首诗押的是什么韵，是iu\ou\u 的韵，都是很绵长的，声音拖得好长，很委婉的。两个入声字，"失"和"出"，都要读得很短促，如果读得很悠长，那感觉就好像还可以把人拉回来，或者是自己把人推出去的，但其实不是，诗歌一开头就是传达失去、无所有的感情，是非常哀伤的一首诗，而且所包含的情绪一言难尽。杨开慧、柳直荀、毛泽东、李淑一，四人是大学同学，1934 年柳直荀被党内左派迫害而死，他的夫人李淑一当时在湖南长沙郊区的一所学校做历史老师，有天晚上她梦见柳直荀穿着一身雪白的衣服，身上鲜血淋漓，李淑一痛哭流涕，一直去追他想把他拉住，结果越追越远而无法靠近，从梦中哭醒了，她发现枕巾都湿透了，于是起身披衣点灯写了一首诗悼念亡人。若干年后，毛泽东在中南海收到了李淑一一封长达万言的信，在信里李淑一附上了当年从梦境中哭醒所写的怀念丈夫柳直荀的《菩萨蛮》一诗，而且她还告诉毛泽东一个细节，后来她才得知当时写这首《蝶恋花》的时候，正是柳直荀得到组织平反的那天，意思是丈夫得到平反的当天，夜里来入梦了，李淑一说自那夜以后再也没梦见过直荀兄。大家想想，毛泽东在看见这首词的时候会是什么心情？会读得悠扬激昂吗？"柳""九""有""酒""袖"，"舞""虎""雨"都是仄声字，都是发音哀回婉转的韵脚。

因为今人读格律诗时不再按平仄押韵规则来吟诵，所以我们读陆游的诗，也常会把陆游当年一字一泪、一词一血写成的《钗头凤》读得激情昂扬，而原诗是多么的哀婉、多么的忧伤，他那种只可意会不可言传的深情忧愁，埋在了字里行间，按平仄规律，读起来全诗是一顿一挫的。"红酥手，黄藤酒，满城春色宫墙柳。东风恶，欢情薄，一怀愁绪，几年离索。错，错，错！春如旧，人空瘦，泪痕红悒鲛绡透。桃花落，闲池阁，山盟虽在，锦书难托。莫，莫，莫！"大家好好体会一下"iou\uo\o"韵的含义。这接连的"错错错、莫莫莫", 真是一字一顿, 入声字读出来是吐气吞音, 很短促。要知道情到深处越寂寞, 人到情深越无言, 越是低回哀伤的感情越不会激昂地读出来。我们今天不按平仄规律来吟诵, 反而以为有力量地读出来, 才能表达强烈的感情, 其实效果恰恰相反, 还会歪曲了诗意, 实在不可取。

不仅古代格律诗词可以吟诵, 现代诗也可以吟唱。我举普希金的一首诗给大家示范一下: "假如生活欺骗了你, 不要悲伤, 不要心急! 忧郁的日子里需要镇静: 相信吧, 快乐的日子将会来临。心儿永远向往着未来; 现在却常是忧郁。一切都是瞬息, 一切都将会过去; 而那过去了的, 亲爱的呀, 将会成为亲切的回忆。" 小学生喜欢告状, 作为老师如果你每一件事情都过问, 最后会让自己陷入一种琐碎的班级管理中去, 并且纵容孩子们变得琐碎, 因为孩子的告状其实很多时候都是鸡毛蒜皮的小事都是一时的情绪, 但你也不能老批评来告状的小孩, 那会打击他的积极性, 所以把这首现代诗唱给他听, 往往他听了之后你再问他刚才要告什么状, 他十有八九都忘记了。这就是文字的能量。

就在今年 "五一" 长假之后, 我在外出差, 校长打电话给我, 告诉我一件极其严重又令人悲叹的事情。我们小学六年级的一个孩子, 一米八几的个头, 很帅气, 因为一张电影票与同学起了争执, 双方都被老师批评了, 可能老师批评这个同学的话重了些, 当天这个孩子就从七楼一跃而下, 当场生命就没了。校长哭着叫我赶紧回校, 要对全校学生进行安抚。我回到家先把这件事情跟我女儿交流了一下, 她读三年级, 也在我的班上, 她沉默了半分钟之后说, 我非常同情这位大哥哥, 但是我觉得他做得不对, 是大不孝。书上说 "身体发肤, 受之父母, 不敢毁伤", 所以他真不应该如此放弃了自己的生命。我听了之后, 心里觉得安稳了许多。我连夜做了一个课件, 在里面我不讲任何话, 我只是把孟子 "天将降大任于斯人也" 这段话拿出来让大家背, 再把刚才普希金的诗歌唱一遍, 第二天要求所有老师给学生上第一节课的时候，就放这个课件，让学生们背诵这段古文和唱这首诗歌。我班上有几个学生说，《弟子规》里说"身有伤，怡亲忧，德有伤，怡亲羞"，这位大哥哥的做法不正确，我们同情他，更同情他的父母，意思跟我女儿的想法是差不多的。我把这节课录了下来，在QQ群里给家长们看了，家长们都放心了，说我们国学班的孩子以后不会为了这种个人利益而去自杀。我们说屈原为什么自杀？而太史公司马迁受了酷刑为什么他没有自杀？当我们学《离骚》的时候给孩子们讲了屈原的生平事迹，学《史记》的时候给孩子们讲了司马迁的生平事迹，结果孩子们说，屈原不叫自杀，他是在殉道，我觉得孩子们的思想高度很好。如果没有这样经典的文字来濡养孩子，那么我们很多孩子与生俱来的短和弱，永远都是下品，永远不会被文字修正成上品，所以经典的文字是修正灵魂的良药，我是深信这点的。素读其实只是我们国学班的一部分，更重要的是我们开了很多艺术课，艺术感染人心的力量是很惊人的。我班上有个女孩子回家弹唱，她妈妈很惊讶，说陈老师我女儿只在你班上课一个月，回家就能自己用流行曲的曲调来唱古文了。原来孩子是在我班上学会了用黄霑先生《沧海一声笑》的曲调来唱唐代刘禹锡的《陋室铭》，其实是真的很合适，两者基本都是五言句式。我给大家示范一遍："山不在高，有仙则名。水不在深，有龙则灵。斯是陋室，惟吾德馨。苔痕上阶绿，草色入帘青。谈笑有鸿儒，往来无白丁。可以调素琴，阅金经。无丝竹之乱耳，无案牍之劳形。南阳诸葛庐，西蜀子云亭。孔子云：'何陋之有？'"这样学孩子们会不喜欢吗？很多人问我，那上哪找这么多曲调给孩子配着唱呢？其实，中国的文字每一个都是音符，你只要按照格律诗的平仄押韵吟诵规则来读，读多了自然就会依字行腔，像唱歌一样吟诵。给大家举例示范一下《沙扬娜拉·赠日本女郎》："最是那一低头的温柔，像一朵水莲花不胜凉风的娇羞，道一声珍重，道一声珍重，那一声珍重里有蜜甜的忧愁——沙扬娜拉！"就是这样，读着读着，每个孩子都会唱了。像席慕蓉的诗，我的学生能背出来的大概有一百五十多首，就是这样唱出来的，我们需要作曲家吗？需要为每首诗词配上曲子演唱吗？不需要，因为每一个中国文字都是音符，按照依字行腔的方式把它读出来就是一首首歌。

现在许多优秀的家长，也发现了经典文本在小学教育里的缺失，甚至比一些老师还觉悟得快，觉悟得彻底。今天所讲有太多废话，但说出来，就是希望听到的人能领悟到未能说尽的另一半。

　　王海兴，字容川，北京景山学校高级教师，中华吟诵学会理事、北京吟诵教育研究会秘书长、北京外国语大学国际教育学院国学顾问，北外青少国学课程设计及研发者。个人专著有《旧体诗吟咏及创作教学浅论》，撰写及主编有《中华经典素读本》（6册），参编《诗词》（6册），景山版初中语文实验教材（8册，古诗文单元撰写者）等。

拾 肆 浅谈传承、学习吟诵的价值

王海兴

一个人的教育始于童蒙时期，对此，古人积累了很多有益的经验，那古人究竟是怎样培养孩子的呢？这是首先要弄清楚的问题。遗憾的是中国文化从先秦到现在，很多宝贵的经验今人都不甚了了。

先举个例子，以前安徽大学有位校长叫作刘文典，他是章太炎的学生，庄子研究得很好，水平很高，同时非常狂妄自大，他说全世界懂庄子的只有两个半人，一个是庄子本人，一个是他自己，最后全世界研究庄子的人加起来是半个。这么狂妄的一个人，在1928年跟当时中国政府的统治者蒋介石闹翻了脸。当时安徽大学的一些学生参加了学潮运动，蒋介石很生气，把这些学生抓了一批。刘文典更生气，他说学生这么年轻去参加活动很正常，不是什么重大错误，就去找蒋介石理论。当时的南开学生刘兆吉在《刘文典先生遗闻轶事数则》中回忆："蒋介石面带怒容，既不起座，也不让座，冲口即问：'你是刘文典么？'这对刘文典正如火上加油。也冲口而出：'字叔雅，文典只是父母长辈叫的，不是随便哪个人叫的。'这更激怒了蒋介石，一拍桌子，并怒吼：'无耻文人！！你怂恿共党分子闹事，该当何罪？'刘文典也应声反驳蒋介石为不实之词，并大声呼喊：'宁以义死！不苟幸生！'躬身向蒋碰去，早被侍卫挡住。蒋介石又吼：'疯子！疯子！押下去！'"那为什么刘文典在听到蒋介石叫他名字时会这么生气？因为在中国传统文化中，怎么称呼别人的名字是很有讲究的。如果一个人有姓名也有字号，称呼对方的字号是尊重。例如，毛泽东与蒋介石互为对手，但两个人见面的时候应该互称对方的字，蒋介石称毛泽东为润之兄，毛泽东称蒋介石为介石兄，以表示尊重，不能直呼对方之名。在中国传统文化礼仪中，只有长辈如老师父母称呼晚辈，或者自己称自己的时候，才可以直呼其名，所以刘文典会这么生气。但是今天这个礼仪传统没有了，我们的孩子提到父母，同学提到朋友的时候，即便别人有字，也往往都是直呼其名的，这说明我们的传统文化处在流失的状态中。

再举一例，古时候有些朝代，比如周朝很讲究冠礼。但是，后世的一些朝代就不这样了。唐代柳宗元《答韦中立论师道书》记载："古者重冠礼，将以责成人之道，是圣人所尤用心者也。数百年来，人不复行。近有孙昌胤者，独发愤行之。既成礼，明日造朝，至外廷，存笏言于卿士曰：'某子冠毕。'应之者咸怃然。京兆尹郑叔则怫然曳笏却立，曰：'何预我耶？'廷中皆大笑。"周代贵族男子到二十岁的时候要行冠礼，冠礼就是通过一套复杂隆重的礼仪形式，告诉年轻男子们你们已经成年，要承担一定的社会责任了。有意思的是，这个周代乃至汉代等多个朝代都讲究的礼仪到唐代的时候基本不推行了，而且很多人都不知道了。柳宗元提到的孙昌胤非常重视冠礼。他在举行冠礼后的第二天上朝见到各品官员，就上前告诉别人自己行过冠礼了，结果当时所有的大臣都惊呆了，不知道是怎么回事。这位京兆尹更过分，他反问孙，"这跟我有什么关系啊"？整个朝堂哄堂大笑，这说明冠礼到唐朝的时候很多人就不重视了。

另一个故事与今人有关。武汉大学邓晓芒老师是我非常欣赏的一位当代哲学学者，他在《中国的知识分子没有尽到启蒙责任》一文中有这样一句话："我们继承了传统文化中最底层的那种文化，一种大老粗的文化。"就在这篇文章中，他讲道："我在台湾佛光大学讲课，碰到一个工友，他都很讲礼仪，见到我，远远地就鞠一个90度的躬，可是我在那一刻竟然完全不知道怎么去回应，手足无措。因为我完全没想到，在台湾会有一个工友给我鞠躬，那么有礼貌，这在以往的工作中从未经历过。"邓老师作为一位大学里资深的文科教授，博览群书，但他说那一刻真不知道怎么做了。各位老师，如果是你们遇到这种情况你们会怎么做？是不是也给对方回一个九十度的鞠躬？如果真是这样的话，恐怕要被别人笑话了。邓晓芒说他回来后向一位老先生请教，才知道要怎样应付，老先生说在那种情况下你应该赶紧上前几步，双手把这个鞠躬的人扶住。这说明我们现在有很多人与人之间交往的礼节，也已经流失了。古人是不一样的，例如《水浒传》中武松、李逵、鲁智深这些性格比较直率粗鲁的人，他们的礼节可是一丝不苟的。如武松第一次回乡见到了他的嫂嫂潘金莲，当时他如何做的？原文是："那妇人叉手向前道：'叔叔万福。'武松道：'嫂嫂请坐。'武松当下推金山，倒玉柱，纳头便拜。那妇人向前扶住武松道：'叔叔，折杀奴家。'武松道：'嫂嫂受礼。'"因为武松的父母早就去世了，长兄为父，嫂嫂为母，所以行的是大礼。当然有人会说，这是小说中的故事，不足为据。可我们设想一下，如果施耐庵完全是在脱离社会实际胡编乱造，恐怕早就有人指出或者批评了。

大家再看这个例子，你们说谁做对了谁做错了？男子作拱手礼或作揖的时候，应该是左手掌在外，如果右手掌在外，那就是丧礼在身。相反，女子要右手掌放在外，表示吉祥如意问候的意思，丧礼时左手掌在外。《礼记·檀弓上》中有一个故事："孔子与门人立，拱而尚右，二三子亦皆尚右，孔子曰：'二三子之嗜学也，我则有姊之丧故也。'二三子皆尚左。"说孔子的学生有一天看到老师作拱手礼的时候把右手掌放在外面，赶紧也学老师这样做，孔子表扬了大家的好学以及观察之仔细，同时说明是因为姐姐去世家有丧事才会把右手掌放在外面。学生们恍然大悟。

我为什么要说这么多关于礼仪的东西？因为礼对于中国传统文化来说特别重要。西方文明有宗教来约束人之行为，我们有礼，钱穆先生说礼是中华文化的核心。《五百家注昌黎文集》卷一一记载，韩愈曾经说过一句话："孔子之作《春秋》也，诸侯用夷礼则夷之，夷而进于中国则中国之。"意思是，如果我们使用的是野蛮人的礼仪我们就是野蛮人，我们使用了中国的礼仪就是中国人。在中国古人看来，礼可以生敬，礼可以生情。我们今人对待事情很难从心底发出一种敬意，就跟礼的丧失有关。例如有这么一件事，某同学2013 年考上北京大学，北京大学以前是皇家园林，风景好，还有很多文物，但这位新生太兴奋了，在校园里的汉白玉文物栏杆上签了一行字，"×××如愿考上北大"，这个事情被网络曝光了之后引发很多网友跟帖，其中有人说你这种素质，考上北京大学了又怎样呢？可以想象，这位同学在对待文物的时候心里没有任何敬意。

惜字塔、惜字炉，大家见过吗？做什么用的？烧纸用的，报纸或日常写了字的纸张，以前的人都不是拿去扔掉或当废纸卖掉，而是在这专门的炉子里烧掉，这是对文化的一种敬畏，文化不容亵渎。我的祖母没有上过学，不识字，但是她提及我们家族中某位清朝的秀才时，总是说某先生、某先生，从不马虎。她曾对我说，对一般人可以直呼其名，但对有文化的人不能这样。很难想象这样不识字的旧时妇女，都知道尊重文化，这种情形现在也很难见到了。

　　普通人如此，读书人更懂得文化的力量。大家看清朝袁枚《随园诗话》卷一中的一首诗："遥知此去栋梁材，无复清明覆绿苔。只恐月明秋夜冷，误他千岁鹤归来。"这里面有个故事，江西的一个太守要搞拆迁，在拆迁的地方有一棵古树，就下令要把树砍掉。结果有个人看到觉得很可惜，就题了首诗在古树上，他说我知道这树会被砍去做栋梁，可怜这古树底下的一片绿苔从此都没有屏障，千岁鹤是出自《搜神后记》的一个典故，据说丁令威是辽东人氏。学道成仙后化鹤西去，千年之后回到辽东，因为物是人非找不到原来的地方了。这位太守看了这首诗后非常感动，就下令不砍伐此古树。而前几天我们的新闻还报道了一件事，某官员到长江考察，当地官员告知要保护江豚，此官员就问，这江豚美味否能吃吗？得知不能吃，他说那保护它干吗？这境界高低马上对比出来了。

　　所以，如果我们失去了礼仪文化，失去了对文化的敬仰，很多事情就会走歪。正因如此，古代的小孩一进私塾，首先学的是什么呢？不是汉语拼音，不是提笔写字，诵读经书，而是先教化、端正孩子的言行。南宋朱熹《童蒙须知》说道："夫童蒙之学，始于衣服冠履，次及言语步趋，次及洒扫涓洁，次及读书写文字……"可是我们今天的儿童教育，首要的是认字读书而不是学习基本礼节礼仪。

　　古代私塾我们一进门首先会看到什么？孔子画像。孩子们进到学堂是不是把书包一扔就坐下了呢？不是的。我们看一下作家王充闾的《青灯有味忆儿时》。这篇文章里是这样记载他第一天上私塾的情形的："魔怔叔引我洗净了脸盆，便开始举行'拜师仪式'。程序很简单，首先向北墙上的至圣先师行三鞠躬礼，然后拜见先生，把魔怔叔事先为我们准备好的礼物（《红楼梦》里称之为"赘见礼"）双手奉上，最后两个门生拱手互拜，便算了事，接着，是先生给我们'开笔'。"新生进私塾，一进去连坐的资格都没有，要先按礼仪完成一系列的事情。再看北京一位老先生写的《回忆我的私塾老师》：

"私塾位于西直门内路北一条名为火药局的小巷子里，独门小院里一明两暗的北房便是私塾的学堂，堂屋正中墙上悬挂着大成至圣先师孔子的画像，条案上供奉着孔子的牌位，左侧斜放一把太师椅是潘老师的教席，进门两侧各放一长条书案和条凳，东西里间炕上也摆放长条书桌，三间屋大约能容下二十几名学生。入学伊始，首先向孔圣人的画像和牌位三跪九叩首，然后向潘老师三叩首，最后由潘老师引见三位学长行鞠躬礼。"两篇文章都记录了很简单却又极为严肃的开学礼仪。两位作者，一是东北人，一是北京人，两地相隔千里但是上私塾时的开学仪式几乎是一样的，由此可以得知以前童蒙教育确实是把礼仪教育放在第一位的。这种叩拜孔子的礼仪不是入学时举行一次就完事，而是要天天如此，有些地方逢一定节日学生还要演礼。礼仪教育之后才是读书，那怎么读书呢？跟我们今天不一样。王充闾先生文章里提到："有一句古语，叫'熟读成诵'。说的是，一句一句，一遍一遍地把诗文吞进口腔里，然后再拖着一种腔调大声地背诵出来。拙笨的方法常能带来神奇的效果，渐渐领悟，终身受用。"他说他们是拖着腔调读书的，那怎么拖着腔调呢？我们看鲁迅《从百草园到三味书屋》记载他的老师寿镜吾是怎么念书的："于是大家放开喉咙读一阵书……后来，我们的声音便低下去，静下去了，只有他还大声朗读着：'铁如意，指挥倜傥，一座皆惊呢~~；金叵罗，颠倒淋漓噫，千杯未醉嗬~~'"大家留意到那两条小波浪线了吗？我以前读书的时候问过我老师，这两条小波浪线是什么意思？是标点符号吗？从来没见过。老师给我的回答是这个考试不考。可能中国的老师大多都是这样的吧。给大家讲个小插曲，北京大学李零教授是研究考古的，他儿子上学时，某天历史课老师讲到东汉蔡伦发明了纸，这孩子马上举手提问：老师我有个问题，在纸没发明之前，古人是怎么上厕所的？这问题很好啊，但老师第一句话是：你，出去罚站。孩子很委屈，回到家跟爸爸讲了这个事情，说你是研究历史的给我解答一下这个问题吧。他爸爸说这个问题提的好，不过我也不知道，最后经过查找文献资料才把这个问题解决了。所以说很多老师对于自己不知道的问题多是回避的态度。回到鲁迅的那两个小波浪号，是什么意思呢？其实就是吟诵诗文时拖长了的腔调。

清朝及民国一些私塾中，儿童属对、作诗要先读一本书——《声律启蒙》或者《笠翁对韵》，当然，类似的书籍还有不少。我教自己的学生读诗、作诗的时候，也从《声律启蒙》开始。《声律启蒙》是清代车万育写的，其实是改编自明朝人的著作，我们这里不赘述。此人是康熙甲辰进士，学问渊博。这本书是训练儿童应对、掌握声韵格律的启蒙读物，分为上下卷。按韵分编，声韵协调，朗朗上口，孩子可从中得到语音、词汇、修辞的训练。我们先看平声字的第一韵"一东"，也是《声律启蒙》的第一篇："云对雨，雪对风，晚照对晴空。来鸿对去燕，宿鸟对鸣虫。三尺剑，六钧弓，岭北对江东。人间清暑殿，天上广寒宫。两岸晓烟杨柳绿，一园春雨杏花红。两鬓风霜，途次早行之客；一蓑烟雨，溪边晚钓之翁。"今天我们用朗读的方式来念是没有任何味道的，也不符合文字平仄的发声规律。正式的读法应该是吟诵——拖着腔调读出来。我借助鲁迅在《百草园到三味书屋》中记录老师读书拖腔的符号，对其中一段文本进行标注，大家可能更好理解一些："云~对雨，雪对风~~，晚照对晴空~~。来鸿~对去燕，宿鸟对鸣虫~~。三尺剑，六钧弓~~，岭北对江东~~。"波浪线就代表这个字拖长的节拍。吟诵，一般讲究腔随字走，字领腔行，什么意思呢？就是文字本身的发音在吟诵中不能乱改，不然就是倒字了，必须按照这个字本身的读音来拖长或缩短腔调，字音本身不能变。例如我们唱国歌，唱到"起来！不愿做奴隶的人们"，是不是这个"奴隶"的发音都唱成了"努力"的声音，把原来的字音都稀释了，转变了，这绝对不是中国人读书的传统发音方法，因为不允许把字音改了。现在大家跟我来吟诵一遍《声律启蒙》中的"一东"部分，是不是腔随字走，字领腔行，吟诵出来就好像在唱歌一样？如果这样读书的话，小孩一般就不会厌学了，读书就像唱歌一样，你让他读书背书都不难了，吟诵起来趣味无穷啊。

再举一例，唐代刘禹锡的《竹枝词》："杨柳青青江水平，闻郎江上唱歌声。东边日出西边雨，道是无晴却有晴。"我们按照平长仄短的吟诵规则一起来读一下这首诗，会觉得很有韵味。有次我到法国交流，那些学生的中文说得很烂，我们还需要用英语辅助交流，但是我把这首诗教给他们的时候他们一学就会，甚至一年多之后他们到中国来，一个学生回访到我学校，一见面就吟诵起这首诗来。他记得很清楚。如果我们当初是让他像今天读书一样背下来，背不下来还要抄写五十遍，那从此他对中国文化估计是充满了愤恨。

吟诵就是古代中国人读书的方式。徐健顺老师曾说过，百年以前，没有一个中国人会朗诵，所有中国人都是吟诵的，由此上溯三千年，所有中国人都是吟诵的。他还说过民国时西方话剧传到中国，听演员读诗时，观众都笑疯了，因为朗诵的方式与中国传统的吟诵方式格格不入。三千年间，中国人读书是不是一定全是吟诵，吟诵的方法规则是否保持不变，这个并不好说。但是，《史记》里说，"（诗）三百五篇，孔子皆弦歌之"，可见以前古人读书的方式很可能就是吟诵、吟唱的，一直到清朝的时候都如此。台湾的星云大师讲过一个故事：曾国藩每晚都会读书，很不凑巧有天晚上他家遭贼了，那贼就躲在他房间的屋梁上，所谓梁上君子嘛，这小偷打算等曾国藩睡觉之后再下手偷东西，结果曾国藩就拿着一篇文章来回反复读，眼看三更了，再读天都亮了，小偷实在受不了了直接跳下来跟曾国藩说，你也太笨了，一篇文章反复读了上百遍，我之前没看过这篇文章但现在我都会背了，于是一字不漏地背出来给曾国藩听，然后扬长而去。这说明曾国藩当时肯定是吟诵出声而不是默读的，不然小偷肯定听不到不会背，而且吟诵要比我们现在朗读的办法更便于人们记忆。

再看之前回忆私塾开学那位北京老先生的一段文字："当时我们念书的方法有两种：一种是平念；一种是唱念。平念只需半闭住眼睛，按节拍摇头晃脑念就成。在学堂的氛围里，一跟就会。唱念倒也不难，有调没谱，随大年纪的学兄一唱就入门。只是在每三个字之间加个'来'字；'人之初来性本善，性相近来习相远。'声音高低有别、快慢适度。老师凭着学生背、念课文的声音就知道每个人的熟悉程度了。"以前人读书分平念和唱念，平念就是诵，唱念就是吟，有调没谱，都是口耳相传，大家也许就有疑问：没谱怎么唱念？古代的唱念与我们今天唱歌有区别吧？是的，区别相当大。

先简单对诵、吟、歌、唱四者进行区别。

诵：依平仄、节奏规则，引声以读之。

吟：依平仄、节奏规则，引声以呻唔之。

歌：强化节奏，缩短平仄差距，伴以檀板、响板等打击乐器，或随乐击掌，展喉发音。

唱：以音乐为主，伴以管弦乐器，随其板拍，展喉发声。

先看诵，就是平念，近似于我们今天的朗诵，但不完全一样，今人朗诵多不讲平仄，而诵是根据文字本身平长仄短地发音。例如："故人／西辞／黄鹤楼，烟花／三月／下扬州。孤帆／远影／碧空尽，唯见／长江／天际流。"现在朗读都是二二三的停顿节奏，但如果是诵出来的话，要根据字音长短有所区别，如最后一句按文字平仄规律会如此读"唯见长江~~天际流~~~"，这样才是符合规则的。

什么叫吟呢？就是唱念。用唐代杜牧《清明》一诗来举例："清明时节雨纷纷，路上行人欲断魂。借问酒家何处有？牧童遥指杏花村。"只要会诵了，离唱念就不远了。我这个调子是台湾貂山诗社的，大家跟我一起吟一遍。如果你的气息足够的话，可把押韵的尾字拖得长一些，在回环反复中品味诗意。再回到之前两个波浪线那段，"噫""嚅"这些字都是原文本中没有的，鲁迅老师在唱念的时候加上了这些语气词。

讲了这么多，我想大家对诵、吟、歌、唱有个大概的印象了，只要是吟诵，尤其是近体诗歌的吟诵，要力争按照文字的平仄押韵格律来读，其他如古体诗、文章等并不全然如此，我们今天先不涉及。歌和唱的话可以照顾曲调的需要，不计倒字，例如"路上行人欲断魂"中，歌唱时可能会把"欲"的发音唱成了"淤"的音。再看一首，我们运用依字行腔、以腔传辞的方法，来吟诵一下唐代孟郊的《游子吟》："慈母手中线，游子身上衣。临行密密缝，意恐迟迟归。谁言寸草心，报得三春晖。"

下面讲一下因声成篇。

古人为什么要吟诵呢？看一个唐代的故事。唐代有位诗人叫李涉，任国子博士，世称"李博士"。长庆二年，正做太学博士的李涉坐船前往九江，看望自己做江州刺史的弟弟李渤，忽然遇到一群打家劫舍的盗贼。数十名贼人手执刀枪，喝令他们停船。船家对劫匪说，船上是李博士，也很清贫，可不可以放过我们？强盗得知船客是李博士后，请出相见，告诉李涉自己以前读过他的诗，请李涉送他一首诗，就不抢此船。大家说，强盗会等李涉回案头磨墨展纸写出来吗？不可能。李涉当即就吟了这样一首诗——《井栏砂宿遇夜客》："春雨潇潇江上村，绿林豪客夜知闻。他时不用逃名姓，世上如今半是君。"古人从不叫写诗，而是说吟诗或作诗。大家看《红楼梦》第四十八回香菱学诗这段。话说香菱拿诗找黛玉，得了指点之后是怎么做的？"香菱听了，默默的回来。越发连房也不进去，只在池边树下，或坐在山石上出神，或蹲在地上抠地。来往的人都诧异。……只见香菱兴兴头头的，又往黛玉那边来了。"香菱不是拿着笔墨在书桌前冥思苦想的，而是到处转悠，偶尔在地上划拉一下。如果此处还不够明显，再看《红楼梦》第十八回元春探亲，大观园里试才题对额的事。元妃虽然是姐姐，但是地位已经贵为王妃，所以大家也不能坐下，在那站着，自然不是铺纸研墨写诗。大观园里作诗最好的是两位女子，一是黛玉，一是宝钗。黛玉早就作完了，看见宝玉还站在那发呆，黛玉就问其作完没有，宝玉说才有了三首，还差一首，黛玉道："既如此，你只抄录前三首罢。赶你写完那三首，我也替你作出这首了。"说毕，低头一想，早已吟成一律，便写在纸条上，搓成个团子，掷在他跟前。"抄录"，"吟成一律"，意味着原先是在心里作诗。所以古人写诗时都是先吟后录，作出来之后再写成字。无论李涉还是黛玉、宝玉，作诗时都是这样的。

那文章长短不一，又如何创作的呢？几百字的文章，也是这样吟出来的吗？我们看现代作家聂绀弩《七十年前的开笔》："有一次三、八日做文章的日子，先生出了题目，忽然宣布'聂绀弩今天也参加作文。'……我看看黑牌上写着两个题目：一、子产不毁乡校，二、天下有道则庶人不议。任作一个。……先生讲了以后，大家摇着头，口内哼哼嗡嗡想文章。我也照那样子，哼来哼去，就把心里想的意思变成了可以说出来的话。再把可以说出来的话，变成可以写在纸上的文章。先打稿子，再抄正了。"聂绀弩写文章的水平很高，旧体诗创作也很有特点，被誉为继鲁迅、瞿秋白之后中国的杂文大家，他小学时上过私塾。先生布置了作文题目之后，大家是怎么想文章的？我们现在如果哼哼着写文章，一定会被老师警告不要出声影响别人，但在古代写文章，一定是先说出来再写，要通过声音成文。古人很爱玩的一些游戏，今人可能都没资格玩，因为不会玩了，例如说猜酒令，古人以排律接龙的方式对酒令，脱口就是诗。总而言之，在古代，无论是诗词还是文章，都经历了从声音到文字的过程，这种声音可以是抒发于外，可以听闻到的，也可以是作者心底的声音，鲁迅有句诗说"吟罢低眉无写处"，也说明了这一点。

为什么古人要通过吟诵来创作？因为音律可以帮助判断诗句是否符合格律，如果哪里吟诵得别扭，哪里就可能出问题了。南宋有个人叫张炎，他的六世祖是张俊，与岳飞同为南宋抗金四名将之一，张炎可谓贵族之后，他们家几代取名按照五行生克，比如其祖父张濡，为水字偏旁，水生木，故名其子为张枢；木生火，所以张枢给儿子取名张炎。这利于我们更快地记住他们家族中一些人的名字。张炎在《词源》里讲述了有关其父张枢的一些事。其中一件是："先人晓畅音律，有《寄闲集》，旁缀音谱，刊行于世。每作一词，必使歌者按之，稍有不协，随即改正。""又作《惜花春起早》云：'锁窗深'。'深'字意不协，改为'幽'字，又不协，再改为'明'字，歌之始协。……"每作完一首词，他父亲就会把家中歌妓叫来演唱，或者自己吟唱，听着哪里不对就把哪个字改了。他举了个例子，"锁窗深"，他父亲总觉得"深"字不妥，改成"幽"也不行，最后改成"明"字才觉得妥当。今人读来，这三个字有区别吗？从平仄来看，都是平声字，符合词谱要求。但张枢觉得不妥，按照周笃文先生的说法，是因为"窗"字和"深"字都是阴平声，"幽"也是阴平声，而"明"字是阳平声，所以组合起来吟唱才最符合音律，最好听。再说一例，唐代贾岛的《题李凝幽居》："闲居少邻并，草径入荒园。鸟宿池边树，僧敲月下门。过桥分野色，移石动云根。暂去还来此，幽期不负言。"这个就是很有名的"推敲"典故，据说贾岛作此诗时苦苦琢磨是用"僧推月下门"还是"僧敲月下门"好，遇到韩愈，韩愈也是个诗魔，一起反复吟诵"推敲"二字，最后确定用"敲"字好，为什么呢？因为"敲"字发音更响亮，而整首诗所描述的环境是很寂静的，用"敲"字打破这种沉闷，更加反衬出人烟稀少的寂静。所以，古人通过声音吟诵来创作，是很有道理的。朱光潜在《诗论》里说："高而促的音易引起筋肉及相关器官的紧张激昂，低而缓的音易引起它们的弛懈安适，联想也有影响，有些声音时响亮清脆的，容易使人联想起快乐的情绪；有些声音是重浊阴暗的，容易引起阴郁的情绪。"汉字的声音与其意思是紧密相关的，例如别人踩到你脚了，恐怕你第一反应是"啊"一声，高而促的声音表达紧张激烈的情绪，而不会是"咦"一声吧？再举一例，我们刚才提到的袁枚在《随园诗话》中还记载有这样一个故事，有次他写了句诗"秋色玉门凉",朋友蒋心余云:"门字不响,应改关字。"大家想想,边塞的秋天是天高气爽、萧飒肃清的气象,"关"这个开口音很响亮,气韵上更符合秋色这个意象,"门"字是闭口音太低沉。袁枚觉得朋友改得很好。再看《北朝民歌•敕勒歌》,"敕勒川,阴山下,天似穹庐,笼盖四野,天苍苍,野茫茫,风吹草低见牛羊",与南方民歌《西州曲》对比,"采莲南塘秋,莲花过人头。低头弄莲子,莲子清如水。置莲怀袖中,莲心彻底红。忆郎郎不至,仰首望飞鸿。鸿飞满西洲,望郎上青楼。楼高望不见,尽日栏杆头"。二者风格很不一样,前者充满了大草原放声高歌的豪迈气息,后者则是江南采莲的柔婉清唱,我们在吟唱其韵脚时都能明显感受到。再来看一首诗。一位在日本留学的华裔初中生发现李白的《静夜思》在日本的版本与中国不同。日本的唐代李白《静夜思》的版本是:"床前看月光,疑是地上霜。举头望山月,低头思故乡。"哪个版本是正版,哪个是山寨版?很不幸,日本的版本是正版。据学者考证,最接近历史原貌的李白集刻本,是日本静嘉堂文库收藏的宋蜀刻本《李太白文集》,其中记录的正是看月光,望山月。而现在通行的版本,则应该是明清时的某个文人篡改的。额外提一句,据台湾学者黄永武等人考证,这"床"不是今人在卧室睡觉的床,而是古人安放在客厅的一种可据可坐的家具,当然,也不是大陆一些学者讲过的井床或者胡床,对于这个问题,仁智互见,我们不做过多讨论。我个人更倾向于是安置在客厅中或者"堂上"的"床"。因为在室内看,才会生疑外面是不是有霜落在了地上,如果人在院子外就不会疑。而"看"字之所以比"明"字好,是因为写出了李白的孤独寂寞——夜里睡不着凝视月光,就是因为他想家了,而思乡的心情,被山月更加牵引出来,思乡心切却有重山阻隔啊。大家可以对比一下,"床前看月光"与"床前明月光","举头望山月"与"举头看明月"的诗味,一字之差区别真的很大。

清代段玉裁《说文解字注》中有这样一段话:"故文字之始作

也。有义而后有音。有音而后有形。音必先乎形。"民国学者黄侃《尔雅音训·序》也说："盖古人制字，义本于声，即声是义，声音训诂同出一源也。"字义和字音之间的关系，从古到今，不同的学者见解不一。我们所能肯定的是，不同的字音会对诗歌意蕴及诵读时的美感产生影响，正因如此，古人才要吟诵着作诗作文，以选择最符合诗文意境和自我心情的字词。

讲到这里，可能有人问，我们都没听过古人的声音，怎么知道我们今天读的字音与古人是否一样？的确，字音在历史发展过程中是有改变的，古人关于音韵的知识也是不断丰富的。先举一例，《世说新语·伤逝》里讲了一个故事："王仲宣好驴鸣。既葬，文帝临其丧，顾语同游曰：'王好驴鸣，可各作一声以送之。'赴客皆一作驴鸣。"王仲宣即东汉末年文学家王粲，字仲宣，"建安七子"之一。为何他好驴鸣，曹丕还下令众人给他驴鸣送葬？我国当代著名书法家及学者启功先生解答了这个千古奇案。他说，这驴叫有 éng、ěng、èng 三个声调，正好是平、上、去，它还有一种叫打响鼻，就像是入声了。王仲宣活着的时候为什么爱听驴叫，大概就是那时候发现了字有四声，驴的叫声也像人说话的声调。由此可知，王仲宣之前的人，很可能并未意识到汉字的四声，或者即使意识到了也没有进行总结。再比如，北齐阳松玠在《谈薮》里记载，重公尝谒高祖，问曰："弟子闻在外有四声，何者为是？"重公应声答曰："天保寺刹。"出，逢刘孝绰，说以为能。绰曰："何如道天子万福？"高祖就是南朝梁武帝，笃信佛教，文化修养不错，但他并不清楚民间的四声之说，故向一位僧人请教，僧人用"天保寺刹"来说明平上去入四声，自认得意，结果当时大才子刘孝绰提出了一个更好的说法叫"天子万福"。通过这些故事我们不难发现，魏晋南朝的时候学者们才意识到我们汉语中的四声。而南朝沈约之流，就以平上去入四声制韵，由此开启了古代诗歌发展的一个高峰。《南史·陆厥传》记载："吴兴沈约、陈郡谢朓、琅邪王融，以气类相推毂。汝南周颙，善识声韵。约等文皆用宫商。以平上去入四声，以此制韵。"可以设想，如果没有对平上去入四声的区辨，就不会有格律诗的产生。很遗憾的是，如今北方的一些方言中，已经没有了入声字，而粤语里还保留了入声字，所以学吟诵得天独厚。方言是瑰宝，应该得到合理、科学化的保存，在大力推行普通话的今天我们一定要有这个意识。

提到平上去入，其发音特点是什么样的？唐代处忠《元和韵谱》说："平声者哀而安，上声者厉而举，去声者清而远，入声者直而促。"平声、上声、去声都是舒声，平展、起伏或下降的，平声者尤其舒长，入声字则是促声。举一首诗大家感受一下，唐张九龄的《感遇其一》："兰叶春葳蕤，桂华秋皎洁。欣欣此生意，自尔为佳节。谁知林栖者，闻风坐相悦。草木有本心，何求美人折？"张九龄本为唐朝开元年间贤相，并且高雅，在他之后唐玄宗选相都会先问："风度得如九龄否？"他曾推测安禄山会幽州作乱，后来又多次直言进谏，终被奸臣小人所陷害，被贬到荆州，期间作了这首诗。全诗押的是硬邦邦、发音短促的入声韵，吟诵起来是不是感受到了一种幽愤激烈的情绪？这就是入声字对诗文意蕴的影响，声音与文意相通。再看一首大家都很熟悉的诗，曹植的《七步诗》："煮豆持作羹，漉菽以为汁。萁在釜下燃，豆在釜中泣。本自同根生，相煎何太急？"我们请一位老师用粤语来朗读一遍。感受到了吗？全诗押的也是入声韵，读起来声音非常短促，情绪十分悲愤。

除了韵尾之外，句中入声字也可以增加诗词的声情之美，让情感表达更为丰富多彩。如唐代杜甫的《闻官军收河南河北》："剑外忽传收蓟北，初闻涕泪满衣裳。却看妻子愁何在，漫卷诗书喜欲狂。白日放歌须纵酒，青春作伴好还乡。即从巴峡穿巫峡，便下襄阳向洛阳。"忽、北、却、欲、白日、作、即、峡，都是入声字，夹杂在诗歌里形成一种短促明快的节奏，很符合杜甫当时听到叛军溃败失地得以收复时喜出望外的心情。

古人在创作诗歌乃至文章时，很讲究平仄的搭配。甚至一些成语，也讲究第二字和第四字的平仄相对，如万象更新、鸡鸣狗盗、鹤立鸡群、千军万马、守株待兔、画蛇添足……中国人为什么要这样创造成语呢？理由是平仄谐畅，读起来顺口好听，便于记忆。古代很多蒙书在编写时也都注意每一句的平仄搭配，比如《龙文鞭影》《笠翁对韵》等皆如是。高质量的诵读教材，再加上吟诵的读书方法，才能使古代儿童在短时间内记诵大量内容，进而学习作诗填词写文章，奠定深厚的文化根基。而要发现其音律之美，除非采用吟诵的方法。

总而言之，吟诵是与中国文字声韵表意规律紧密相关的一种读书方式，对于我们理解、记忆诗文都大有好处，值得我们认真学习、掌握。

图书在版编目（CIP）数据

城市国学讲坛·第八辑／张连绪，宋婕主编. -- 北京：社会科学文献出版社，2017.4

ISBN 978 - 7 - 5201 - 0683 - 2

Ⅰ.①城… Ⅱ.①张… ②宋… Ⅲ.①国学 - 中国 - 文集 Ⅳ.①Z126. 27 - 53

中国版本图书馆 CIP 数据核字（2017）第 065402 号

城市国学讲坛（第八辑）

主　　编／张连绪　宋　婕

出 版 人／谢寿光
项目统筹／宋月华　杨春花
责任编辑／周志宽　郭锡超

出　　版／社会科学文献出版社·人文分社（010）59367215
　　　　　　地址：北京市北三环中路甲 29 号院华龙大厦　邮编：100029
　　　　　　网址：www. ssap. com. cn
发　　行／市场营销中心（010）59367081　59367018
印　　装／北京季蜂印刷有限公司

规　　格／开本：787mm×1092mm　1/16
　　　　　　印 张：20.75　字 数：275 千字
版　　次／2017 年 4 月第 1 版　2017 年 4 月第 1 次印刷
书　　号／ISBN 978 - 7 - 5201 - 0683 - 2
定　　价／69.00 元